国家社科基金后期资助项目
出版说明

后期资助项目是国家社科基金设立的一类重要项目，旨在鼓励广大社科研究者潜心治学，支持基础研究多出优秀成果。它是经过严格评审，从接近完成的科研成果中遴选立项的。为扩大后期资助项目的影响，更好地推动学术发展，促进成果转化，全国哲学社会科学工作办公室按照"统一设计、统一标识、统一版式、形成系列"的总体要求，组织出版国家社科基金后期资助项目成果。

全国哲学社会科学工作办公室

国家社科基金
后期资助项目
GUOJIA SHEKE JIJIN HOUQI ZIZHU XIANGMU

黄土高坡托起的圣仪

城镇化背景下陕北黄塬村
民间信仰变迁研究

徐嘉鸿 著

上海三联书店

献给：

接纳和帮助我的陕北乡亲

全力支持我的家人、师友

目　　录

第一章 导 论

在 2023 年 6 月的文化传承发展座谈会上,习近平总书记指出:"中华优秀传统文化有很多重要元素,共同塑造出中华文明的突出特性。中华文明具有突出的连续性,从根本上决定了中华民族必然走自己的路。如果不从源远流长的历史连续性来认识中国,就不可能理解古代中国,也不可能理解现代中国,更不可能理解未来中国。中华文明具有突出的创新性,从根本上决定了中华民族守正不守旧、尊古不复古的进取精神。"①本研究探讨的主题是城镇化背景下民间信仰的变迁问题,这个问题的探讨相关于我们对于现代性本土化问题的理解,相关于中华优秀传统文化的构成元素探索及其连续性问题,同时亦相关于当代文化的创新性问题。

第一节 研究缘起

笔者最初关注民间信仰变迁问题肇始于在数地田野调查比较中对于乡村文化的困惑。自 2005 年起,我与人类学、社会学的学友同仁已在全国部分省份做过一些调查研究,至今在河南、江西、湖北、云南、江苏、辽宁、陕西等地农村驻村累计时间有 400 多日。在调查期间,笔者感慨于乡村社会变化之大,伴随着社会经济的飞速发展、城镇化的不断推进,人们的衣食住行用无不发生广泛而深刻的变化。在这样的大背景下,文化生活又发生了怎样的变化? 经济的发展是否一定会改变文化的传统面貌,抑或文化传统对于经济的发展亦具有不可低估的影响力? 各地的干部或民众对于城镇化背景下传统文化的变迁也都有着不同的看法。如在某地调查时,当地乡镇干部、县区干部在文化理念上总体呈现出崇尚城市文化或被市场化、城镇化的

---

① 《习近平在文化传承发展座谈会上强调担负起新的文化使命 努力建设中华民族现代文明》,《人民日报》2023 年 6 月 3 日,第 1 版。

大势所逼不得不崇尚城市文化的趋向,一些文化部门的领导认为村民自发组织的腰鼓队等文艺活动太闹,并认为乡村那些"土俗"文化应向城镇那种"高雅"文化方向发展,在礼乐器械及节目内容上也应该借鉴新兴的市场化乐队。在问及当地干部对文化方面的规划时,他们首先想到的是农家书屋之类的内容,似乎只有自上而下倡导的文化才具有合法性。而当地村民则普遍认为他们的庙会、红白喜事等就是土生土长的民间信仰活动,也是具有合法性的。有些村庄精英甚至以"非物质文化遗产"的说辞为自己家乡的民俗活动正名,认为既然国家相关政策都在提倡、支持、保护,村里搞这些活动就是有意义的,而不能被冠之以"低俗"甚至仍被冠以"封建迷信"的称谓。这些相互矛盾的看法实际上涉及中国民间宗教与民间信仰在社会生活中的定位问题,它激发着我的思考。

就在这一思考的过程中,我接触到杨庆堃先生 1961 年版的《中国社会中的宗教》一书。这位人类学家提出的正是中国民间宗教的地位问题,他说:"多年以来,宗教在传统中国社会的地位问题始终让我感到困惑,特别是令宗教因素在传统社会中得以传播和绵延流传的宗教生活和组织结构功能性基础。"①而现在,半个多世纪过去了,在现代化的条件之下,在西方文化的冲击力度大于任何其他历史时期的背景之下,中国民间社会的宗教信仰到底又会出现怎样的变迁呢? 这是后辈学者应该思考的问题。我想,无论采取哪一种观念去看待,对于中国的广大民众尤其是乡村老百姓来说,民间宗教信仰与仪式在当下的现实生活中,依然弥散于普通民众的日常生活之中,这是不可否认的事实。此时,在我的心中已经萌生了如下的思考:在现代化、城镇化的背景之下,研究民间宗教信仰是否可以出现适应性变迁,将是一个颇有意义的问题。于是,我将这一问题确定为博士论文的题目。

2012 年下半年,我放弃了所有的有过调查经验的田野点,选择了完全陌生的、但却是心向往之的黄土高原作为田野工作点。带着导师和学友们的鼓励与信任,也带着一点"孤往之勇"的豪迈情怀,我独自坐上了去西北的列车。我之所以做这样的选择,一个重要原因是黄土高原是中华文化积淀最为深厚的地方,从距今数百万年的旧石器时代的蓝田文化到新石器时代的仰韶文化、庙底沟文化、陕西龙山文化,再到进入历史时代发源于岐山的周文化,隆盛于长安的汉唐文化,都深刻地说明了这一点。我每每想到这些,总有一种深沉与激动,就像那首著名的《黄土高坡》的歌曲所唱的一样:

---

① 〔美〕杨庆堃著,范丽珠等译:《中国社会中的宗教:宗教的现代社会功能与其历史因素之研究》,上海人民出版社 2007 年版,第 17 页。

"不管是八千年还是一万年,都是我的歌、我的歌!"作为中华民族最早的发祥地之一,内蕴极其深厚的黄土地承载着人们对于中华文化根脉的想象。而我,同样是一位寻根者,我希望在这片既古老又现代、既深沉又绚丽的土地上努力地开掘,能够有所发现。

田野工作是艰辛的。我的田野点选在陕西省榆林市定边县沙镇黄塬村①。那时候经过定边的火车只有一趟,坐十几个小时,凌晨4点左右到县城火车站。那时天还是黑的,去山村里的汽车还没有上班,每次我就在火车站等到天亮。运气好的时候碰到有载客的出租车路过,就可以早点到汽车站附近吃上一碗热腾腾的荞麦面然后上山去。有一次过年期间为了回村赶上山的车,还住过县城汽车站附近二十块一晚的招待所;还有一次在风雪天封山路时大着胆子跟着另一个乡镇的村民一起搭油罐车,善良的司机听了老乡描述后调侃道:"你这个女娃娃真胆大啊,就不怕遇到坏人!"不过,我在田野工作期间没有遇到过真正的危险,更多的是感受到这片土地和这片土地上的人们的热情与真诚。我常常有种时间的凝固感。这种凝固感除了来自黄土高原的厚重深沉外,更多的来自人与人之间没有杂质的亲情友好。我接触到的大多数都是"好人家",当地人良善的特质使我对当地产生了一定的美化理想的情愫。当然对于一个研究者来说,我不能将这里当作一片净土,现实生活中同样存在着各种张力关系,但是这种"大概率的美好"已足以将当地文化特征展示出来。田野工作更重要的是如何应对在新的起点上的挑战。从选点到联系到定点,整个过程完全是独立自主地摸索着进行。黄塬村对笔者而言,既是"异域"又是"家乡":一方面,鉴于中国广大地域存在社会文化的区域差异,陕北与笔者家乡所在的豫中具有诸多社会生活与地域文化方面的差异性。黄塬村是西北山区、农耕游牧、杂粮产区,笔者家乡则是中部平原、农耕为主、主粮产区。从这个角度来讲,笔者是在进行异文化社区研究。另一方面,黄塬村与笔者家乡又都属中国北方,同属汉文化圈。从这个角度来说,笔者所做的又是家乡民族志。"自我"与"他者",在这里没有明确边界。随着调查的不断深入,这片原先只在想象中遥望的黄土地,成为了我远方的第二故乡。

在改革开放、整个社会剧烈变迁特别是在城镇化迅猛推进的背景之下,相对闭塞传统的陕北高原也隔不断市场经济的渗透。在我的田野点,城镇化进程最重要的、最具动力性的事件,是石油进村所形成的该村因石油经济

---

① 按照人类学写作的匿名传统,除省市县一级外,本研究所涉及的镇名、村名、人名等都做了处理。

带来的人口流动和生计模式的变化,它为本研究的"变迁"提供了一个重要的视角。石油经济牵一发而动全身,石油进村使黄塬村中几乎每家每户都因油井开发占地与送水等项目而受惠,它对当地村民家计方式的全方位改变展示了一个村庄的社会变迁主要过程。而黄塬村组织筹办的黄塬庙会是该地区 30 多个行政村中规模最大的庙会。"石油进村"与"黄塬庙会"则是两个显示"传统-现代""外来-本土""城镇-乡村""经济基础-上层建筑"具有"两军对垒"性质的标志性的象征事件。而我,正是要观察这个最具有冲击性的工业化、城镇化事件与最具有中华文化积淀底蕴的黄土高原的民间传统文化在它们相遇时到底会上演什么样的精彩剧目。

第二节 "核心概念"的界定与本研究的"命题假设"

本研究有两个核心概念:一个是"城镇化",另一个是"民间信仰"。

"城镇化"是西方词汇"Urbanization"的中文译名,一般译为"城市化",主要用于说明国外的乡村向城市转变的过程。世界上许多国家镇的人口规模比较小,有的甚至没有镇的建制,故"Urbanization"往往仅指乡村人口向"city"转移和集中的过程,故称"城市化"。[①] 由于"Urban"包含有城市(city)和镇(town)的意义,而中国的行政单位设置有镇的建制,镇的人口规模不小,与国外的小城市相当;中国的乡村在城市化进程中人口不仅向"city"集聚,而且向"town"转移,为了显示这种与外国的差别及中国特色,辜胜阻把中国的"Urbanization"译为"城镇化"[②]。城镇化是一个历史范畴,同时,它也是一个发展中的概念。1998 年,中国共产党第十五届三中全会通过的《中共中央关于农业和农村工作若干重大问题的决定》正式采用了"城镇化"一词。这是近 50 年来中国首次在最高官方文件中使用"城镇化"。

城市化(或城镇化)是一个涉及多方面内容的社会经济演进过程,不同学科从不同的角度给予了各自的解读。人口学对城市化的定义强调农村人口向城市的转移和集中,及其带来的城市人口比重不断上升的过程。经济学对城市化定义强调的是农村经济向城市经济转化的过程。社会学意义上的城市化强调的是城市社会生活方式的产生、发展和扩散的过程,如著名美国社会学家沃思(Louis Wirth)认为城市化意味着乡村生活方式向城市生

---

① 张占斌:《新型城镇化的战略意义和改革难题》,《国家行政学院学报》2013 年第 1 期。
② 辜胜阻:《非农化及城镇化理论与实践》,武汉大学出版社 1999 年版,第 6 页。

活方式发生质变的全过程,美国学者索罗金认为城市化就是变农村意识、行动方式和生活方式为城市意识、行动方式和生活方式的全部过程。地理学的城市化定义强调的是人口、产业等由乡村地域景观向城市地域景观的转化和集中过程。随着城市化实践的发展和各学科对城市化研究的逐步深入以及学科间的互相渗透,城市化的定义日趋综合化和层次化。如罗西在《社会科学词典》中认为城市化有四个方面的含义:一是市中心对农村腹地影响的传播过程;二是全社会人口逐步接受城市文化的过程;三是人口集中的过程,包括集中点的增加和每个集中点的扩大;四是城市人口占全社会人口比例提高的过程。美国学者弗里德曼(J. Friedman)将城市化区分为城市化Ⅰ和城市化Ⅱ。前者包括人口和非农业活动在规模不同的城市环境的地域集中过程,非城市景观转化为城市景观的地域推进过程;后者包括城市文化、城市生活方式和价值观在农村的地域扩散过程。①

　　有学者从动力机制与空间模式两个方面对中国城镇化的"推进模式"进行了研究,认为城镇化动力大体上可分为三种:政府动力、市场动力与民间社会动力。"政府动力"就是通过行政手段和政策引导等政府行为对城市发展的各方面进行调控,从而推进城镇化的发展。"市场动力"就是市场机制在城市发展过程中发挥作用,通过市场的力量配置资源、调节供需,促进产业发展升级。"民间社会动力"就是回到社会本身,每一个社会成员都有改善生活水平、改变生活方式、向往文明社会、接受城市文明的动力。当然,三种动力并不是孤立的,在有些方面会相互交叉。② 而在空间模式上则可以概括为四种:内部重组、连续发展、跳跃发展和就地发展。"内部重组"是指在城镇建成区范围内,对城镇用地进行功能置换和空间整理,以提高城镇发展的水平。"连续发展"就是以现有城市为依托,随着土地在市场作用下形成级差地租,推动城市空间不断向外扩展。"跳跃发展"是指在城镇范围以外的农村地区,相对独立地进行城镇化发展,这些地区一般缺乏城镇化所必需的基本要素,因而需要借助外力的推动。"就地发展"是指乡镇和村庄通过自身发展,促进产业升级,增加农民收入,改善农民生活,在本地实现城镇化的生产生活方式。当然,这四种空间模式也不是相互孤立的。还有的学者

---

① 本部分内容参阅文献如下:[美]赫茨勒著:《世界人口的危机》,何新译,商务印书馆1963年版,第52页。[美]沃纳·赫希著:《城市经济学》,刘世庆等译,中国社会科学出版社1990年版,第22页。崔功豪:《城市地理学》,江苏教育出版社1992年版,第68页。[日]山鹿城次:《城市地理学》,湖北教育出版社1986年版,第106页。许学强等:《现代城市地理学》,中国建筑工业出版社1988年版,第47页。康就升:《中国城市化道路研究概述》,《学术界动态》1990年第6期。

② 李强、陈宇琳、刘精明:《中国城镇化"推进模式"研究》,《中国社会科学》2012年第7期。

在思考中国城镇化的"渐进模式"。他们认为,中国没有陷入发展中大国通常出现的"过度城市化"困境,这是中国城镇化的优势。农民在城镇化的过程中,并非制度的"木偶",而是"能动的主体"。正是农民的双向流动使其可以在城乡之间进退有据,自主且稳妥地安排进城节奏,由此形成了中国独特的"渐进城镇化"模式。这一模式强调进城和返乡共同构成城镇化过程,农民进可自由进城,退可顺利返乡,由此形成农业人口转移和工业化进程相适应的格局。他们用"以代际分工为基础的半工半耕"模式来分析中国城镇化进程中的特征,提出的独特看法是:农民的生计安排以家庭为单位,服务于家庭再生产的整体性目标。在农民生计逻辑中,农村和城市并非对立,务工和务农都是手段,由此形成"半工半耕"结构,构成了农民积极参与构建渐进城镇化的经济社会基础。①

依据以上一些研究者对"城镇化"的阐释,在本研究中,我们对这一概念的界定是:"城镇化"是随着工业化发展,非农产业不断向城镇集聚,从而农村人口不断向非农产业和城镇转移、农村地域向城镇地域转化、城镇数量增加和规模不断扩大、城镇生产生活方式和城镇文明不断向农村传播扩散的历史过程。城镇化是现代化水平的重要标志,在我的田野工作点,它具体表现为石油经济、打工经济、农业科学技术等带来的人口流动和生计模式以及与此相关的民间信仰与仪式的变迁。

关于"民间信仰"的概念,一般说来,偏重人类学学科的学者常用"宗教"或"民间宗教"这一概念,而偏重民俗学学科的学者则常用"民间信仰"这一概念,但这也不是绝对的。本研究是一项人类学研究,在一般的人类学的文献中,人类学家因为研究"异文化""原始文化",所以他们使用"宗教"这个词的时候指的就是所谓"小传统"中的"民间宗教"和"民间信仰",而不是指所谓"大传统"中的佛教、基督教和伊斯兰教。在这里,"民间宗教"与"宗教""民间信仰"是等义的。在本研究中,我们同样将"民间信仰"(包括民间仪式)概念与"民间宗教"(包括"信仰"与"仪式")概念看作是等义的。对于这一概念的定义,人类学家和民俗学家的论述较多。杨庆堃先生指出中国民间信仰与宗教生活"是以神明、灵魂的观念为中心的"。② 民俗学家乌丙安先生认为,中国民间信仰是"万灵崇拜"与"多神崇拜","由宗教信仰派生出来的信仰习俗已经融为日常生活的迷信和俗信",其主要内容包括:对自然物

---

① 夏柱智、贺雪峰:《半工半耕与中国渐进城镇化模式》,《中国社会科学》2017年第12期。
② [美]杨庆堃著,范丽珠等译:《中国社会中的宗教:宗教的现代社会功能与其历史因素之研究》,上海人民出版社2007年版,第20页。

和自然力的崇拜、对幻想物的崇拜、对附会超自然力的人物崇拜以及对幻想的超自然力的崇拜等。[1]王铭铭教授认为民间信仰指的是"流行在中国一般民众尤其是农民中间的神、祖先、鬼的信仰,庙祭、年度祭祀和生命周期仪式,血缘性的家族和地域性的庙宇的仪式组织,世界观和宇宙观的象征体系"。[2]钟敬文先生在其主编的《民俗学概论》中说:"民俗宗教,又称民间信仰,是在长期的历史发展过程中,在民众中产生和传承的一套神灵崇拜观念、行为习惯和相应的仪式制度。"[3]诸家对于"民间信仰"概念的解释,并没有太大的根本性差异。相比较而言,钟敬文先生的定义较为全面地说明了民间信仰的生成特征——"自发产生",信仰内核——"神灵崇拜",信仰范畴——"观念、习惯、仪式",参与主体——"民众",故本研究直接采用钟先生的概念定义,不再进行新的自我定义。

从"城镇化"和"民间信仰"两个概念,我们可以清晰地看到两种不同的取向:前者是"现代的",后者是"传统的";前者是"城镇的",后者是"乡村的";前者是偏重"物质文化的",后者是偏重"精神文化的";前者是"社会的",后者是"宗教的";前者是"外来的",后者是"本土的"。我们的论题的总体框架所涉及的其实就是"传统—现代""外来—本土""城镇—乡村""宗教—社会"等一系列关系问题。这些问题是中国社会在现代化进程中的重要问题,众多学者从近代以来就一直在讨论着这些问题,我们这一课题也同样是延续着这种讨论,只不过我们是从人类学的视角,以田野工作的方法和民族志书写的形式进入这一讨论的。

当界定了核心概念,以及说明了本课题的基本问题以后,我们从逻辑的角度对本课题所研究的城镇化与民间信仰变迁关系提出如下的命题假设:

命题一:由于现代化的强力冲击,乡村文化发生了根本性的动摇。在本研究中,城镇化在石油进村的具体事件中,已经主导了乡村文化。当下的主要趋势是:黄塬村的民间信仰虽然依然存在,但正走在消失的半途中。可以预测,在不久的未来,黄塬村的那些人生仪式、祭祖仪式以及社区的庙祭等民间信仰与仪式必将消失殆尽。这一命题可简单表述为:"现代在变迁中逐步战胜传统。"

命题二:由于黄塬村地处黄土高原,这是中国文化底蕴最为浓厚的地

---

① 乌丙安:《中国民俗学概论》,长春出版社 2014 年版,第 1—3 页。
② 王铭铭:《社会人类学与中国研究》,生活·读书·新知三联书店 1997 年版,第 135 页。
③ 钟敬文主编:《民俗学概念》,上海文艺出版社 1998 年版,第 187 页。

方,我们可以承认现代化的文化冲击力、经济冲击力巨大,但是决不会从根本上冲垮数百万年,甚至千万年内所形成的坚固的中华文化传统。我们可以预计的是:变化是存在的,但仅仅限于表面,而树大根深的黄土文化连同各种民间信仰与仪式必将继续存在下去,这是不会从本质上被铲除的。命题二是命题一的反命题,它可以简单表述为:"传统在变迁中逐步战胜现代。"

命题三:由于黄土高原的本土文化根深叶茂,而现代化凭借着制度的强制力以及巨大的经济利益,二者正好处于势均力敌的状态。将来必定是一种谁也不能胜出的状态,而可能的结果是:城镇化进一步进行着,而民间信仰也长期保存着。二者相互独立,平行发展。这一命题可简单表述为:"传统与现代在变迁中独立发展。"

命题四:文化从来都是相互影响的,城镇化与民间信仰当它们相遇之时,有时或者可以相互妥协,为了适应对方并给对方腾出一部分生存空间而作出让步;有时可以相互结合、相互交融而产生出一种新生儿即成为一种新的文化形态。二者之间互为主体,因此,城镇化背景下的现代化与本土性的关系必然显现出异常错综复杂的关系。命题四是命题三的反命题,它可以简单表述为:"传统与现代在变迁中互为主体性,各自取得适应性发展。"

我们在下面的诸章中,将从田野考察材料出发,对这四个命题进行"证明"或"证伪",并依据证明或证伪的结果概括出更为符合黄塬村在城镇化背景下民间信仰变迁的结论。

第三节　文献综述

关于民间宗教或民间信仰的既有研究,成果可说是千千万万。我们梳理的主要线索有两条:一是海内外学者关于中国民间宗教信仰研究的经典著作,二是近年来大陆与港台学者对于中国民间宗教信仰研究的主要走向。

一、中国民间信仰研究的经典著作

关于中国民间宗教信仰研究的经典著作,我们主要概述杨庆堃先生的开创性著作《中国社会中的宗教》,以及美国人类学家武雅士著名长篇论文《神、鬼和祖先》和英国人类学家王斯福的重要著作《帝国的隐喻》。

（一）杨庆堃《中国社会中的宗教》的开创性研究（1961 年）①

杨庆堃先生对于中国民间宗教信仰的研究，是需要我们特别予以关注并阐述的，因为他的基本观点影响了许多后来的研究，也引发了各种学术争论。杨先生的研究被认为"具有开创性"，他 1961 年出版的《中国社会中的宗教》一书被认为"有极高的学术价值和理论的创新的意义"，是一部"现代经典"，甚至被称为研究中国宗教的"圣经"。②

关于这本书的写作目的，杨庆堃先生在"自序"中说："多年以来，宗教在传统中国社会的地位问题始终让我感到困惑，特别是令宗教因素在传统社会中得以传播和绵延流传的宗教生活和组织结构功能性基础。"③他在"导论"中又说："本书试图回答这样的问题：在中国社会生活和组织中，宗教承担了怎样的功能，从而成为社会生活与组织发展与存在的基础，而这些功能是以怎样的结构形式来实现的？因此，本书最基本的目的是对一些重要事实作功能性解释，以便展示宗教和社会秩序的关系模式，而并非对中国宗教系统作详细的描述。"④该书详细考察了中国社会中各种类型的民间信仰以及这些信仰与政治、经济和社会的关系，试图回答这样的问题，即：在中国社会生活和组织中，宗教承担了怎样的功能，从而成为社会生活和组织发展与存在的基础，而这些功能是以怎样的结构形式来实现的。也就是说，杨庆堃所研究的中心问题是中国社会与民间宗教的关系问题，这种"关系"包括了"宗教在传统中国社会的地位问题""宗教在社会生活和组织中的功能"，以及"这些功能的结构形式"这三个次生问题。他将中国民间宗教定义为"分散性宗教"，以与西方的"制度性宗教"相区别。这一定义既说明了中国民间宗教的性质，也说明了其结构状态。这种分散性宗教渗透到家庭、家族、社区生活的各个方面，发挥着重要的功能。"在中国广袤的土地上，几乎每个角落都有寺院、祠堂、神坛和拜神的地方。寺院、神坛散落于各处，比比皆是，表明宗教在中国社会是强大的、无所不在的，它们是一个社会现实的象征。"⑤而

---

① ［美］杨庆堃著，范丽珠等译：《中国社会中的宗教：宗教的现代社会功能与其历史因素之研究》，上海人民出版社 2007 年版。
② 金耀基、范丽珠：《序言：研究中国宗教的社会学范式——杨庆堃眼中的中国社会宗教》，载［美］杨庆堃著，范丽珠等译：《中国社会中的宗教：宗教的现代社会功能与其历史因素之研究》，上海人民出版社 2007 年版，第 1 页。
③ ［美］杨庆堃著，范丽珠等译：《中国社会中的宗教：宗教的现代社会功能与其历史因素之研究》，上海人民出版社 2007 年版，第 17 页。
④ ［美］杨庆堃著，范丽珠等译：《中国社会中的宗教：宗教的现代社会功能与其历史因素之研究》，上海人民出版社 2007 年版，第 19 页。
⑤ ［美］杨庆堃著，范丽珠等译：《中国社会中的宗教：宗教的现代社会功能与其历史因素之研究》，上海人民出版社 2007 年版，第 23 页。

且，"寺院和祭坛作为公共的烧香拜佛场所，只是民众宗教生活多种表现方式之一。许多宗教活动并不在公共场合进行，在某种意义上讲，每个传统的中国家庭都是一个宗教的神坛，保留着祖宗的神位，家庭供奉神明的画像或偶像。难以数计的家庭宗教活动并没有包括在公共祭祀之列，往往是以个人的衣食住行、婚丧嫁娶为中心的"。① 因此，"宗教在中国社会整体的重要性"是不容忽视的，宗教在中国社会中具有极为重要的地位，它作为发散性宗教的一种形式被整合到世俗社会制度里。也就是说，分散性宗教虽然不是独立性宗教，却是有结构性基础的，并且其功能的实现是依托于诸如帝王体制和亲属系统这样的社会政治机构的。分散性宗教的信仰和仪式有机会发展为有组织的社会体系，同时它是作为社会组织模式整体的一部分。"杨氏用功能分析的方式，有力地展示了宗教在中国亲属体系、家族和经济团体、社区、国家以及儒教作为制度化的正统学说中的位置。……杨氏的书却综合考察了中国宗教成功地持续并维系了中国伦理政治秩序的社会文明。"②杨庆堃关于中国宗教的研究，为中国后来的宗教社会学研究奠定了重要的学术基础。

（二）武雅士：《神、鬼和祖先》（首稿 1965 年，出版于 1974 年）③

美国人类学家武雅士在他的长达 4 万字的论文《神、鬼和祖先》中，对于中国民间信仰的内涵与结构进行了研究。他与王斯福、郝瑞行等人共同证明了中国民间信仰存在着"神、鬼和祖先"三种最主要的超自然观念及其拜祭仪式。武雅士认为这三种超自然存在的一些特征与中国社会具有密切联系——存在着一种共同的象征体系。

就"神"而言，武雅士指出中国民间信仰最重要的三种神：灶神、土地公、城隍，这三位神是一个"等级连续体"。灶是家庭的象征，一灶一家，分灶代表分家，故而灶神属于家庭神。"灶神和灶的关系因而就是神和家的关系，这种关系特征在本质上是官僚性的。家是社会的最小实体单位，而灶神是超自然官僚机构中地位最低的一员。"④土地公是守护神、地方官。土地公服

---

① 〔美〕杨庆堃著，范丽珠等译：《中国社会中的宗教：宗教的现代社会功能与其历史因素之研究》，上海人民出版社 2007 年版，第 31—32 页。

② 金耀基、范丽珠：《序言：研究中国宗教的社会学范式——杨庆堃眼中的中国社会宗教》，载〔美〕杨庆堃著，范丽珠等译：《中国社会中的宗教：宗教的现代社会功能与其历史因素之研究》，上海人民出版社 2007 年版，第 6 页。

③ 〔美〕武雅士等著，彭泽安等译：《中国社会中的宗教与仪式》，江苏人民出版社 2014 年版，第 137—185 页。

④ 〔美〕武雅士等著，彭泽安等译：《中国社会中的宗教与仪式》，江苏人民出版社 2014 年版，第 139 页。

务于地方而非亲属团体。"土地公管理一个社区,而灶神只负责一个家庭。"①而土地公的直属上司则是城隍。他被派管理帝国主要行政区域内的魂。城隍不过是个官僚标签。"神等同于官僚。"②

关于鬼和祖先,作者认为一个特别的灵物究竟被看作鬼还是祖先,取决于特定人的观点,一个人的祖先可能是另一个人的鬼。祖先与鬼也同样是一个"等级连续体"。"即从后代对之有义务的人到对其根本无义务的人。在连续体的一端是祖先,他们的牌位放在祭坛左边的尊位上;另一端是受轻视的鬼魂,他们的祭品都被放在后门。两者之间,为非某一世家成员但对其有过贡献的人,以及死时被看作某世家的家属且无人照顾的人。"③一个人祭拜祖先是因为他作为继承人或后代有责任这样做,而他祭拜神则是希望获得神的怜悯和祝福。神与祖先本质区别不在于神是惩罚性的,而祖先本质上是仁慈的;而在于,神富有能力且代表公德,而祖先相对较弱且只关心他们及其后代的福利。神经常因罪惩罚人,而祖先不会。④ 拜神与祭祖仪式的区别表现在两者被求情的方式上。当人们祈求神的帮助时,他必须在祈求的同时献祭以吸引神的注意,获得他的善意;若不献祭,就没有理由期望神会听从且回应他的请求。但若人求祖先,他不需要当场献祭。长辈有义务聆听他们后辈的请求,正如晚辈有义务为他们的长辈提供安慰和支持一样。所以与神的关系需要祭品和敬意,以使关系不断更新;而人与祖先的关系是普遍和永久的,包括了共同福利和相互依赖的假设。武雅士对中国民间信仰中的神、鬼与祖先采用分类范畴的视角来看待它们之间的关系:神的等级同样对应的是帝国官僚等级秩序,鬼的不安分对应的是危险的陌生人,而祖先则对应的是可共餐的亲属。

总之,武雅士的研究从中国民间信仰的现实生活的原型出发去探讨信仰背后的原初模型,建立了一套民间信仰与官僚体系一致的理论假设,认为这三种超自然存在的信仰和崇拜都是由崇拜者所处社会的世界观决定,信仰背后都有一套社会基本秩序和原初模型被仪式化的展演。在宗教隐喻的社会结构中,被神祇所庇护的人群与神祇的关系隐喻着现实社会的政治、

---

① [美]武雅士等著,彭泽安等译:《中国社会中的宗教与仪式》,江苏人民出版社 2014 年版,第144 页。

② [美]武雅士等著,彭泽安等译:《中国社会中的宗教与仪式》,江苏人民出版社 2014 年版,第143 页。

③ [美]武雅士等著,彭泽安等译:《中国社会中的宗教与仪式》,江苏人民出版社 2014 年版,第152 页。

④ [美]武雅士:《神、鬼和祖先》,载[美]武雅士等著,彭泽安等译:《中国社会中的宗教与仪式》,江苏人民出版社 2014 年版,第 164 页。

司法部门对所辖区域的控制，神祇是帝国官员因而拥有权力。

（三）王斯福：《帝国的隐喻：中国民间宗教》（1992 年）①

英国人类学家王斯福的《帝国的隐喻：中国民间宗教》是关于中国民间宗教研究的重要专著。他以 1960 年代在台北山街近三年的人类学田野研究为基础，着重研究民间宗教组织是如何将分散的个人组织在一起的。他直接从民间宗教当中来理解中国社会的组织形式，讲述在民间社会的生活实践中，人们是如何通过隐喻这种修辞学途径来模仿帝国的行政、贸易和惩罚体系的，揭示了烧冥币、城隍崇拜等民间习俗背后隐含的帝国隐喻的逻辑——这也一直是中华帝国和民间社会之间沟通的主要途径；同时也指出，这种隐喻式的模仿并非对帝国科层结构的一模一样的模仿，而是一个再创造的过程，民间宗教正是通过象征性的隐喻方式展现出生机勃勃的发展力量的。

王斯福在该书的"引言"中说："帝国的隐喻"是帝国统治的一种表象，这是仪式性的以及戏剧表演式的一种景象，其被构筑并描绘在庙宇中，刻画和装扮在塑像上。但"帝国的隐喻"并不是说包括民间仪式在内的"隐喻"形式是跟帝国科层统治相平行的结构与印证。他强调："相反，本书要表明的是，帝国隐喻的表演与表象，完全不同于那种对地点和权力的呈现，这种呈现不过是正统统治的一种陪衬而已，其间虽是紧密相关，却完全不同。与平行与印证性结构的说法的分歧之处就在于，这种隐喻定会随着政府结构的变化而变化。事实上，政治的性质在经历了世纪沧桑之后会发生一种有规律的巨变，但这种改变与地方性的对神与神像的崇拜相去甚远。"②王斯福并不认为，地方崇拜的宗教反映的是对政府统治的强化。相反，他认为，即使是在帝国统治的世纪，在地域性的崇拜（territorial cults）中所展示的宇宙观，也不是那种政府的与中央集权的行政，而是一种对鬼的命令和控制的多元中心的组织。同样一种鬼的宇宙观能够创生出一种千禧年的运动，但这并非地域性的崇拜如何运作的根本。其中嵌入了地方感及其历史。换言之，这里既有一种正统，也有一种异端，或者说与地方崇拜的宇宙观在派别上的分离，而这些相对于统治上的正统而言，都属于是异端。存在着一种正统与异端之间的交互影响，二者是相互平行的，每一个都会映射到另一个上面，并局限在一定的范围内，这本身并未受到挑战，一直到晚清王朝遭遇到那些工

---

① ［英］王斯福著，赵旭东译：《帝国的隐喻：中国民间宗教》，江苏人民出版社 2009 年版。
② ［英］王斯福著，赵旭东译：《帝国的隐喻：中国民间宗教》，江苏人民出版社 2009 年版，中文版作者序第 1 页。

业资本主义的国家时为止。

王斯福的这些材料根基于自己田野研究的观察,以及依据 20 世纪 60 年代中期以来自己和其他研究者的历史研究。但是这一历史研究所涉及的地方档案与方志的年代,则包括了从宋到清的帝国时代,也包括了 20 世纪在内。他是将它们放置在一起来构建一种制度的存在,即是指中国的地方性仪式与崇拜的存在。这一制度一定会随着时间的迁移而发生巨大的改变。他是将历史性的材料"给予结构化","即要提出地方性的仪式和崇拜与政府及其正统之间的关系是什么,而不在于撰写这一制度的历史"。① 因为是结构性的研究,故而王斯福关注的是在帝国的权威以及地域性的地方崇拜之间建立起一种联系。在 2000 年的修订版中,他还新增了第八章《宗教的政治与政治的仪式》,内容涉及政治与经济转型对民间宗教产生的影响。这种转型效应取代了、压制了或者摧毁了所有宗教的仪式。不过,大众运动的政治结束以后,地方崇拜又重新复兴。在其转型与复兴之中,宗教传统与新的宗教已经变成社区发展、文化、旅游以及制造文化遗产的政治对象。②

在作为《帝国的隐喻》"附录"的《什么是村落?》和《克里斯玛理论与某些华人生活史的事例》二文中,王斯福开始重视地域性崇拜的某种自主性问题。他提出:是否在一种现代民族国家的背景下,持续不断的地方崇拜使得它们有了一个公共的空间,在这一空间中的狂欢式表演,能够成为对最近的政治历史的讽喻?③ 他还在文章中暗示:地方崇拜的复兴是一种对地方认同感的深邃的宣言,这里有着其自己的神话与历史,有着相对于国家的神话和行政以及集体式政府制度的自主性。这里强调的是,作为典范式领袖神话一部分的神的故事的重要性,并且它们也是一种传统,在这种传统中,实际的克里斯玛式的地方领袖得到塑造,并找到了一个位置。帝国的正统与异端的戏剧,已经为一种有关地方传统与驱鬼以及节庆的仪式所取代。它们已经变成了文化与文化再生的一种政治资源。④ 但是王斯福在对这种自主性的描述中,并没有脱离整个国家制度的影响的轨道,他有关"帝国的隐喻"即现代国家制度对于地域性的崇拜具有主导性影响这一主要叙事思路并没

① 〔英〕王斯福著,赵旭东译:《帝国的隐喻:中国民间宗教》,江苏人民出版社 2009 年版,中文版作者序第 3 页。
② 〔英〕王斯福著,赵旭东译:《帝国的隐喻:中国民间宗教》,江苏人民出版社 2009 年版,第 237—278 页。
③ 〔英〕王斯福著,赵旭东译:《帝国的隐喻:中国民间宗教》,江苏人民出版社 2009 年版,第 237—325 页。
④ 〔英〕王斯福著,赵旭东译:《帝国的隐喻:中国民间宗教》,江苏人民出版社 2009 年版,第 237—344 页。

有变化。

二、近年来大陆和港台学者研究的主要走向

近些年来,相关于中国民间宗教信仰的研究成果众多,主要有三种不同的走向:一是世俗取向,这是中国民间宗教信仰研究的主要类型;二是多元宗教现代性研究的取向;三是少数学者关注民间宗教信仰自主性发展问题。

(一)世俗化取向:中国民间宗教信仰研究的主要类型

民间宗教世俗化的研究取向主要的理论来源是涂尔干的社会学理论,这一取向是从社会变迁对于宗教文化的决定性影响的视角来讨论当前中国民间宗教信仰的变迁问题的。中国学界对于宗教现代变迁的表现形式、发展趋势等还存在大量争议,但众多研究者对于宗教在现代社会表现出的世俗化特征却并无多少异议。世俗化观点认为宗教将会在现代化进程中趋于衰落。中国学者的这种研究取向受到国外研究走向的深刻影响。"所谓经典世俗化理论,主要是指由欧洲的启蒙理念和经验生发而来的、以经典社会学家们的论述为基础的有关宗教在现代化进程中趋于衰落的各种观点。"①国外学者拉里·席纳尔(Larry Shiner)将世俗化概括为六个方面的内容:"第一,宗教衰退,即宗教思想、宗教行为、宗教组织失去了它们的社会意义。第二,宗教团体的价值取向从彼世向此世变化,即宗教从内容到形式都变得适合现代社会的市场经济。第三,宗教与社会分离,宗教失去了其公共性与社会职能,变成了纯私人的事务。第四,信仰和行为转变,即在世俗化过程中,各种主义发挥了过去由宗教团体承担的职能,扮演了宗教代理人的角色。第五,世界渐渐摆脱了其神圣特征,即社会的超自然成分减少,神秘性减退。第六,'神圣'社会向'世俗'社会的变化。"②依据这些内容,中国民间宗教信仰的世俗化研究取向有两种子类型:

第一,关注民间宗教仪式在政治权力影响下的变迁研究。这一类研究多以国家—社会的分析框架切入或涉及宗教变迁研究。例如罗红光通过对黑龙潭的一系列公共信仰活动来分析与思考其象征符号体系中的权力与权威,以及国家深化与民间信仰的并存与重叠关系,反思"想象的共同体"理论,强调民间共同体构造所包容的人生与政治反思能动性。③ 郑振满从仪式

---

① 汲喆:《如何超越经典世俗化理论?——评宗教社会学的三种后世俗化论述》,《社会学研究》2008年第4期。

② 转引自高师宁:《关于世俗化问题》,《世界宗教文化》1995年第4期。

③ 罗红光:《权力与权威——黑龙潭的符号体系与政治评论》,载王铭铭、王斯福主编:《乡土社会的秩序、公正与权威》,中国政法大学出版社1997年版,第333—388页。

的视角展现了特定区域村庄的公共生活,并对公共生活形式中"祭祀圈"所象征的社会空间秩序进行了"深描"。① 郭于华等学者在《仪式与社会变迁》诸论文中,围绕仪式行为、象征符号与政治和权力的关系,通过对不同地区和社会群体的仪式变迁进行了深入探讨。她在导言中指出,当代人类学对信仰与仪式的研究应当在阐明仪式象征意义及其内在逻辑的同时,更为关注仪式的作用及仪式行为与权力的关系。一方面要引入历史和变迁的维度,关注社会变迁的重大现实问题,另一方面力图突破乡土社会文化小传统的界限,关注民间文化与政治生活及国家权力的互动关系。②

第二,关注民间宗教在现代都市化、城镇化背景下的变迁研究。李向平通过对上海一座寺庙的组织管理的个案研究,认为在城市化背景下,当代中国民间宗教已经走出了单一封闭的宗教组织形态,为了与社会整体变迁相适应,中国传统宗教必然逐渐摆脱礼俗束缚,其组织形态也将从与各种世俗制度相嵌合的"混合形式"向具有新的目标、观念、制度和程序的专业社会组织转变。③ 基于对宗教组织变迁同样的兴趣,陈彬通过对湘北一座基督教堂的个案研究,从宗教权威的视角探讨该问题。④ 这些研究者皆认为,在现代化冲击之下,传统宗教职业者的社会地位、人员结构、传承方式以及职能作用等方面发生了很大变化。高师宁对现代化与新兴宗教的关系研究认为,现代化带来的都市化、社会地位、家庭、人口与教育、生态环境、价值标准和生活态度、生活方式等方面的变化为新兴宗教在现代社会的发展提供了广阔空间。⑤ 刘志军通过一个中原乡镇的民族志研究考察,从就业结构变化、社会结构转型、经济结构多元化、生活方式都市化以及思想观念的现代化等方面讨论乡村都市化与宗教信仰变迁的关系。⑥ 杨美惠通过研究温州经济发展与民间宗教仪式的复兴关系认为,经济的繁荣为民间宗教仪式复兴提供了有力的经济基础,而仪式也反过来为温州经济发展提供了巨大的社会文化动力。⑦

---

① 郑振满:《神庙祭典与社区空间秩序——莆田江口平原的例证》,载王铭铭、王斯福主编:《乡土社会的秩序、公正与权威》,中国政法大学出版社 1997 年版,第 171—204 页。
② 郭于华主编:《仪式与社会变迁》,社会科学文献出版社 2000 年版,第 1—8 页。
③ 李向平:《"本色化"与社会化——近代上海"海派基督教"的社会化历程》,《上海大学学报(社会科学版)》2004 年第 3 期。
④ 陈彬:《宗教权威视角下的宗教组织变迁——对湘北某基督教堂的个案研究》,《宗教学研究》2010 年第 1 期。
⑤ 高师宁:《试论现代化与新兴宗教》,《世界宗教研究》1999 年第 4 期。
⑥ 刘志军:《传统信仰与基督宗教的冲突与融会:张店镇个案研究》,《宗教学研究》2007 年第 3 期。
⑦ 杨美惠著,何宏光译:《"温州模式"中的礼仪经济》,《学海》2009 年第 3 期。

20 世纪 60 年代以来,台湾、香港等地区的学者也对宗教现代化问题进行了卓有成效的研究。基于中国宗教与社会的研究框架,台湾人类学者李亦园进一步推进杨庆堃所提出的制度性宗教与分散性宗教的研究,从战后台湾宗教的变迁实况出发,提出台湾宗教整体上所出现的功利化倾向。① 瞿海源在一篇讨论术数与巫术的文章中指出,作为有复杂深厚的知识体系支撑的巫术,术数这套知识体系不但没有在现代社会中衰落消亡,反而因社会变迁的需求而出现精细化趋势。② 他在"民间信仰与经济发展"的调查报告③当中进一步提出如下观点:民间信仰的功利性很强,它以"灵验"为本位,追求的是"有求必应",要解决的是家人平安、身体健康、事业顺利等实际问题,对于所信仰的神灵与教义,却常常有"认识上的暧昧"。

以上所述"世俗化"取向,具有某种意义上的"决定论"的倾向,即现代化的各种政治、经济、社会结构的变化所显示的现代理性决定了民间宗教的总体衰落,这一类型在整体上具有简单化、模式化的特征。然而,在当今社会,尤其是第三世界,民间宗教不仅没有消亡,反而在反教权主义、理性主义、科学技术的攻击中幸存下来,并且发挥着日益重要的作用。许多人开始反思以往的观点。美国宗教社会学家彼得·伯格认识到,宗教与现代化的关系十分复杂,现代化既有可能导致世俗化,也同样可能引发反世俗化的强烈运动。而且,社会层面上的世俗化,并不必然导致个人意识层面上的世俗化。④有学者批评说:在相当长的时间里,"现代宗教变迁被简明扼要地表述为理性将现代社会与现代人从宗教权威中解放出来的过程。这种'世俗化'观念把现代性看作是对宗教的否定……世俗化从最初的比较传统社会与现代社会的描述性概念,很快变成了以线性的进化史观为基础的有关社会总体趋势的断言"⑤

(二)"多元宗教现代性研究"取向

"多元宗教现代性研究"取向直接以超越"世俗化论战"为己任,对处于不同脉络中的宗教与现代性之关系进行讨论,比较不同社会在现代化过程

---

① 李亦园:《宗教与神话》,广西师范大学出版社 2004 年版,第 165 页。
② 瞿海源、姚丽香:《台湾宗教变迁之探讨》,载瞿海源、章英华编:《台湾社会文化变迁》,台湾"中央"研究院民族学研究所 1986 年版,第 655—685 页。
③ 瞿海源等:《民间信仰与经济发展研究报告》,台湾民政厅出版社 1989 年版。
④ Berger, Peter: The Dececularization of the World——Resurgent Religion and World Politics (edt.). Washington DC: The Ethics and Public Policy Center and Wm. B. Emerdmans Publishing Co, 2006.
⑤ 汲喆:《如何超越经典世俗化理论?——评宗教社会学的三种后世俗化论述》,《社会学研究》2008 年第 4 期。

中的宗教—政治—文化的互动关系,注重不同宗教在不同社会中的多元变迁状况。研究者们不再试图"预言"宗教的生或死,而是关注在不同历史和文化传统之下,宗教与现代性的种种互动模式。① 他们主张对于包括中国在内的非西方国家的相似议题,应置于多元宗教现代性的视角内进行讨论。② 在这一路径内,宗教与现代性之间关系的议题被拓展到后发现代性的国家与社会关系的场域中来加以检讨,并由此在呈现这一过程中的"社会"与"人"的建构逻辑的同时,累积着关于现代性的多元认识。③ 这一研究取向对世俗化议题进行多重反思,寻找着重新理解宗教与现代社会关系的必要性与可能性。

"多元宗教现代性研究"取向,其背景与现代民族国家的兴起相关联,已有研究多以现代民族国家为基本框架来考察其中的政治、宗教与文化三者的构型过程。其所关涉的主题讨论早已展开。如汉学家列文森在《儒教中国及其现代命运》一书中关于儒教文化在中国走向现代化的过程中的命运与角色的讨论对学界的后续探讨影响至深。④ 柯文在《历史三调:作为事件、经历和神话的义和团》中的讨论则涉及义和团运动的民间宗教基础,以及它如何被新文化运动、反帝运动等民族主义运动征用重构的过程。⑤ 杜赞奇在《文化、权力与国家》中以华北和东北(满洲国)为中心梳理了中国现代国家初建时宗教群体与国家权力的互动以及宗教认同与国民身份的相互建构过程,对中国传统社会的民间宗教信仰与地方社会秩序变迁的关系进行了讨论。⑥ 传统观点认为,发达社会向宗教的回归是现代性本身的缺陷造成的,这种观点的最大问题即预设了宗教在现代社会的衰落,把宗教看作是抗议、反现代性和非理性。这样做既无视宗教更新的持久动力,也没看到它们可能作为别样理性的载体,而与现代性和谐共处。近些年,王斯福、王铭铭、刘小枫、周越等学者就相关议题有些新的进路。这些新进路不再单纯追问宗教是否会消亡,而是探究宗教在现代社会中的现实处境和存在形态;他们要

① 张文杰:《从世俗化论战到多元宗教现代性——世俗化议题的当代进展》,《世界宗教文化》2014 年第 3 期。
② 汲喆:《如何超越经典世俗化理论?——评论宗教社会学的三种后世俗化论述》,《社会学研究》2008 年第 4 期。
③ 聂家昕:《空巢老人、灵性资本与民族教会的宗教实践——一个多元宗教现代性视角的研究》,《浙江学刊》2016 年第 6 期。
④ [美]约瑟夫·列文森著,郑大华、任菁译:《儒教中国及其现代命运》,广西师范大学出版社2009 年版。
⑤ [美]柯文著,杜继东译:《历史三调:作为事件、经历和神话的义和团》,江苏人民出版社2003 年版。
⑥ [美]杜赞奇著,王福明译:《文化、权力与国家》,江苏人民出版社 2010 年版。

研究的不是独立的宗教领域的发展,而是宗教与社会、政治和文化的互动。这些研究分属社会学、人类学、历史学、政治学和哲学等多个领域,其共同特点在于它们既能在描述上做到高度脉络化,也能在问题意识上保持对现代性的敏感,因而共同为反思中国宗教—政治—文化的现代经验奠定了基础。

(三)"自主性发展"取向

民间宗教世俗理论只是一种假说、一种猜想,这种猜想就如 19 世纪以来"单线进化论"的猜想一样,不仅遭到批评,而且被事实所否证。为了超越经典世俗化理论,出现了民间宗教自主性发展的研究取向。美国人类学家格尔茨曾感叹地说:"我们听到很多有关亚非新兴国家的政治现代化和经济现代化的情况,但很少听到宗教现代化的情况。在宗教没有完全遭到忽视的时候,它要么被看成对所需进步的一种僵化而陈旧的障碍,要么被看成是一个被围困的守卫者,守护着那些由于快速变化的侵蚀而遭到威胁的以往的文化价值。人们很少关注宗教的内部发展和自主发展,很少关注发生在广泛社会革命中的社会宗教仪式和信仰制度上转变的规律性。"[1]于此,国内有些学者从民族志材料出发,实证地从内部去研究民间宗教的"自主性发展"问题。

朱炳祥在《民族宗教文化的现代化》[2]一文当中,即希望从格尔茨提出的"宗教的内部发展和自主发展"的角度探讨民族民间宗教现代化的问题。他将神灵的变迁与时代的发展紧密结合,从中探讨了关于国家权力、宗族势力和现代社会三个方面在村民信仰上发挥的重要作用,指出民族宗教文化不仅没有在现代化的过程中消亡,反而是与时俱进,在与国家文化的互动中取得发展。该论文虽然也述及外部因素对于民族民间宗教发展的影响,但它并非发展的动力,而仅仅是作为一种条件而存在,自主性发展的动力来自内部,内部的"选择""转换""重新解释",促进了民间宗教文化的自主发展。崔应令与何菊在《民族宗教的自主性发展》[3]一文中,则通过对大理白族周城村本主信仰的变迁分析间接论述民间宗教的自主性发展问题。周城村有大黑天神、世隆景庄皇帝、赵木郎和杜朝选四位本主,这些本主都经过了千年的自主发展历程。文章认为,在周城本主信仰的神灵光环之下,更为深层的、真正的"发光体"是一种本主文化的基本精神。该文将这种基本精神概括

---

[1] [美]克利福德·格尔茨著,纳日碧力戈等译:《文化的解释》,上海人民出版社 1999 年版,第 196 页。

[2] 朱炳祥:《民族宗教文化的现代化——以三个少数民族村庄神龛变迁为例》,《民族研究》2002 年第 3 期。

[3] 崔应令、何菊:《民族宗教的自主性发展》,《中南民族大学学报》2011 年第 4 期。

为:①主要由大黑天神(包括赵木郎和杜朝选)体现的舍己为民的自我牺牲精神,②主要由杜朝选与赵木郎共同体现的(包括景帝)为村民谋利益不畏强敌的"勇武"精神,③主要由世隆景庄皇帝体现的"仁治"理念,④主要由作为"准本主"的两位娘娘体现的知恩图报式的善良。此诸种精神组合为本主文化的基本精神。而周城本主信仰中所包含的除恶安民、不畏强暴、智慧与勇武、舍己救民、自我牺牲、不计私利的本主文化精神,是真正支撑着本主信仰的最基础的柱石,是本主崇拜能够自主发展的深层原因。这类从内部视角去分析民间宗教变迁的研究成果目前仍然较少,但却值得关注。

(四)重视资料编辑

重视资料编辑,也是近年来民间宗教信仰研究的一个重要方面。在金泽、邱永辉主编的《中国宗教报告(2014)》《中国宗教报告(2013)》当中,陈进国、陈静的"民间信仰报告"收集整理了 20 多年来关于福建省民间信仰的各类调研报告和政府档案,在此基础上,他们结合大量实地观察,总结了福建民间信仰事务管理的基本走势。张训谋从国家宗教事务局 2012 年的主要工作、宗教治理体现的新理念和基本原则以及年度治理工作中存在的问题和未来走向等方面进行了分析与总结,指出宗教治理的三个层次以及与社会治理的关系。卓新平在《中国宗教学 40 年:1978—2018》一书中对 1978 年以来的中国民间宗教研究概况进行总结,提出要从民俗的角度来研究民间宗教,有助于我们对民间宗教的特殊性进行重新认识。此外,冯玉军主编的《中国宗教法治研究报告(2016)》收录多篇高等院校在法律与宗教研究方面的学者文章,在学术上进行了理论深化和结合现实情况的探索,为推进宗教法治的顶层设计和实践创新,提高宗教工作的法治化水平,实现宗教事务法律治理体系和治理能力现代化提供了借鉴。

第四节　本研究的问题意识及理论视角

在对既有研究成果梳理的基础上,我们看到了前人和时人在中国民间宗教信仰研究方面所取得的巨大成绩,同时从中也看到了我们可以继续前行的方向:

第一,国内外对于中国民间宗教信仰的变迁研究,无论是武雅士与王斯福的经典研究,还是国内学者的一些沿着"世俗化"方向解读变迁的看法,有一个共同的倾向,即在"现代—传统""城镇—乡村""社会—宗教"等张力关系的研究中,更加重视"现代"对于"传统"的影响、"城镇"对于"乡村"的影响、"社会"对于"宗教"的影响。虽然他们有时对于后者对前者的反作用与反影响也有一些看起来是"辩证"的论述,但是他们所强调的是前者对于后者具有主导性作用甚至是决定性作用。既然在两军对垒中"胜者"已经被预先确定,于是无论怎样的曲折论证,"败者"终归失败而居于从属地位。王斯福的"隐喻"概念既是一个代表性的概念,也是一种典型的说明。他认为中国民间的祖先崇拜、灶神崇拜、城隍崇拜等民间信仰中,总是隐含着"帝国的隐喻",即通过"隐喻"这种修辞手段来模仿帝国的行政、贸易与惩罚体系等等。王斯福说隐喻式模仿一直是中华帝国与民间社会能够沟通的主要途径。虽然在这种模仿中,意义有时会发生逆转,并非一模一样的复制,但"隐喻"毕竟是隐喻,"模仿"才是核心。就像一首歌曲有一个又一个模仿者,虽然声音各异,但是其曲调与旋律是相同的。在"隐喻"中,"本体"与"喻体"就只能是"主从"关系,二者永远也摆脱不了"相似"关系与"相从"关系。王斯福的这种将民间宗教信仰看作是一种模仿帝国体系的镜中之像的观点,并不符合黄塬村的实际情况。本研究希望通过黄塬村三个层次同心圆式地被嵌套与整合在一起的家庭中的人生仪礼、家族中的祖先祭仪以及社区中的村庙祭仪进行民间宗教信仰变迁的整体性研究,并对相关研究成果进行反思与回应。

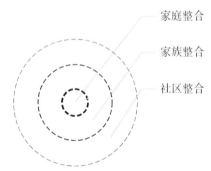

家庭整合

家族整合

社区整合

图1-1　三个层次嵌套与整合在一起的民间宗教信仰示意图

　　第二,为了推进既有的研究成果,并且在"变迁"问题上取得一些有价值的认识,对于中国民间宗教的"性质"的认识是重要的。杨庆堃先生将中国民间宗教看作是"分散性宗教",虽然杨庆堃先生已经指出这种"分散性宗教"在社会的各个层次中发挥的功能,并且与社会具有结构性联系,但是这一概念仅是对于中国民间宗教在社会中所呈现与显示的"状态"所进行的形象化描述,并不是对于中国民间宗教的"性质"的确定。某事物的"性质"是这一事物的"本质特征"。只有认识事物的性质或本质特征,才能对于它在各种环境条件下的"变迁"问题作出深入的说明。对于本研究来说,中国民间宗教的性质或本质特征正是其在"现代—传统""城镇—乡村""社会—宗教"互为主体性的条件下"变"与"不变"的根本性原因。我们希望能够通过对黄源村民间宗教信仰的研究,提出对于中国民间宗教"性质"的认识,同时也回应杨庆堃"分散性宗教"的理论观点。

第三,在叙事形式上采取"双主体叙事"的策略。传统的民族志叙事采用作者"一支笔"的叙事方式,民族志作品多为民族志者的自我叙事,即一种"客位"的叙事。这种叙事往往撷取田野材料的片段进行某种拼接,从而来说明作者的观点。如格尔茨所言,材料"被思想剪裁成一定的尺寸",民族志的功能就有一个"建造""拼凑"的问题。人类学家就是一个希望建造飞船的诗人。[①] 而本研究则希望增加一个叙事维度,即由当地人进行"主位叙事",并将他们直接讲述的材料尽量多一些写入民族志之中。当地人的叙事是现实生活的目光,并带有较为强烈的感性色彩;它与民族志者的理性叙事、从研究问题出发进行的叙事二者之间正可以形成相互补充、相互响应的关系。本研究"主位"与"客位"相结合的"双主体叙事"叙事策略有如下优势:一是增加叙事的厚重度,并且两个主体叙事可以相互映照与校正;二是显示一种开放的态度,当地人的叙事可以对民族志者自身进行某种限定,破除民族志者的权威;三是让当地人在民族志作品中有一定的地位,也显示了民族志者尊重当地人的伦理态度。当然,运用这种"双主体叙事"策略,我们也要冒一些风险。我们往往会遇到如下的困境:当地人的讲述往往漫无边际,离开我们的话语主题,如果这些材料全部进入民族志中,就会使人感觉到观点与材料并不十分吻合,这种情况如何应对呢? 对此,我们采取如下的写作策略:就其主导方面而言,我们尽量做到观点与材料相吻合,以符合现有的写作规范要求。但另一方面,当地人的讲述在某种情况下呈现一个整体,不好分割,而且这些材料保留在那里,有利于读者对整个情况与事件的了解,并可以据此作出新的解释。"双主体叙事"是本民族志在民族志书写上的一个探索性尝试。

本研究的理论视角主要依据的是分别代表三种不同的路径和类型的三位人类学家的理论资源,它们是法国社会学家、人类学家爱弥尔·涂尔干的社会理论,美国人类学家克利福德·格尔茨的意义理论,以及美国人类学家马歇尔·萨林斯的本土现代性理论。

涂尔干对于宗教的分析的最重要的著作就是《宗教生活的基本形式》,

---

① ［美］克利福德·格尔茨著,林经纬译:《追寻事实》,北京大学出版社 2011 年版,第21—22 页。

他的最著名的理论观点就是"宗教是社会性的"。他重重叠叠地论述了宗教与社会的关系。涂尔干说:"社会是宗教的起源。"①"我们在着手研究原始宗教的时候,便已经确认了它们与实在有关,并且表达了实在。"②而仪式作为一种膜拜神的行动,也同样是社会性的,其功能与意义"实际上强化的就是作为社会成员的个体对其社会的归附关系"。③ 概而言之,涂尔干关于"宗教是社会性的"这个总论述大约有三个层次的意义:一是指宗教"起源"于社会,二是指宗教"指涉"社会、"表达"社会,三是指宗教的功能是强化个体对社会的归附。涂尔干的理论有一种从外部关系(即宗教与社会的关系)来研究宗教的理论取向。本课题研究城镇化背景下民间信仰变迁问题的首要前提,就是需要将民间宗教与社会关联在一起,因此,涂尔干的理论是本研究的第一个重要的理论视角。

格尔茨的意义理论正是从对涂尔干的社会学理论的不满与批评开始的。涂尔干理论过于强调"社会"一端,有"单向决定论"的嫌疑,格尔茨批评说:"二战"以后人类学宗教研究只是不断地重复着涂尔干理论中的那些公认的命题,如祖先崇拜支持长老的道德和义务权威,成丁礼是确立社会性别和成人地位的手段,仪式群体反映了政治对立,神话为社会制度及社会特权合理化提供了特许的根据,如此等等。格尔茨表示他要抛弃这种"因袭主义",致力于探索新理论。于是,"解释人类学将人类学研究重点从对行为和社会结构的探讨转移到对象征符号、意义和思维的研究"④。格尔茨的意义理论是他的宗教理论的基础。意义理论主要内涵所关注的不是符号与外部世界的关系,而是关注符号内部的能指与所指的关系。在对待民间宗教问题上,他指出以往对宗教问题研究的偏向是:"几乎没有人注意到宗教自身内部的发展和自主的发展,注意到发生在广泛的社会革命中的社会的仪式与信仰体系的转变的规律。最多不过是我们研究了已有的宗教义务和宗教认同在政治或经济进程中所起的作用。……我们预计它们会繁荣或衰落;我们没有想到它们会变化。"⑤因此,在他的研究中,重视宗教精神特质所形

---

① [法]爱弥尔·涂尔干:《宗教生活的基本形式》,渠东、汲喆译,上海人民出版社1999年版,第297页。
② [法]爱弥尔·涂尔干:《宗教生活的基本形式》,渠东、汲喆译,上海人民出版社1999年版,第2页。
③ [法]爱弥尔·涂尔干:《宗教生活的基本形式》,渠东、汲喆译,上海人民出版社1999年版,第297页。
④ [美]乔治·E·马尔库斯、米开尔·M·J·费彻尔著,王铭铭、蓝达居译:《作为文化批评的人类学》,生活·读书·新知三联书店1998年版,第57页。
⑤ [美]克利福德·格尔茨著,韩莉译:《文化的解释》,译林出版社2008年版,第178—179页。

成的世界观及其相应的道德价值观和情感体系的自主性发展及其对社会生活的影响。格尔茨通过分析巴厘宗教的圣地、神祇与仪式的变迁,强调理性化是通过"内部转换"实现的,巴厘人遵循着印度教的指引,正在创造一种自我意识的"巴厘主义"。① 格尔茨以爪哇东部一个小镇举行的一次葬礼仪式为民族志材料,讨论了仪式与社会变迁的问题,认为变迁的驱动力源于社会结构与文化结构的错位。他指出小镇现实生活中的宗教仪式进一步分裂了社会、扰乱了社会,而不是使它更加整合、更加稳定。② 格尔茨对包括宗教在内的文化系统与社会组织之间关系的总体看法是认为二者是相互独立的、平行的系统,认为"功能理论之所以对研究变迁有困难,其主要原因之一,在于它不能平等对待社会过程和文化过程,……文化被看成社会组织的纯粹衍生物,这是英国结构主义者和美国许多社会学者的典型观点"。③ 格尔茨提供了一个在关注社会与宗教互为主体性的过程中,从内部来说明宗教的自主性发展与变迁问题的视角,成为本研究第二个重要的理论资源,它作为涂尔干理论过于偏重社会对于宗教决定作用的一种修正。

另一位著名的美国人类学家萨林斯的著名论文《何为人类学启蒙》则是本专题论述包括民间宗教在内的"变迁"问题的经典文献。萨林斯明确地说这篇文章的主旨"是对西方人类学的一种批判,或者更一般地说,是对西方思想的批判"。④ 因为西方思想与西方人类学的一般设置就是:"西方"与"非西方"是对立的,"传统"与"现代"是对立的,"先进"与"落后"是对立的。这是启蒙运动以来西方所确立起来的基本立场与思想,并以此观察所在的事物。传统的启蒙观念是康德所说的理性运动,西方的启蒙运动正是以此为基本的、显著的特征;而对于萨林斯来说,"关于理性和愚昧的启蒙论理念,正是我们设法需要逃避的教条"。萨林斯将那些把启蒙看作是"理性"启蒙的观点,所谓西方较之非西方更为"文明"、更为"进步"的观点,非西方社会文化将会行走在西方社会文化已经走过的道路上的"单线进化论"的观点或"单线性序列"的观点,统统看作是"不怎么启蒙的论点"。⑤ 萨林斯提出的新

---

① [美]克利福德·格尔茨著,韩莉译:《文化的解释》,译林出版社 2008 年版,第 190 页。
② [美]克利福德·格尔茨著,纳日碧力戈等译:《文化的解释》,上海人民出版社 1999 年版,第 169 页。
③ [美]克利福德·格尔茨著,纳日碧力戈等译:《文化的解释》,上海人民出版社 1999 年版,第 166 页。
④ [美]马歇尔·萨林斯:《何为人类学启蒙?》,载马歇尔·萨林斯著,王铭铭、胡宗泽译:《甜蜜的悲哀》附录,生活·读书·新知三联书店 2000 年版,第 109 页。
⑤ [美]马歇尔·萨林斯:《何为人类学启蒙?》,载马歇尔·萨林斯著,王铭铭、胡宗泽译:《甜蜜的悲哀》附录,生活·读书·新知三联书店 2000 年版,第 109—112 页。

的启蒙观点就是"本土现代性"的概念。土著有自己独特的文化理论,这是与西方20世纪文化观念不同的文化观念。萨林斯说:"全球化的同质性与地方差异性是同步发展的,后者无非是在土著文化的自主性这样的名义下做出的对前者的反应。"①他说:"非西方民族为了创造自己的现代性文化而展开的斗争,摧毁了在西方人当中业已被广为接受的传统与变迁对立、习俗与理性对立的观念,尤其明显的是,摧毁了20世纪著名的传统与发展对立的观念。当哲学家们暗暗地想把腐朽的东西砸烂,想通过进步理性来摧毁根深蒂固的迷信思想之时,这些对立观早已显得陈旧了。"②即使那些离开原地、到城市中去的那些土著人,他们搬家了,移民了,但他们的文化也没有消失。③ 那些移民到新的地方的爱斯基摩人,他们建立了新的社区,继续扩展原先的传统文化。他们既保持爱斯基摩文化,又为我所用地吸纳现代技术优势。这些都被萨林斯称为"现代性的本土化"。当地人从白人那里吸取文化,就像蜂鸟吸取花蜜那样"变西方人的好东西为他们自身生存发展的好东西",这"恰是一种迈向现代性的行动"。掠夺与被掠夺、支配与被支配,是可以被颠倒过来的。④ "这种新全球化普适性的一种补充,就是近几十年来的所谓文化主义,这即是指对于他们的'文化'的自觉。"⑤萨林斯的理论观点从某种意义上说,可以看作是对于"外来—本土""传统—现代""宗教—社会"这一系列的二元性的内在机制的解构。萨林斯的"本土现代性"论题,既是土著文化在西方文化的冲击下的变迁的论题,也同样是民间宗教信仰在现代化、城镇化的冲击下的变迁的论题,它与本课题最为切合,因此,这一理论是本研究所借鉴的最重要的理论视角。

第五节　研究方法与研究进路

本研究是一项人类学的田野研究。我的田野工作时间共半年多,分三

① [美]马歇尔·萨林斯:《何为人类学启蒙?》,载马歇尔·萨林斯著,王铭铭、胡宗泽译:《甜蜜的悲哀》,生活·读书·新知三联书店2000年版,第123页。
② [美]马歇尔·萨林斯:《何为人类学启蒙?》,载马歇尔·萨林斯著,王铭铭、胡宗泽译:《甜蜜的悲哀》,生活·读书·新知三联书店2000年版,第125页。
③ [美]马歇尔·萨林斯:《何为人类学启蒙?》,载马歇尔·萨林斯著,王铭铭、胡宗泽译:《甜蜜的悲哀》附录,生活·读书·新知三联书店2000年版,第121—122页。
④ [美]马歇尔·萨林斯:《何为人类学启蒙?》,载马歇尔·萨林斯著,王铭铭、胡宗泽译:《甜蜜的悲哀》附录,生活·读书·新知三联书店2000年版,第122页。
⑤ [美]马歇尔·萨林斯:《何为人类学启蒙?》,载马歇尔·萨林斯著,王铭铭、胡宗泽译:《甜蜜的悲哀》附录,生活·读书·新知三联书店2000年版,第123页。

次进行:第一次 2012 年 9 月—10 月,第二次 2013 年 1 月—4 月,第三次 2013 年 5 月—6 月。传统的人类学田野工作方法,是指"参与观察法"与"访谈法",至今人类学的田野研究依然将此二者作为重要的研究方法。

图 1-2 收割胡麻(李富斌摄)

就"参与观察"而言,我在田野工作期间,日日夜夜都是与当地村民生活在一起。我每天全部工作就是参与当地的社会活动、生产劳动、仪式活动。在生产劳动方面,我与村民一起拔玉米苗、收胡麻、割荞麦、刨洋芋、摘南瓜,以及在黄土高原千沟万壑之中放羊。在这看似简单繁重的劳作过程中,我不仅体验到劳动本身的艰辛和愉悦,也滋生出由劳动所生发出来的对于土地的感情。第一次到陕北时,我住的农家有祖孙三代 5 口人,晚上我和兰香阿姨睡在一张炕上,她养的那只专门负责为家里捉老鼠的黑猫总喜欢窝在我脚边的被褥上取暖,每次醒来总有它的陪伴。炕虽简朴,却异常干净整洁,每天晚上休息时每个人铺好各自的褥子、被子和枕头,第二天清晨起床再收拾,兰香阿姨会把所有人的被褥、枕头叠成豆腐块,放在靠墙的角落,摞在一起足有一米多高,然后再用两块农家布盖在上面,她还细心地调整盖布折边以不露一丝边缘空隙,再接着就是扫炕、洒水、扫地、擦桌子、烧炉子。如此这般,周而复始。当我后来也可以麻溜儿地把这些活计做到像她一样时,兰香阿姨总要高兴地多炒几个胡麻油鸡蛋,我对她的习惯的尊重,她感受到了,虽然没有交流,但那份不言自明的理解都在喷喷的蛋香中。我所体会到的是:只有情感融入当地民众,当地人才愿意与你交谈,你才能体验到当地人的思想与情感,也才能更好地"观察"当地的社会生活,进而才能深入理解这片黄土地"根"的意蕴所在。当我站在黄土高坡上放羊的时候,我真实地体验到了脚下这片土地的厚重与崇高,而我也萌生了无限的赞叹与敬畏,也就理解了当代一些学者与作家总是希望到陕北的黄土地来寻找中华文化之根的缘由。20世纪80年代曾兴起过一股"寻根文学"热潮,电影《黄土地》就是这股热潮中的代表作之一,它就是在我脚下的土地上拍摄的,我放羊时放眼望去的所见与电影中的画面十分类似。作家们在这里寻到了什么样的"根"呢?《黄土地》中有三个典型的场面:婚仪、腰鼓、祈雨,此三者都与我所研究的民间仪式相关。影片中那一场"婚礼"看起来是多么的愚昧与保守,这决定了影片主人公翠巧的悲剧命运;那一场"祈雨"又是何等的迷信与落后,注定不可能求得老天下雨!但也正是这种看起来是作为"保守—愚昧—落后"的象征,恰恰同时也是"新生—伟力—潜能"的象征。这样一种理解、一种体验,自从我到达田野工作点不久,就已经贯穿到我的田野工作的"参与观察"之中,大大加深了我对包括仪式在内的黄土地上的文化的深入理解,为我研究仪式奠定了思想和情感的基础。而我现在也正是要来研究包括"婚礼"和"祈雨"在内的黄塬村的仪式,无论是传统的时代,还是现实的生活都一下子与我拉近了距离,我感觉到我似乎也成为当地人的一员,我与"他者"无论是时间还是空间的距离都消失了,我与当地人的历史、与当地人的现代生活都已经融合在了一起。作为一个普通村落,黄塬村有着广阔的黄土地的厚重积淀,该村落保留了较为完整的传统民俗和民间宗教仪式。黄塬村是全镇上百个村落中人口最多的村庄,其村庙历史悠久,有着当地规模最大的庙会。另一方面,该村也是现代性因素涉入较多的村庄之一。由于市场影响特别是最近几年石油开发带来的明显社会变迁,便于笔者考察在转型时期当地村庄本身的内部传统与外部力量之间的互动。我在参与当地村民的日常生活与仪式实践中,体会当地人过日子的精神,观察当地的人生礼仪、家族仪式和村社仪式,进而探讨与理解当地民间宗教变迁的原因与机制。

就"访谈"而言,由于与村民们共同生活、共同劳动,并在这种生活与劳动中结下了情谊,因此,日常生活的各种场合都是我田野"访谈"的地点,并随手积累了大量的访谈资料。当然,我在田野工作中,也会正式邀请当地人专门进行访谈,以便对某个问题有一个较为系统的看法,但这种"访谈"并不是正襟危坐的机械的"你问我答",而是一种热情的讲述与诚恳的交流,当地人自由地述说着他们的文化与观念。我的正式的访谈对象是黄塬村的村民以及县乡镇的一些领导干部和文化精英,共有64位,并对其中的多位进行了多次访谈。访谈对象见下表:

表 1-1　访谈对象一览表

序号	姓名	年龄	职业	访谈对象简介	首访时间	备注
1	LCQ	85	农民	老革命,1946—1955 年当兵,兰州解放后回村务农,担任过两届村支部书记。	20120914	
2	LLF	40	农民	在家务农,闲时打零工。	20120914	
3	LYL	22	打工	LCG 的孙女,在县城打工,认为自己不适合村庄生活,但常回村看望爷爷奶奶。	20120914	
4	LCG	68	农民	皮影艺人,从艺 50 年,在本乡镇及周边乡镇多地演出,曾经做过村社干部。	20120914	多次访谈
5	LFB	20	大车司机	县城某运输公司司机,因工伤在家休养,闲时在家做农活,同父亲轮流放牧。	20120915	多次访谈
6	LLB	65	农民	在家务农。有两儿:大儿为县财政局局长,小儿在地方油田钻采公司上班。	20120915	
7	LLJ	50	农民	家计为耕作牧业与打工:耕种 70 多亩土地,养殖 60 只绒山羊。在村开代销店。	20120916	多次访谈
8	XLX	50	农民	LLJ 的妻子,务农,操持家务。	20120916	
9	LXJ	28	半工半耕	家中 6 口人,种地 30 多亩,养殖 75 只绒山羊,农闲时到银川等地做砖工。	20120916	
10	LHX	46	村干部	初中毕业后在村小学当老师 20 年,现为爬子圪村主任,种地 60 亩,两儿子打工。	20120917	多次访谈
11	LYF	67	农民	在家务农,2 儿 1 女,儿子在宁夏打工。	20120918	
12	GTR	40	农民	在家务农,种地、放羊;闲时打零工。	20120919	
13	LLF	65	农民	集体时代做过大队干部,现住沙镇。	20120919	
14	FJM	45	组长	在家务农,闲时打工,现为东村小组长。	20120921	

序号	姓名	年龄	职业	访谈对象简介	首访时间	备注
15	CHZ	91	机关干部	外地人,铜川市退休干部,人生经历坎坷。	20120921	多次访谈
16	ZJE	48	农民	FJM妻子,在家务农。	20120922	
17	FCS	70	农民	FJM父亲,在家务农,集体时代曾在大队副业组做饲养员放牛。	20120924	
18	CP	43	乡镇干部	外乡人,2007年调入沙镇工作,主抓镇域农业。	20130129	多次访谈
19	JSK	54	村干部	村会计,"抬爷爷①"仪式中有经验的轿夫;其父曾为黄塥庙会会长,已故。	20130129	多次访谈
20	SXH	55	村干部	村支书,李团庄人;在家务农,闲时打工,儿子在深圳工作。	20130130	
21	LHJ	54	农民	生计为种地和向油井运水,有两女;大女儿是幼师,小女儿在家。	20130131	
22	LQY	60	农民	在家务农,与村里的羊场合作养羊,放牧150只绒山羊。曾当过7年铁道兵。	20130131	
23	ZZC	46	农民	在村开油作坊,生计为种地、榨油和向井场运水,现为石油监督组长之一。	20130201	多次访谈
24	ZYB	69	农民	集体时代当过大队干部,副业组饲养员;现为黄塥村庙庙会会长。	20130202	多次访谈
25	ZTD	51	教师	现为镇中心小学老师,从教30多年。闲时打工,熟知村落民俗宗教仪礼。	20130203	多次访谈
26	ZZP	76	农民	ZTD父亲,15岁念私塾,集体时代当过记工分员;现在在家务农,照顾瘫痪的妻子。	20130218	
27	MZC	55	退休干部	原《定边县志》副主编,现在定边采油厂年鉴编辑部工作,熟知当地民俗宗教仪礼。	20130220	多次访谈

---

① 爷爷:当地对神的统称。根据不同语境,有时指庙里的九天圣母和三肖娘娘,有时也指龙王、药王、虫王、财神等。

序号	姓名	年龄	职业	访谈对象简介	首访时间	备注
28	WYS	70	退休干部	张崾岘乡人,现随儿子住宁夏吴忠市,熟知当地民俗宗教仪礼。	20130222	多次访谈
29	ZTL	43	村干部	曾在外地打工,从事多种工作;在村办有羊场,建洋芋库,现为黄塬村村主任。	20130223	多次访谈
30	ZZQ	74	农民	念过私塾,50年代在乡镇办企业管财务,做过大队会计,现在家务农。1儿子打工。	20130302	
31	ZTL	44	农民	90年代即到银川打工包地,"抬爷爷"仪式中的轿夫;3个儿子均为大学生。	20130306	多次访谈
32	ZTH	62	农民	在家务农,种地60亩,养羊20只;2个儿子均在宁夏的煤矿公司工作。	20130307	
33	LMH	67	教师	退休后在家务农,善于雕刻,是当地小有名气的木工艺人。	20130309	多次访谈
34	ZTT	49	农民	在村开有一间麻将馆并零卖一些副食商品。	20130311	多次访谈
35	ZTH	45	打工	常年在外工作,移居县城,年节时回村。	20130313	
36	ZZX	61	农民	在村务农,曾做过村组会计,经常参与村内纠纷调解,2女1儿均已婚嫁。	20130315	多次访谈
37	LSJ	48	农民	村主任妻子,曾在乡镇供销社工作,做过村内私立小学老师。现在家务农。	20130318	多次访谈
38	ZYX	62	农民	在村务农、养羊,做了40年红白事总管,熟知民俗仪礼,2儿均为大学生。	20130318	多次访谈
39	WRS	34	乡镇干部	外乡人,2013年调入沙镇工作,负责黄塬村一带5个行政村的综合事务。	20130319	
40	FJT	49	县政府干部	原在乡镇小学教书,2003年调入县政府工作。	20130320	
41	XGR	28	科员	大学毕业后到县政府相关部门做科员,关注地方文化。	20130514	

序号	姓名	年龄	职业	访谈对象简介	首访时间	备注
42	MJ	50	县政府干部	在县政府相关部门工作20多年,熟知地方史、党史,熟知当地民俗仪礼。	20130314	
43	WBC	52	农民	甘肃人,"抬爷爷"仪式的神职人员,祖传三代,有20年问神经历,做过村干部。	20130517	多次访谈
44	ZZJ	40	工人	ZTH大儿子,宁夏煤矿公司上班,现居宁夏,年节时回村,与妻子离婚14年。	20130518	多次访谈
45	LXF	28	打工	1997年到包头打工做门窗,2012年回村,以向油井运水为生计。	20130518	
46	ZTJ	33	打工	农闲时外出打工,以向油井运水为生计。	20130518	
47	LWJ	36	打工	务农加打工,是村里的电工之一。	20130518	
48	ZZF	24	打工	农闲时外出打工,以向油井运水为生计。	20130518	
49	ZZQ	25	打工	农闲时外出打工,以向油井运水为生计。	20130518	
50	LYZ	73	退休干部	退休的乡镇干部,赋闲在村。	20130519	
51	LR	28	科员	师范毕业后在乡镇小学当老师,后到县政府相关部门做科员,关注地方文化。	20130524	
52	ZHK	45	农民	受妻子影响,于90年代开始信仰基督教,1儿1女,已出嫁的女儿也信基督教。	20130525	多次访谈
53	YMQ	46	农民	ZYM妻子,务农,操持家务。	20130531	
54	ZYM	48	农民	生计来源为外出包地、向油井运水,1儿1女均为大学生。	20130603	
55	LHJ	24	学生	甘肃农业大学毕业后在当地做选调生,2012年结婚,妻子为青海人、藏族。	20130604	多次访谈
56	WHY	24	学生	LHJ妻子,与丈夫是同学,青海人、藏族。	20130604	

序号	姓名	年龄	职业	访谈对象简介	首访时间	备注
57	LMF	65	农民	以种地为主,参与多起村内纠纷调解,对当地民俗较为熟悉。	20130606	多次访谈
58	LTF	44	农民	LMH大儿子,在家务农,闲时打工,2儿均已成家。	20130608	
59	ZHW	28	工人	ZYX二儿,大学毕业后到县石油公司上班,边工作边与媳妇准备公务员考试。	20130609	
60	SXY	62	医生	曾在县镇医院工作,现为黄塬村诊所医生,庙会组织中的积极分子之一。	20130610	
61	QHL	45	农民	ZX妻子,丈夫在外开搬家公司,全家移居县城,阶段性回村为照顾公公。	20130611	
62	LGX	55	农民	务农,并在村里开了一个面粉加工厂。	20130611	
63	SHL	54	农民	LGX妻子,在家务农,并操持家务。	20130611	
64	ZTQ	45	农民	外出做粮食蔬菜生意10年,曾当过村干部,现以种地、运水和铲车修路为生。	20130611	

"参与观察"与"访谈"的方法,是经典民族志者研究没有文字的民族的方法,而在黄土高原这一片具有浓厚文化内蕴的土地上,从古代到今天,有着大量的由文字书写的文献,避开这些文献将是一个重大缺憾。因此,当我从主位和客位两个角度分析田野材料时,同时也采用"文献研究法"与田野工作的"参与观察"和"访谈"相辅相补。每一部分考察内容都从文献记载与田野材料两个角度去交叉看待,通过描述、比较分析其中的矛盾或和谐、冲突或一致进而寻找其变迁原因与变迁机制。本研究所收集和引用的当地的地方志和文献资料包括《定边县志》《学庄乡志》、定边采油厂《石油年鉴》、定边县史志办杂志《春秋》等十几种。另外,我还搜集了一些当地家族的家谱、村民自编的村志以及保存的地约和庙会布施单等原始资料。

本研究的基本进路可以分为田野工作与民族志写作两个方面来说明。就前者而言,西方一些经典民族志者一般都是走着一种"在这里——去了那里——回到这里"的路径。他们从书斋出发,从西方文化的基点出发,然后去非西方的"异文化"去做田野工作,然后回到这里写作民族志作品,进行理论思考。这样一种研究进路基本上无法摆脱西方中心主义的立场、观点与方法。在反思经典民族志者的田野研究路径的同时,我基本上是沿着一条"在这里——去了那里——回到这里——又去了那里"的田野工作路径前行的。这条路径也符合"实践——认识——再实践——再认识"的路径。在2012年出发去陕北做博士论文的田野工作之前,一方面,我在导师的指导下阅读了大量的人类学理论著作以及各种民族志著作,掌握了主要的理论观点,另一方面我已经在全国各地做过了大量的田野调查,对于乡村文化已经积累起诸多的感性认识。在此基础之上,我去陕北一个叫作爬子圪的地方做了短期的田野可行性预调查。归来以后,我又结合理论阅读对田野材料进行思考,提出了我的研究课题,即现代化、城镇化对于民间宗教信仰变迁的影响问题,并且设置了对于博士论文的研究思路与研究提纲。随后我带着这一课题与计划去陕北定边县黄塬村做系统的田野工作。凡是遇到一则新的田野材料我都力求能够对其进行理论的解释,不能解释的则记录在案,从田野归来后再在理论阅读中深入自己的认识,解决在田野工作中所遇到的问题。我三次进入陕北,又多次到全国其他地方进行田野调查,各地不同的经验也加深了我对于黄塬村田野材料的理解。在田野工作与理论阅读的不断循环与相互促进中,当研究进入到问题的归纳与写作进路的时候,我已经认识到无法用某一种理论(即使是最经典的理论)去解释我的田野材料,那样会使我囿于某一个封闭的框架之内而无法展开创造性的思维。我希望能够用多种理论视角去观察分析问题,而如果现有的理论资源无法解释田野材料,那么我则力求自己从田野材料出发,力求上升为某种带有概括性的分析性概念。①

具体来说,本研究的六章可以看作是"提出问题——分析问题——解决问题"三个步骤。"提出问题"是通过理论学习,通过梳理文献对于学科史的分析,进而发现并提出可以继续研究的问题。这是第一章《导论》的内容。从第二章至第五章,是一个对于提出的问题在田野工作的实践与理论的阅读中进行分析问题的过程。第二章介绍本研究田野工作地点的概况,包括黄塬村的自然地理、历史沿革、经济状况、社会结构等基本情况,交代了社会变迁背景下黄塬村在衣食住行、生产方式、家计模式以及石油开发等方面的变化。这些基本情况为后面章节探讨当地村落民间宗教信仰的变迁形态与原因分析提供背景性知识。第三章、第四章、第五章按照家庭、家族、社区等

① 这些分析性概念主要体现在作为结论的第六章中所提出的一些概念里面。

不同层面的民间信仰与仪式各自的具体呈现及互动的逻辑结构分别进行民族志个案的"深描",重点呈现当地在城镇化背景下的家庭的各种人生仪式、家族的祭祖仪式、社区的庙祭仪式的变迁过程与机制。每一层面的民间宗教都从时间、空间、仪式、信仰、仪式权威、受众等六个要素进行描述与分析。第六章结论部分,总结归纳城镇化背景下民间信仰变迁机制与结构形态,提出自己的观点并尽可能地与既有研究或既有理论进行对话。

最后,需要说明的是,我虽然是在陕北黄塬村这一具体地点进行研究,但我研究的是中国民间宗教信仰变迁这个一般性问题。格尔茨指出:"研究对象是一回事,对它的研究是另一回事。"[①]"研究地点不等于研究对象。人类学家不研究乡村(部落、集镇、邻里……);他们*在乡村里*作研究。你可以在不同的地方研究不同的东西,但这并不会使这个地区成为你的研究对象。在摩洛哥和印度尼西亚的偏远省份,我和其他在偏中部地区的社会科学工作者一样,被同样的问题所困惑,并且结局大致相同。"[②]这就是说,人类学者*在不同的地方*研究的是*相同的问题*,在哪里研究不重要,重要的是研究的是什么问题,并且在不同的地方的研究可以得出大致相同的结论。我选择黄塬村作为研究对象,但是我研究的是城镇化与民间信仰变迁这一具有普遍性的问题。这个问题在黄塬村可以研究,在其他村庄也可以研究。当然,中国幅员辽阔,高原与平原不同,高山与沿海不同,我们并不否认变迁的地域性的差异;但是从我所调查了解过的全国数十个乡村的民间宗教信仰的变迁的田野材料看,这种地域性的差异不会造成研究结论具有根本性的不同。在对差异的分析中能够找到大致相同的变迁规律,是我的研究目的,同时也是我的研究结论。

---

① ［美］克利福德·格尔茨著,纳日碧力戈等译:《文化的解释》,上海人民出版社 1999 年版,第 17 页。

② ［美］克利福德·格尔茨著,纳日碧力戈等译:《文化的解释》,上海人民出版社 1999 年版,第 25 页。

第二章　田野概况

本章对田野点的自然地理、历史沿革、日常生活、经济状况以及社会结构等方面的基本情况进行概述。

第一节　自然地理与历史沿革

一、自然地理

从地理位置来看,黄塬村位于陕北最西端,属于陕西省榆林市定边县沙镇李团庄行政村的一个自然村落。

定边县位于陕西省西北部、榆林市最西端、毛乌素沙地南缘,系陕西、甘肃、宁夏、内蒙古四省(区)、七县(旗)交界处。至2015年全县辖15个镇、5个乡、6个社区,土地总面积6821.38平方千米(1023.21万亩),林牧适宜地37.3万公顷(559.5万亩),耕地24万公顷(360万亩),基本农田18.27万公顷(274.05万亩),水浇地3.3万公顷(49.5万亩)。人均土地2.8公顷(42亩),人均耕地0.42公顷(6.3亩)。人口34.7万人,以汉族为主,有回、蒙、藏、苗、满等少数民族。定边县占据独特的地理位置,有着得天独厚的区位优势。地理坐标位于东经107°14′—108°22′,北纬36°49′—37°53′。它是鄂尔多斯荒漠草原向黄土高原丘陵沟壑区的过渡地带,东至东南与陕西靖边县、吴起县相连,南至西南与甘肃华池县、环县相接,西与宁夏盐池县毗邻,北至东北与内蒙古鄂托克前旗、乌审旗相邻。古长城横贯定边县境东西。定边古为塞上雄关,历代王朝在定边屯兵养马,布阵征战,其具有重要的军事战略地位。历史上的定边又是中国北部重要的商品物资集散中心之一,有"旱码头"之称,它"东接榆延,西通甘凉,南邻环庆,北枕沙漠,土广边长,三秦要塞",盛产食盐、皮毛、甘草等"定边老三宝"以及油料、荞麦、石油等"定边新三宝"。现在,定边县"在经济上是中部资源富集地区与西部资源富集地区的结合点,具有'承中启西'的优越地位;在行政上是陕、甘、宁、内蒙古4省(区)接壤地带,道路四通八达,307国道贯穿县境中北部,吴(旗)定公路、榆(林)定公路、银(川)定公路、环(县)定公路均在此起止交汇"①。

图2-1 定边公路(李富斌摄)

定边县域为干旱半干旱地区,属温带大陆性气候,夏季短促炎热,冬季漫长寒冷。温差悬殊,气温多变,民众中传有"春多风沙夏多旱,秋雨连绵冬雨寒""早穿皮袄午穿纱,晚围火炉吃西瓜""全年一场风,从春刮到冬"等俚语。白于山横亘东西,辐射南北,将全县分为北部滩地风沙区与南部山地丘陵沟壑区等两大地貌类型,分别占全县总面积的47.2%和52.8%,笔者所驻点的山区位于黄土高原的西部边沿地带,"地质构造上为古老的陆地地块,地壳经历多次升降运动和海陆变迁,地面沉积了一层较厚的沉积物,形成了黄土高原。由于地势较高,坡度较大,除部分河流下切的河槽及陡崖有砂岩出露外,其余皆为黄土层堆积物覆盖,土层最厚为100米。经流水的冲刷及其他外因力的侵蚀,完整的黄土高原,被切割成梁、峁、塬、涧、嵝岘和河谷等各种不同的地貌景观,长期严重的水土流失,使地形支离破碎,千沟万壑,纵横交错"②。山区南部以塬梁台涧地为优,黄塬村所在的沙乡镇境内虽有十字河川,但其沟大谷深,河床狭窄,水质苦涩;当地水源奇缺,人畜饮水多靠天雨。至2015年底,全县在多年努力实行多项惠民饮水工程的基础上,已解决8.7万人的饮水问题,全县农村饮用水人口27.56万人,农村自来水普及率达到92.9%。

黄塬村所属沙镇位于定边县城西南白于山深处,由原沙乡、刘峁塬、堡

---

① 《定边县志》编纂委员会编:《定边县志》,方志出版社2003年版,第7页。

② 秦伟:《北洛河上游土壤侵蚀特征及其对植被重建的响应》,北京林业大学2009年博士学位论文,第37页。

图 2‑2　当地村落

子湾三乡镇撤并组建而成。全镇总土地面积 528 平方千米(79.2 万亩),海拔 1767 米,地形地貌复杂多样,梁、塬、沟纵横交错,为典型的黄土丘陵沟壑区,适宜耕地面积达 10717 公顷(16.08 万亩),林地面积 12800 公顷(19.2 万亩)。镇域之内山大沟深,海拔悬殊,山上有山,沟里有沟。域内海拔最高处 1838 米与最低处 1326 米的十字河沟底落差 512 米。凡晴朗无风雾的早晨,隔沟人可相望,辨别衣着颜色。当地沟大塬也大,黄塬所在姬左塬一带为县内最大的塬地,面积达 20 多平方公里(3 万亩),土质肥沃,适宜农作。地处高原,地温较低,雨量不足。作物生长缓慢,所以大日月和喜温热的作物不宜种植,盛产燕麦、豌豆、荞麦、胡麻、芸芥,其次为小麦、糜子、谷子等杂粮作物。当地由于水源奇缺,人畜饮用水全赖置窖。当地居民多会做水窖。窖挖好后,先在壁上打眼,以胶泥搓卷填塞,后复以胶泥糊抹,用木棒槌打结实,水不渗漏。夏日每遇大雨,拦水入窖;冬天则广收积雪贮入,经澄清后饮用。窖有窑状、油篓状、萝卜状等三种。近年来,全县普遍实施"甘露工程",胶泥窖被水泥窖逐渐代替,且每家有三四眼。[①] 旧志记载:"乡村水少,而味甚涩,即凿井,亦十无一甘。家各置窖,贮夏雨冬雪,其中虽杂污秽。而舍此无可为水。"虽泛指全县,但沙镇境内尤甚。俗有"走到姬左塬,凉水拌炒面,若要犟个嘴,只给炒面不给水"之说,意为宁施粮不施水。由于缺水,当地的蔬菜皆为旱地种植,蔬菜以洋芋为主,另有少量的旱地韭菜、白菜、大葱、大蒜、萝卜、芜菁等。

　　黄塬村位于沙镇南四公里处,南临范峁何大台,北接下马渠,东至黄蒿湾,西靠左背山及李团庄。南北长 6 公里,东西长 5 公里,面积 30 多平方公

---

　　① 参见《定边县志》编纂委员会编:《定边县志》,方志出版社 2003 年版,第 75—76 页。

里,北部是塬地,占总面积约 35%,南部是山台地,占总面积的 65%,其中黄团梁梁是县域第五制高点,海拔 1806 米。黄塬村民居住较为分散,村庄由东塬、西塬、当庄(又称下坬)、塬畔四大块组成。现代化进程中的城镇化运动并没有给予这片土塬带来结构性改变。

二、历史沿革

定边县属黄河流域旧石器时代"河套文化"及新石器时代"仰韶文化"范围。南部山区出土的新石器时代的石器和居住遗址,说明早在 4000 年以前,该地域内已有人类活动,从事狩猎和农业生产,并开始饲养牲畜。此地古时属雍州,为古羌族后裔羌、氐民族的游牧居地。殷商时期,定边为鬼方之地,是商朝在北方的劲敌,《易经·既济》中有"武丁伐鬼方三年克之"的记载。西周至战国时期,定边先后为荤粥、獯狁等戎狄部落所踞。秦始皇统一六国后,设郡县制,定边为北地郡马岭县所辖。汉时匈奴南侵,朝廷大量移民戍边,定边一带为汉族和匈奴、羌等民族杂居地。西汉为上郡属国都尉治所,有盐官;元朔二年(公元前 127 年)置五原郡,定边改属。东汉永寿元年(公元 155 年),安定属国都尉张奂驻守北地,以断绝南匈奴与东羌的交通。秦汉时期,多次移民定边,中原的文化和农业技术也随之传入县境。在以后的漫长岁月里,定边境内先后成为汉族和鲜卑、羯、氐、羌、柔然、吐蕃、突厥、党项、蒙古等北方少数民族活动的场所。他们或游牧狩猎,交通互市;或金戈铁马,兵戎相见。至明朝以前,该区域长期多民族杂处,汉族与少数民族各有进退,互相影响。当汉民族居多时,农业有所发展;而当少数民族入主时,畜牧业又跃居首位。这种亦农亦牧、农牧交替的现象长期存在,延于近世。

明代筑定边县城,置榆林卫西协定边营,军事与政权合一,基层设安边、砖井、柳树涧、盐场堡 4 堡,职官总揽军政大权。清初因袭。雍正置县至今,政权数易,县制基本未变。清代定边县的行政规划建置为堡、塘、路、区,后三者皆由地方乡绅兼职。民国 17 年(1928 年),县署改制为县政府,知事易名县长,各堡、塘、路、区、牌①改制为乡(联保)、保、甲②。1936 年,定边县废除保甲制,实行区、乡、村制。③ 1958 年 9 月,撤销区、乡、村建制,建立人民

---

① 嘉庆年间,因塘路广袤,不便政令通行,区以下又设牌,每牌 10 户或 20 户不等。

② 10 户至 20 户为 1 甲。

③ 民国时,定边县曾出现过三县并存的历史情况:即 1936 年定边县城解放后设立共产党定边县、安边县(县治在定边和新安边)和国民党"定边县"(治地在安边)。县境之内,"红白拉锯战"持续到新中国成立前。期间,战事的增多,政权的更替,众多名人名将的频繁往复,使这块黄土地以"三边"(定边、安边、靖边)之称驰名中外,所以既有仰韶文化遗址、古(转下页)

公社，县辖公社，公社辖管理区，管理区辖生产大队，生产大队辖生产队。"1984年人民公社更名为乡（镇）人民政府，生产大队改为村民委员会，生产队改为村民小组。"

据定边县史志办工作人员介绍，定边县域及周边现住居民三代以上基本都不是本地人，但是南部山区的当地人则多一些。结合人口迁徙的大背景，当地最早的迁移可追溯至秦汉时期，由于是边塞要地，此地驻军较多。当时三边地区有两条防线：第一条就是山，比如白于山，将山的一侧削成墙即为天然防线；第二条防线则为人工修筑的长城。清末至现代影响的重要人口迁移背景有二：一是清朝镇压回民起义，造成十室九空后，从山西、神木、府谷等地迁过来一些人，称"走西口"。二是陕甘宁边区时期，当时有不少在国统区居住的人迁往陕甘宁。当时陕甘宁有五个分区：三边分区①、延属分区、陇东分区、绥德分区、关中分区。

沙镇因驻地沙村而得名，辖30个行政村，145个自然村，总人口13069人，其中农业人口12878人，均系汉族。清至民国初属三山塘辖区，后改制三民乡，设保、甲。1936年定边解放后，版入新置定环县，一年后复划定边县。沙镇为六区驻地，并置乡、村，1958年成立人民公社，1984年改制为乡，1997年改乡为镇。

由于黄塬村左姓人口占到全村人口的80%以上，所以《左氏家谱》所记载的左氏族人发展史也是黄塬村村庄历史的重要见证。关于左氏族人在当地的定居要从明朝的移民史说起。② 据家谱记载："我们的祖先就是因明政府为了巩固边防，被强行征集在山西大槐树下，随百万移民一起被官兵押送

（接上页）汉墓群、隋长城明长城、烽燧墩堠古堡关寨、庙宇钟楼，也有近代的三边革命烈士纪念塔和长城土窑洞革命遗址等等。

① 包括定边、靖边、安边、吴起、盐池五个县，有10多万人。

② "元末战乱时，蒙古地主武装察罕铁木儿父子统治的'表里山河'——山西，相对显得安定，风调雨顺，连年丰收，较之于相邻诸省，山西经济繁荣，人丁兴旺。再者，外省也有大量难民流入山西，致使山西成了人口稠密的地区。明朝灭元朝后为了巩固新政权和发展经济，从洪武初年至永乐十五年，五十余年间组织了八次大规模的移民活动。晋南是山西人口稠密之处，而洪洞又是当时晋南最大、人口最多的县。据记载，明朝时在洪洞城北二华里的贾村西侧有一座广济寺，寺院宏大，殿宇巍峨，僧众很多，香客不绝。寺旁有一棵'树身数围，荫遮数亩'的汉槐，车马大道从树荫下通过。汾河滩上的老鹳在树上构窝筑巢，星罗棋布，甚为壮观。明朝政府在广济寺设局驻员集中办理移民，大槐树下就成了移民集聚之地。……'问我祖先何处来，山西洪洞大槐树。祖先故里叫什么，大槐树下老鹳窝。'这首民谣数百年来在我国许多地区广为流传。"参见由左文玉总编，左怀斌、左怀喜、左志虎、左廷栋等参编的《左氏家谱》，第2—3页。这份家谱是当地村民自组织编纂的地方资料，虽然冠名《左氏家谱》，但其内容也包括左氏家谱在内的其他家族的家谱。为避免重复，后文相关注释将统一简写为"左文玉主编：《左氏家谱》"。

至当时尚属边疆的定边西南山,即现在的黄土湾。根据尚属传说并依据其他历史资料推测,我们的始祖最初有可能来自山西、山东、河南一带,因为明末时山东是左氏族人较为集中的居住地,明末崇祯年间的宁南候就来自山东临清。据推算该大将与我左氏家族的二世宗祖属于同时代的人,是否属于同宗同辈就无从考证。……我家族历史也只能讲述黄土湾这一支系。甘肃肖金镇和宁夏盐池黄记沟的左氏族人,我们只能认其为'一家人',辈分上不得随意称呼。"①由此可见,左姓祖上属明朝中后期的移民,最初的聚居地就在陕西定边南山的黄塬湾,其他各地能够理清辈分的左氏族人也是因各种原因再次迁移,甚至有部分左氏族人以再次迁居地为中心,进行了多次迁移。

历经战乱和灾难的黄塬村在 20 世纪 30 年代又经历了革命的洗礼。黄塬有其历史发展过程,清朝归三山塘管辖,民国时期归三民乡管理,红军到达陕北后,归红六区五乡管辖,一直到共和国成立初期。黄塬村被村民称为革命之村。1936 年,西征红军经过黄塬,在黄塬湾建立临时后方医院,救护从战场下来的红军伤员,黄塬水路梁峁盖的乱坟滩掩埋着红军战士的遗骨。而后多位左氏族人相继参加革命,1937 年红色政权在黄塬建立军需仓库。到 1951 年成立"互助组",1952 年经土改运动,1953 年成立"初级社",1955 年成立"高级社",1958 年人民公社化后成立黄塬大队,后并入李团庄大队。1981 年包产到户,1993 年全村通电,结束了油灯照明的历史,2004 年全村又通了电话。

第二节　日常生活

本节我们对黄塬村的日常生活进行观察与叙述。

一、衣食住行

旧时,当地城乡人民生活苦不堪言,清嘉庆年间,凡四野产苦菜,咸采食之。边外沙蒿成米,曰登粟,岁欠辄以充饥。乡村少水,而味甚卤,即凿井亦十无一甘。家各置窖,贮夏雨冬雪,其中虽杂污秽而舍此别无可为水。冬月煨炕,皆牛羊马粪,臭气不计,盖习俗然也。新编《定边县志》亦记载了在传统社会中当地村民的生活状况:"'吃饭靠糜子,穿衣靠皮子,打场靠蹄子(赶

---

① 左文玉主编:《左氏家谱》,内部资料,第 3—4 页。

羊、畜踩踏打场),运输靠驴子'。个别穷户几口人只有一条裤子,谁出门谁穿,十六七岁大姑娘、大小子精尻子没裤穿。山区农民住土窑洞、地坑窑(平地挖一大坑、坑内打窑)、草棚子;滩区住土坯垒墙、柴草苫顶的茅庵草舍。行路全靠步行,身背肩挑代代相继,妇女坐(回)娘家骑个毛驴就算不错了。用度缺东少西,全靠邻居相互借用,就连生火也要到邻家或邻村'点火'(借火种)。"①

图2-3 白于山区地貌(李富斌摄)

清光绪年间朝内翰林王培芬到"三边"(靖边、安边、定边)视察,面对地瘠民贫的凄凉景象,用诗赋格律写下一首《七笔勾》,亦可作为当时当地村民生活情景的写照:

万里遨游,百日山河无尽头。山秃穷而陡,水恶虎狼吼。四月柳絮抽,山花无锦绣,狂风阵起哪辨昏与昼。因此上把万紫千红一笔勾。

窑洞茅屋,省去砖木偏用土。夏日晒难透,阴雨水更漏。土块砌墙头,灯油壁上流,肮脏臭气马屎与牛溲。因此上把雕梁画栋一笔勾。

没面皮袭,四季常穿不肯丢。纱葛不需求,褐衫耐久留。裤腿宽而厚,破烂且将就,毡片遮体被褥全没有。因此上把绫罗绸缎一笔勾。

客到必留,奶子熬茶敬一瓯。炒米拌酥油,剁面加盐韭。猪蹄与羊首,连毛吞入口,风卷残云吃尽方丢手。因此上把山珍海味一笔勾。

堪叹儒流,一领蓝衫便罢休。才步入黉门,文章便丢手。匾额挂门楼,荣华尽享受,嫖风浪荡懒向长安走。因此上把金榜题名一笔勾。

可笑女流,鬓发蓬松尘满头。黄牙腥膻口,面皮似铁球。黑漆钢叉

---

① 《定边县志》编纂委员会编:《定边县志》,方志出版社2003年版,第975—977页。

手,裤腰三提溜,云雨无度哪管秋波流。因此上把粉黛佳人一笔勾。

　　塞外荒丘,土羌回番族类稠。形容似猪狗,性心如马牛。出语不离秽,礼貌何谈周,圣人传道此地偏遗漏。因此上把礼义廉耻一笔勾。①

　　这首诗虽然有遭贬官员的牢骚之言与对于民众的轻侮之语,但也反映了当时人民生活十分艰苦、文化极端落后的情景。

　　新中国成立以后,黄塬村村民生活水准不断提高,尤其是石油开发以来(见下节),村民的日常生活出现了许多变化。大多数农家生产资料及生活资料充裕,存款数十万、上百万元的农户越来越多。有的农户经营农工商贸,有的养畜养羊,有的造林种草,收入都是十分可观的,用度也非常宽裕。

　　衣着方面,从原来的蓝灰黑粗布衫到现在的时新服装,大襟上衣、大裆裤、灯笼裤逐渐被淘汰,特别是村里的年轻人也像城里人一样追求时尚新款服饰,在黄土高坡的塬地上行走看到农家女性梳着波浪大卷式的发型,佩戴各种戒指、耳环、项链、手镯等金银玉翠首饰,脚穿各色高跟鞋,也是一道很特别的风景线。市场圈的扩大、城镇向周边乡村的推进,也为他们添置衣物提供便利条件,庙会上卖衣服的摊位生意红火,逢五逢十的集市上也有好生意,很多村民甚至在生活条件好了以后主要在县城的购物商城消费买衣服。尤其是在过节时期,在县城乡镇集市上行走的人群中很难区分出城里人、乡里人。

　　饮食方面,首先吃水问题已经解决。虽然调研当年(2012年、2013年)山区还没有开始使用自来水,但是家家有水窖,不再像以前单纯吃雨水,很多家庭到附近的地下水井买水入窖已不是问题。陕北人擅长做各色面食,过去生活简朴,主食较为单一,以荞麦糜谷为主,现在由于小杂粮丰产且品种多,更是丰富了他们的饮食结构。加上开放市场,粮油品种齐全,很多家庭也开始吃精粮,白面、大米也成了当地人一日三餐的主食。过去的黄小米干饭、粘饭、洋芋拨拉子变为现在的"一样米面百样做,饭美菜香花样多"②。过去,山区的燕麦炒面、杂粮炒面和滩区的炒米、酥油酪蛋是村民大忙季节带到田头的食品,或者作为出门远行的必备干粮,如今已不多见了。蔬

① 《定边县志》编纂委员会编:《定边县志》,方志出版社2003年版,第959页。
② 比如荞麦就有几十种做法:猪羊肉臊子剁面、酸汤剁面、宽面、细面、饸饹面、凉面、混面、刀削面、凉粉、碗砣、搅团、摊馍馍、蒸角角、煮角角、蒸卷子、煮窝窝、烙烙饼、搓圪饦、油馍馍、甜馍馍、擦面、捏壳壳、煮疙瘩、拌拨拉、摊猪血、灌香肠等等。白面的吃法更多,还有燕麦面、黄小米都能做出许多花色品种来。

菜的食用比例也在逐步升高,交通较之以往便利很多,所以村民会定期到乡镇门市部买菜;而且基本家家都会在庭院内开辟部分地块种菜,萝卜、黄瓜、韭菜、豆角、洋芋等品种多样。有村民说:过去想吃肉时,出山挖几只肥胖黄鼠,开水烫过,拔毛去内脏,或蒸或炒,美餐一顿,以解其馋;现在村庄里基本每户都会养至少一两只羊或一两头猪,主要供家里人吃肉(之用)。过年之前家家杀年猪,然后用盐腌制做成咸猪肉,肉味香也利于保存,一般年猪的肉可以食用半年甚至一年。婚嫁大事村民们会宰杀自己养的羊或猪。

受自然条件的制约,县内粮食作物以秋杂粮(小杂粮)为主,占粮食作物种植总面积的70%以上。定边小杂粮栽培历史悠久,栽培品种多,以荞麦、糜子、谷子、黄豆、扁豆、麻豌豆、燕麦等地方品种为主,是陕西省七大名优小杂粮生产基地县之一。

图2-4 当地土窑(李富斌摄)

居住方面,首先是住房,当地住房方面的变化很大,由最初的山窑到上塬之后的土窑、土房,再到现在的砖板房、彩钢房。随着生产力的发展,农民经济日益宽裕,农村大兴建房之风。手头稍宽裕的农民开始修窑建房,建起新房、新窑或维修改造旧房窑,茅庵草舍和地坑窑、烂土房、土窑及被烟久熏变成黑色的土窑洞已经极少见了。农民新建房窑,也赶时代潮流,一般都是造价较高的起脊砖瓦房、砖窑洞、楼板房,有的还装饰穿廊飞檐、雕廊画柱、双层门窗、屏风暖阁。地板、窗台、顶棚及门面由光面水泥、水刷石、水磨石上升为铺瓷地板、石膏吊顶、玻璃或五合板吊顶、贴瓷砖等,较为美观。部分农户室内摆设也像城镇楼房一样置办组合柜、组合沙发、茶几、彩色电视机、洗衣机、电冰箱、组合音响等家具。不过,当地的炕文化倒是没有太大变化,即使盖了楼板房,炕还是居住屋内的重要内容,这与当地自然环境气候等有关,所以生活方面的变化始终还是要围绕村民的日常生活需要。村民居住房屋的材质和风格正在发生重大变化。村民LMF夫妇叙说了黄塬人上塬改变居住条件的情况:

> 过去人都在圿地生①着,原来就箍这个土窑,人都生在挖的窑洞里。现在上到塬高头(上面)盖房子有30年,改革开放以后才上来的。过去那个窑洞也是相当危险,那一年地震,哎哟,人跑到山上,半晌窑就塌了,多少窑都塌了。现在社会好了,人都上到塬里盖这个房子。30年以前是土窑洞,社会进化以后就盖房。现在人都住的楼板,全部是水泥钢筋楼板。现在有人又盖彩钢房,也就这一二年,尤其今年这才开始住彩钢房。彩钢房那个很简单。害怕这个地震危险,彩钢房可以防震。地震时往下一蹲,它不会倒塌。(LMF,20130606,XJH)②

出行方面最明显的就是从人走骡驮变成现在摩托车、小汽车漫天跑。提起交通方面的变化,村民是连连感叹。新中国成立前,农村骑毛驴最普遍。县内最初见到自行车是在民国20年(1931)由银川传入,见到架子车是在20世纪40年代末期,见到汽车在1950年初。过去的交通运输工具主要是马、驴、骡子驾车等,现在各个乡镇驻地和大部分行政村都通了公路,自然村庄全通了架子车路。以前婚嫁时,一个下马仪式就得花一天时间,"看山跑死马",红白喜事因为距离及出行的不便要举行三四天甚至一个星期,现在道路修通之后省了很多事,"过事情"③只要两三天就可以了。农民远行乘坐汽车,走近路由坐架子车,骑自行车上升到骑摩托车,坐三轮、四轮机动车。现在的黄塬村基本上家家有摩托车,石油开发以后,很多家户都有了小车。当地交通的改善很大程度上也是由石油开发带动的,一方面是资源收入提升村集体经济实力使公共品供给方面有了一定的财力支撑,另一方面也基于石油管线的设置及油罐车、水罐车等对道路的需求而由石油队修了

---

①　当地人在表达"住"的意思时喜欢用"生",比如他们在问笔者"你生在哪里"时,其实是在问"你住在哪里"。

②　此处"(LMF,20130606,XJH)"是指笔者的访谈录音整理,即"(访谈对象,日期,访谈人)";后文还有"(XJH,日期)"的形式则是指笔者的田野日记,特此说明。

③　过事情:主要指家庭或家族范围的重大仪式,如婚礼、丧礼、满月礼等,在当地人习惯的方言表达中这些仪式统称为"过事情"。详见第三章。

不少山路。稍富裕的农户就拥有汽车或机动农用车、摩托车,甚至皮卡、小汽车。步行跋涉及肩挑背扛已成为历史。现在从村里到镇上步行一个多小时的路程只需二十分钟就到了,沙镇距县城88公里的路程也只需两个小时车程就可以到达。

日常生活之用物方面更是变化巨大,传统农具被现代机械如旋耕机、收割机等替代①,原来家家必备的煤油灯被各种家用电器淘汰②,用水储水由最早的胶泥水窖到水泥窖到现在开始出现电泵抽水井。村里偶有停电,对于现在的黄塬村民来说,没电的日子变得难熬,因为很多家庭做饭使用的不再是锅台炉子而是电磁炉,很多年轻人不喜欢烧锅台,嫌麻烦。另外,虽然家家还是习惯睡炕,但是有的家庭在冬天不再煨炕,而是买来电热毯铺在炕上,因此北方的炕文化也出现了变化,出现了形式上的炕床。

上文我们引述了一首清代官员王培芬描写传统社会中"三边"地区民众生活的诗,饶有趣味的是,我收集到一首黄塬村村民左廷栋根据自己对家乡的观察和体会所写的与王培芬《七笔勾》的"和诗",题目为《定边南部山区七笔勾》,全诗如下:

南山遨游,百里山川无尽头,山山铁中吼,管道压山沟,道路纵横修,车辆来回走,开发热潮哪辨昏与昼,因此上把穷山恶水一笔勾。

粮食丰收,庄稼上场不用愁,三轮当运输,四轮作耕牛,驴车很少见,牛车更没有,大小汽车停地头,因此上把驴驮人背一笔勾。

客到喜留,香烟清茶递到手,饸饹剁荞面,鸡蛋炒□□,蒸馍大米饭,炖羊肉管够,山珍海味也能吃到口,因此上把吞糠咽菜一笔勾。

盖房买楼,水泥混凝钢结构,漂亮小洋楼,院内花果树,砖块砌墙头,点灯不要油,家用电器样样有,因此上把茅庵草舍一笔勾。

可笑农夫,一得油水懒向田里走,驱车街市游,老板为派头,麻将上几桌,酒肉会佳友,庄稼青黄全不顾,因此上把农民本色一笔勾。

时髦女姐,超衣短裙跟潮流,一天三换套,样式美悠悠,一双巧巧手,精心绘制十字绣,亭亭玉立人人争相求,因此上把女流之辈一笔勾。

教育为头,送娃上学专伺候,为儿请家教,盼孙能出头,书山勤为径,学海苦作舟,本科大学争一流,因此上把文化落后一笔勾。

---

① 这一变化主要体现在塬地村落,深山区的村庄由于地块分散且坡度较大不适宜使用现代机械,所以依然使用传统的犁、磨等农具。所以这些村落关于传统的生活方式保留更为完整。
② 当地区域基本上是在90年代解决通电问题,黄塬村于1993年实现了全村通电。

二诗艺术水准之高下姑且不论,它们从一个侧面形象地揭示了传统社会和现代社会当地民众生活的重要变化。

二、生产方式

定边县属 5/6 的幅员是民国二十五年(1936)解放的老区,曾进行过"打土豪、分田地"即减租减息的农民斗争,封建剥削的生产关系已基本摧毁。所以,在民国三十五年(1946)冬开始土地改革时采取了"抽补、调剂"的方针。民国三十六年(1947)春,县城失陷后,土改只在张崾岘一带根据地和有条件的游击区进行。1948 年 2 月,中共中央发出"关于在老区、半老区进行土地改革工作与整党工作的指示",定边、安边两县均在根据地及游击区采取"抽补调剂"方法,将公地、遗弃地、绝门地、富农退出地,分配给耕地不足的农民。两县所属滩区时为国统区,于 1949 年 8 月光复后,在维持原土改成果、收回地富反霸土地的基础上,进行抽补、调剂。全部工作于是年冬告成。1950 年 8 月 10 日至 1952 年春,全县进行土改补课,主要是"土调"评产和查田定产。

该地农业合作社,经历了从互助组到高级农业生产合作社的过程。20世纪 40 年代,即陕甘宁边区时期,县内农村中已有劳动互助组。这种在"自愿结合、互助互利"原则下建立起来的雏形农业集体组织,对促进农业生产,尤其是帮助弱劳少劳农户发展生产,曾经发挥了积极作用。但是,互助组只是劳动力的互帮互助,经营还是个体的。到 1953 年,中共中央作出《关于发展农业生产合作社的决议》,定边县选择了互助合作基础好的梁圈村进行试办,于 1954 年 1 月 9 日建立了定边县第一个初级农业合作社,取名五四社,由冯友仓等 12 户农民组成。初级社的土地除少量自留地个人经营外,大面积由社内统一经营,劳力统一管理,耕畜统一使用。1955 年 7 月,毛泽东主席发表了《关于农业合作化问题的报告》,中共中央作出相应的决议。定边县在初级农业生产合作社尚未全部建立、生产和经营等方面还很不健全的情况下,于是年冬到次年春掀起了建立高级农业生产合作社的高潮。高级农业生产合作社属"半社会主义性质",土地为集体所有,不再分红,牲畜、农具按农户的人口、劳力,以应投资的公有化股份基金,作价入社,也不再参加收益分配。1958 年,中共中央发出《关于在农村建立人民公社问题的决议》,定边县在高级农业生产合作社还立足未稳的情况下,于 9 月 5 日宣布实现了人民公社化,仅几个昼夜就把半社会主义性质的农业经济变成完全社会主义性质的经济。在人民公社化的同时,区、乡建制废去,公社成为国家最基层的一级政权组织,同时又是农村生产经营的管理组织,公社实行公社、生产区队、生产小队三级制,以生产区队为基本核算单位,生产小队则只有组织劳力安排生产的职能。农民是基本制度最直接的实践者,他们有着最深刻的切身体会。

> 1958 年之前我听我母亲说还是单干,各干各的。初级社、高级社那是在 1958 年之前。以前是单干,1956、1957 年搞这个低级社、高级社,1958 年成立人民公社,种子一家伙成堆地撒下去,稠的长不出来。把地挖几尺深,深翻呵,地一下翻三四尺深。肥料上几层厚,庄稼长不出来了。(ZZC,20130529,XJH)

1961 年生产区队改为大队,小队改为生产队,基本核算单位也从大队下放到生产队,实行"三级所有,队为基础"的体制。公社社员每户可养 3 只至 5 只自留羊,1 头自留大家畜,拥有少量的诸如铁锨、锄头、镰刀等小生产工具,社员个体经营的土地只占总土地面积的 5% 至 7%,其余的全部为集体所有。从"大跃进"过渡到"三级所有,队为基础"的生产方式的变更,村民们对此也有着建立在切身感受上的朴素的解释:

> 到生产队的时候,这个粮食就够用了。它是因为勤俭,就是该吃就吃,不能铺张浪费。食堂化我们就一个队,一起劳动一起吃,是一个整体。最后有办法生活了,粮食不够吃,又把农民分开了。不够吃的原因不是人不好好干活,而是有东西糟蹋了,有钱大手大脚,有钱这就不行了。到 1960 年分开(根据当地相关史志资料记载,此处应为 1961 年),当时分开来是七月份,都揭不开锅了,有粮么,把粮食集中一搭挥霍了,没有粮了。到第二年粮食有打下来之前,各家小户娃娃都饿得皮包骨头,大人吃不上,娃娃没有奶吃。
>
> 分开就是说生活方面分开,各个儿在各个儿家里吃么,但是劳动在一搭里。这就是挣工分,到秋季粮食下来按工分分配。劳动还在一起。到 1971、1972 年,有些人会过光景的还能余点粮。(ZZC,20130529,XJH)

"文化大革命"中,定边县 316 个生产大队中有数十个生产大队取消生产队核算,实行以大队统一核算的制度,当时说的是"向共产主义过渡"。这种"穷过渡",越过越难过,越渡越困难,后来又不得不恢复以生产队为核算单位。

"文化大革命"肯定影响生产。人有心干那个活,干活有啥意思,一天连一天生命都保不住。你一点点风声草动,说一句话不对了也把你批斗了。农村整农民。老年人上六十岁就没有生产能力。生活条件不好,干不动活。六十岁的人胡子这么长,就拄拐棍。我那会14岁,我三哥57岁,一天领着我放羊尼,上坡我瞅他走不上来,才57的人呢。迩个①人57还是年轻,七十几了还很好,这都是生产生活条件好了。那时他已经都走不动了,64岁就有了。那是我亲哥哥呀。我意思是那会人生活条件不好,吃都吃不上。现在白面馍馍都撇到一边。(ZZC,20130529,XJH)

1980年中共中央《关于进一步加强和完善农业生产责任制的几个问题的通知》下达后,是年冬末至次年春,全县绝大多数生产队实行了包产到户的生产责任制,农民称之为"第二次解放"。包产到户,就是在坚持土地、大型农业机具、机井、大片林木等基本生产资料仍然集体所有的前提下,生产队把耕地以人口或劳力按比例承包到户,耕畜、羊子、农具等亦作价固定到户管理使用,国家的征购粮油任务,集体提留部分,也分别落实到户,通过经济合同形式保证所承担各项任务的完成。生产队不搞核算和分配,生产经营完全由农民以户进行,也就是"保证国家的,留够集体的,剩下都是自己的"。这种形式简便易行,农民利益直接,深受欢迎。之后,逐步将农灌机井、大型农具也分别作价,出售给农民使用。1986年,包产到户的联产承包责任制进一步扩大。原来各生产大队或生产队集体经营的林场,有的由几户农民联合承包经营,有的则分片作价,以户经营;荒滩、荒沙、荒山等也以户划拨,承包造林、种草或管护。农民中相继涌现了一批"专业户"和"重点户"。除绝大多数仍以种植粮油为主外,部分农户则专营蔬菜、水果、林草、农副产品加工等。

以上我们简述了定边县生产关系方面自土地改革以来的变革历程。具体到黄塬村内部也同样经历着这一历程。黄塬村村民左廷栋感怀于新旧不同生产方式的变化,亲自编村志记录传统内容,还特意将传统的劳作工具图样与住宅图样画下来编订成册,成为非常宝贵的资料(如图2-5)。

---

① 迩个:方言,现在的意思。

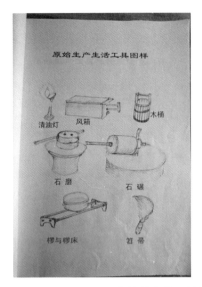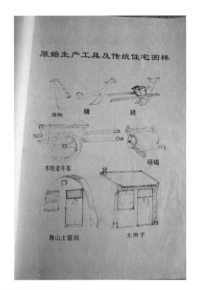

图 2-5　传统的劳作工具图样与住宅图样（左廷栋绘）

　　生产力和生产关系是社会生产不可分割的两个方面，二者的结合和统一构成了社会的生产方式。生产力决定生产关系，而生产关系又反作用于生产力。就生产力而言，在城镇化背景之下，有着很多来自工业社会科学技术进步与机械的进步所带来的新的技术。例如地膜覆盖栽培技术①，在黄塬村就有着较为广泛的应用。地膜覆盖栽培技术最早用于蔬菜生产，后来逐渐在各种作物种植中广泛应用，尤其是地膜玉米。之后，地膜栽培面积每年超过 1.33 万公顷（近 20 万亩）。1998 年，定边县地膜玉米发展到 0.767 万公顷（11.5 万亩），平均每公顷产量达 6075 千克，比大田玉米平均每公顷增产 2167.5 千克。地膜蔬菜和西瓜种植面积占总播种面积的 60％以上，增产幅度更大。1998 年，农技部门试验地膜小麦栽培成功，水地、旱地地膜小麦每亩可分别净增收入 159 元和 172 元。2000 年前后，全县试种 133.33 公顷（近 2000 亩）地膜小麦。在地膜栽培中，使用覆膜穴播机，覆膜与穴播一次完成，效果颇佳。2010 年开始推广旱地玉米全膜双垄沟播示范技术，创造了多项旱地玉米全国单产最高纪录。地膜栽培辣椒每公顷比大田可增产 15000 多千克。2015 年，全县地膜使用量 811.5 万吨，地膜种植面积 318 万

---

　　①　地膜覆盖栽培是用厚度在 0.06 毫米到 0.12 毫米之间的塑料薄膜，大面积地覆盖在作物上，保温、保墒、促进作物生长发育，最终达到高产的目的。此项技术于 1990 年在定边县开始应用。最早用于蔬菜生产，以后逐渐在各种作物上广泛应用，尤其是地膜玉米，成效十分显著。

公顷（4770 万亩）。

初入沙镇时,笔者发现田地里随处可见各种塑料薄膜,有全部覆盖地块的,也有部分覆盖的。一般来说,农民对新技术的进入总要经历"反对排斥-观望-个别尝试-收效后普遍推广"的心理过程和行动过程,从当地已大规模使用地膜覆盖栽培技术的现状来看,已经明显到了最后一个"收效后普遍推广"阶段。对于地势较平缓的地块采用这项新技术可以明显提高种植作物产量,特别是玉米和蔬菜;基于此,具有地势相对平缓优势的黄塬村,几乎家家种植玉米都采用了这项技术。有一次,黄塬村村委会主任以自家耕种案例和笔者聊到使用地膜技术种玉米带来的好处:村委会主任一家种植 24 亩玉米,正是依靠半膜覆盖技术提高了产量,不仅解决了 260 只羊的饲料问题,还实现了每亩净增 200—300 元收入。农民们在访谈中还反映"现在劳动都不怎么费力",所表达的也是对新技术的认同和信心。陕北黄土地虽然由于地域相对闭塞等多种原因,是一个相对全国大部分地区较为传统的区域,但是在对国家权威的态度上却是一直比较积极和认同的,加上革命老区的文化氛围影响,所以当地人面对由上层推广的技术时第一反应更多的是信任与接收。基于这种高度的信任,1991—2015 年,定边得以逐步推广良种、地膜覆盖、节水灌溉、测土配方施肥、高产集成技术、机械化作业、病虫害统防统治等一系列现代农业技术,挖掘农业潜力,提高粮食单产,科技进步率由 1990 年的 18％提高到 2000 年的 47.6％,2007 年、2013 年、2015 年科技进步率则分别提高到了 56％、67％、75％。

三、家计模式

家计模式因为具有鲜明的区别性特征,村民们记忆最为深刻,无论是集体记忆还是个体记忆都是如此。黄塬村村民的家庭生计模式随着社会变迁也经历了不断变化的过程,大体按照时间顺序经历了几种模式。2013 年 5 月 29 日村民 ZZC（时年 52 岁）系统地讲述了这种模式的变迁,可以作为一般性的说明。

集体年代的食堂化是一种极为特殊的集体记忆,这种记忆甚至一代一代往下传:

> 食堂化,大家一起集中牛羊牲口,猪、牛、鸡等全部都集中,这是听我母亲说的。当时的财产都是大家的。1958 年,你家的牛羊牲口个人财产都属公共的,然后把一切粮食、个人生活用品这些全部都集中到食堂,就是一盆酸菜都要集中起。总的一句就是食堂化,山南海北的人、

打马过路的人经过这里都可以在这个食堂吃。1958 年一直到 1960 年这个阶段都是如此。结果挥霍了那么两年,到 1960 年人就冇啥吃了,食堂已经空了,生产队粮库也空了。再咋办?还是各回各家么。1960 年又把农民分开了,冇办法,已经冇粮食吃了。1960 年、1961 年这两年生活十分贫困,受饿呢。没有粮食,挖苦苦菜等野菜吃。

整个集体年代村民的家计模式呈现同质化和单一的特色,生产队统一部署安排,集体劳动生产,统购统销。具体到村内,主要就是种庄稼和养殖两块内容。种植主要是荞麦、糜谷等小杂粮;养殖主要是由生产队专门成立的副业组来搞,有羊子、猪、驴子、骡子等。

生产队,生产劳动在一搭里,记工分,分粮多劳多得,少劳少得。那会儿养家糊口养不住,受罪。粮食方面不行,衣服也不行,老大穿了老二再穿,老二穿了老三再穿,根本没有说是一年换一件新衣裳。那会儿我有个本本,这搭我记得最清楚了,是我 1975 年念书那会写的本本,现在把那些还都放着,叫我后代看看。不是说细心,这是作念(作纪念)。那会吹牛么,就是一亩地产多少粮,给国家又交多少,打下的粮食全部交到沙村粮站。我记得最清楚,是 1975 年,那一年我受过饿。为啥?交公粮交不够,再留下生产队的种子粮,一家也就分个一二百斤粮食,一个人大概几十斤粮食,就是洋芋、麦子这些。那会主粮是洋芋,打下洋芋以后,把那个洋芋切成片,晒干,放碾子一压,就吃那个洋芋片片。再就是吃苦苦菜。那是我饥饿最大的一年。我弟兄五个,我顶(最)小,1975 年我 14 岁,四哥和我是一班学生,在沙乡念书了。那会一个娃娃要收三十块钱报名费,家里冇钱么,所以我就回家了。哎呀,说起我真是淌眼泪。那会一分钱都没有,想买一片塑料纸都没有钱,人就生活那么紧张。那会几只羊才值一块半两块钱。……从学校回来以后就帮家里放羊,从 1975 年一直放到 2002 年,封山之后我就不放了。油坊是 2003 年开的。

到了包产到户阶段,土地下放,村民的生计模式开始出现多元化趋势,到 1980 年代中后期已经有人外出打工、做小生意,也有靠技术外出谋生的,如木匠、铁匠、水泥匠等。ZZC 继续说道:

改革开放以后是实行生产责任制,田地都分到个人,那会生活就可以点。只从我放羊的这个阶段给你说,我这人功劳不小呢。三哥娶婆娘那会,都是我放羊挣的钱,一个羊就是十七八块钱。我三哥结婚的时候是1984年左右。我父母那会儿岁数大了,(大哥二哥)他们也不当活,挣不来钱,我放羊挣点钱。1975年的时候一个羊羔一块半,大羊四五块钱,羯子(羊)①八九块钱。那会羊肉一斤二毛三。那会是第三套人民币,两块钱是织布机,一块钱是红拖拉机。② 钱多了,一年赶一年好。田地一分开什么地都种上了,山片、坬地都种。粮食种得多,当时指望粮食卖钱呢,1981、1982年那会没有矿产,也没有人打工,大家都种地。

分地时坬地和塬地搭配着分。塬地好,比较平一点,省生产力。一个人也就是塬地十几亩,连坬地二十几亩。那会拿东西都放牲口驮呢。1981年、1982年的时候荞麦是每一百斤17—18块,麦子22—23元,胡麻45块,我记得最清楚了。还有豆类,黑豆、黄豆每一百斤33块左右。再就是谷子、糜子14—15块钱,我们一般就种这号庄稼。洋芋就是个每一百斤7—8块钱。1980年生产责任制以后田地都种遍了。

那个时候家里收入来源主要是靠粮食,除了粮食再就是看(养)羊的弄点大钱。羊收入大一点,但是看羊的人少。因为啥?你买不起羊。1980年代初14岁那年我看17个羊,到第二年我看60个羊。我那会放羊放得好,羊也喂得好。自从那搭就开始有变化了,(生活)都可以些了。以后慢慢发展,到1985年以后有那个"奔奔"车,运输主要就靠碎③奔奔,就是那个三轮,不是四轮,那时没有小车。用那个车打场④运粮食,到城里拉菜,又运输,又种地,又放羊,各方面都能,有东西能到城里,城里东西能到这里。那会路还不好,这个车还不普遍。个别家庭条件好一点,有车的占10%左右。这10%的家庭主要收入就是运输,加上放点羊和种地。再就是养牲口也能卖钱。那会牲口很值钱的,一个骡子多的能卖1000来块钱,一般也能卖5、600块钱。就是这么个生活方式。我们家85年的时候主要收入来源也是粮食和羊。

大部分家庭主要收入发生变化从1980年开始,我放羊种地就是从1980年起。开头主要是农业,后来主要收入都变了。大概是从1986—1987年开始就有人打工,一个劳动日30块钱,做小工,驮米、丢砖、撂瓦的。(这时候出去打工的人)不多,是极个别家里有啥干的出去打工,

---

① 在当地又叫羯羊,即阉割以后的公羊。羊肉中以羯羊肉质口感最优,故而价格也最贵。
② "织布机"和"拖拉机"指纸币上的图案。
③ 碎:小。在定边方言当中,通常用"碎"来表达"小"的意思。
④ 打场,打粮食的意思。

这样的家庭大概占 3%。那会人的思想还是在家里种点庄稼。这 3% 的家庭主要收入来源就是靠打工,家里没有羊,种地逢一年有收入,逢一年收入。到 1988 年那个阶段,我记得 1 斤羊绒都窜上 170—180 块了,羊肉涨到每一斤 10 块钱,一只羊可以卖到 200 元。这个阶段农民家庭主要收入就是羊、粮食、牲口这一类,90% 的家庭都是靠这个。1991—1992 年还是这么个,还是这种生活习性。打工多起来就是 1993—1994 年,这时能占到 10%。2000 年左右,60% 的人都出去了,走山西掏煤的,走宁夏的,出去的人过半了,庄里人都不多了。2000 年是一个大灾年,旱灾,寸草不生,只有树叶生长,田地种不了了。牲口都有法养,出去吃不上草,有办法生活了。我那会还年轻,就把树箍子①砍下叫羊吃。我那会养了六十几只羊,那会就用树叶喂它们。我没出去,因为家庭,有办法。有好多人的羊都卖了,我当时没有把羊卖掉,可是有饿死的。然后到 5 月 17,天下了点小雨,到 5 月 23 又下了一场暴雨,这草就活了,草活了羊就活了。到 6 月 17 雨都下好了。那年秋天还是有收成,当年种的糜子、荞麦、燕麦这三样粮食还是收成好呢。那年前半年人把羊几十块钱都卖了,到后半年一家伙都涨上一百多,羊又值钱了。出去打工就是三四月走的。有的人走了有回来过,这几年石油开发才回来。

到 2002 年封山禁牧就不养羊了,因为逮住要罚款,连羊都逮起来,前后罚了我一千多块钱,那会钱值钱。交了罚款羊再还回来。我就把羊卖了。羊那会不太值钱,大山母羊 70—80 元,羊羔 30 元,羯羊 140—150 元。那会我卖了一万多元,我大儿子那会害了结核性脑膜炎,看病就花了 5000,治好了。

2002 年不再养羊了,2003 年我就开始搞(胡麻)油坊,这又是一段历史。从 2003 年开始我的家庭主要收入来源是油和粮食。油坊还是占主要的,也没有什么固定收入,几千一般,反正就是够生活,也有攒下钱。别人出去打工还不一定能赚这么多钱。那会打工 30 块钱,说不定你出去还闹个平数,还闹个负数呢。

外出打工的人家里的地有庄里租着种的,1993 年之前没有租地的,因为那会人都在农村不出去。一亩地一九九几年那会租金 30,到 2000 年都便宜了。一亩 20 块钱左右,不管种啥都是那么多。租人 20 亩地要 400 块钱呢,那会 400 块钱可以买一头骡子,买个驴。租地给钱

---

① 方言,树枝的意思。

从 1993—1994 年开始的,有外出打工的人不种地就把地租出去。2003
年左右地还有人租呢,现在冇人租了。

2001 年的时候租地就不给钱了,冇人种了叫给钱的话我就不种
了,田地不荒了就对了。我现在种你的地,打出来粮食给你点,多少给
点人情。愿意给点啥,不给也能行。就是别把田地荒了就行。

在西部大开发背景下,石油进村以后,黄塬村村民的生活发生了翻天覆
地的变化,生活主要收入来源从过去主要依靠耕种、养殖,逐步开始转变为
主要依托了石油资源,即油井开发占地补偿,送水、管线占地补偿,车辆汇车
点①占地补偿,集体土地占地补偿及送水款项的集体分红等等。这时土地出
现了撂荒。这一时期,当地村民的家计模式为:种地+养羊+石油开发相关
款项。养殖这一块也与以前有所不同,过去是重要收入来源之一,接近
90％的家庭靠养羊为生;而当前,村内 80 户人家中靠养羊为生的大概只占
到 20％,其余住户只是养一两只羊解决吃肉问题。

据当地村民介绍,石油开发是 2005 年进村的,第一口探井是 2005 年 8
月 17 日开钻,至 9 月份石油队将井成功打出。自此以后,部分村民就没再
种地,开始靠石油为生。石油的到来带动起当地油罐车运输、水罐车运输、
皮卡出租、餐饮、维修、油井管理等职业的兴起与发展。自此,对于部分村民
来说,种地不再成为家庭生计的来源:"现在种地就是为了收着粮食够自己
吃就行了,不靠粮食卖钱。"一位村民介绍 2012 年的家庭收入来源时感慨
道:"农业收入落了几百块,光拉水就挣了 4 万多。"黄塬村有水罐车的村民
有 19 户,个别村民甚至仅靠向油井输送水就挣了 10 万元。对于大部分村
民来说,石油带来的家庭收入改变主要依靠石油开发占地补偿款以及相关
款项,一些村民由此看到运输业的红利,开始从农民变成出租车司机,载着
石油队队员和相关工作人员在村庄、乡镇、定边县、甘肃、宁夏、内蒙古、陕西
等地来回奔波办事。黄塬村仅东塬就有 4—5 家专职搞出租生意。村民说:
"因为有石油,四川人、天津人、北京人,山南海北的人都到这地方来挣钱。
如果冇石油的话,这些人恐怕八辈子也不来。"由此可见,石油进村带来的不
止家庭生计模式的改变,还有社会交往圈的变化,这里不再赘述。

---

① 汇车点是指两车的交汇点,由于石油开发在山里开路,但是有的道比较窄只允许一辆车通
过,所以需设定部分位置为汇车点,被选为汇车点的位置由于面积较大要征地,所以每个汇
车点政府补 3000—4000 元。因为开发井场需要,上面会给村里几个汇车点的指标。实际
上现在所修的路当中有些路段脚宽不需要再设汇车点,所以汇车点的指标便有了"操作"的
可能空间。

第三节　经济结构与石油进村

就经济状况而言,定边县在传统社会中经济发展缓慢。定边所处的黄土高原区属于中温带半干旱气候,加上北部沿边地区分布的大面积沙漠,当地降水稀少且变率大,旱作农业也难以得到保证,所以当地形成了半农半牧的生产方式,黄土丘陵地形破碎,"黄茅土山高下相属,极目四望,无十步平坦"[①]。黄土的直立性更是加重了当地水土流失的程度,严酷的自然条件和落后的农业生产使经济发展受到制约。"地处极边,山穷水恶,天时则寒多暑少,地利则鲜膏腴。"[②]

改革开放以前,定边县以农副产品初加工、生产资料制造为主,工业经济处于起步阶段,总体规模偏小,对国民经济贡献不高。20世纪80年代初期,当地开始实行家庭联产承包责任制,激发了农民生产的积极性,解放了农业生产潜力,定边县域经济开始得到较快发展。1980年全县国内生产总值3661万元,1985年为7347万元。1990年全县国内生产总值为1.49亿元。1995年全县国内生产总值为3.04亿元。

20世纪90年代中期,乡镇企业崛起,农村工业发展迅速,农村剩余劳动力以"离土不离乡"的方式向农村内部非农产业转移,县域经济得到了快速发展。2000年全县国内生产总值为4.8亿元。2006—2010年,全县贯彻国家扩大内需和加强宏观调控的方针政策,国民经济持续快速增长,县域综合实力明显增强。2010年,全县地区生产总值达到172.72亿元,是2005年30.84亿元的5倍多;财政总收入达到17.11亿元,是2005年5.1亿元的近3倍;其中地方财政收入达到10.7亿元,是2005年1.7亿元的6倍多。定边县域经济综合竞争力稳步提高,并成功跨入"中国农业发展百强县""中国新能源产业百强县""中国最具投资潜力特色示范县200强""全国绿色能源县"行列。

2011—2015年,定边县围绕"工业强县、产业富民、城镇化改善民生"总方略,特色产业快速发展,形成马铃薯、玉米、特色蔬菜、名优小杂粮、优质油料五大特色主导产业和六大特色农产品优势产业带,即北滩特色辣椒,中滩

[①]　[清]雍正敕修:《陕西通志》卷四五《风俗》。转引自张晓红《文化区域的分异与整合:陕西历史地理文化研究》,上海书店出版社2004年,第253页。

[②]　[清]卢坤:中国方志丛书·华北地方《陕西省秦疆治略》,成文出版社,民国59年(1970年)。转引自张晓红《文化区域的分异与整合:陕西历史地理文化研究》,上海书店出版社2004年,第253页。

特色西甜瓜,东滩地膜玉米,南部浅山区优质马铃薯、优质红花荞麦,西南部山区优质油料,南部深山区优质杂豆。全县油气产量超过 1000 万吨,成为全国县级油气产能第一大县,工业经济稳步发展。商贸流通业日益繁荣,生产发展后劲增强。

表 2－1　定边县 1949—2015 年部分年份夏粮作物播种面积和产品产量统计表①

年份	合计		小麦		夏杂粮	
	面积(万亩)	总产(吨)	面积(万亩)	总产(吨)	面积(万亩)	总产(吨)
1949	17.90	2120	14.10	1760	3.80	360
1965	26.28	9238.5	23.29	8735	3.09	503.5
1970	31.39	4600	21.39	2985	7.54	1840
1975	33.66	10045	16.56	4765	17.10	5280
1985	21.56	8843	14.24	5978	7.37	2862
1995	18.7	7128	17.1	6900	1.6	228
2000	24.2	1939.5	17.2	1924.5	7.01	15
2005	4.98	1813	3.6	1695	1.38	118
2006	1.34	765	1.2	765	0.14	—
2007	3.37	2297	1.06	822	2.31	1475
2008	2.54	964	0.6	357	1.94	607
2009	1.66	623	0.7	416	0.96	207
2010	2.75	1449	2.5	1316	0.25	133
2011	1.84	2527	1.8	2527	0.04	—
2012	0.69	428	0.69	428	—	—
2013	0.417	18	0.04	—	0.377	18
2014	0.018	8	0.018	8	—	—
2015	0.078	2	0.078	2	—	—

据 1986 年农业普查统计,定边县传统粮食作物共 4 科 17 种,以收获时间分夏粮和秋粮两类。20 世纪后期,玉米、马铃薯、荞麦等粮食作物种植面积逐渐增加,小麦、豆类作物种植面积逐年减少。2015 年,粮食作物种植以玉米、马铃薯为主,其他种类种植面积较少。定边县夏粮作物主要有小麦、

① 中共定边县委史志办公室编:《定边县志》,陕西人民出版社 2020 年版,第 351—352 页。

表2-2 定边县1949—2015年部分年份秋粮作物播种面积和产量统计表①

年份	合计		玉米		荞麦		谷子		糜子		马铃薯		豆类	
	面积	总产	面积	总产	面积	总产	面积	总产	面积	总产	面积	总产	面积	总产
1949	54.19	8265	0.75	190	—	—	12.60	1890	26.85	4030	1.72	730	3.63	635
1965	98.98	16500	0.66	125	—	—	19.01	3180	36.78	6865	7.60	1970	7.20	990
1970	88.44	29940	3.05	1850	—	—	17.03	5030	30.69	10780	11.03	4160	5.69	1710
1975	89.61	33130	1.54	207	—	—	13.94	4940	26.68	8115	21.66	11035	3.75	810
1985	104.42	44178	1077	1176	—	—	12.90	6006	35.43	13601	12.38	7276	4.69	1869
1995	110.4	92901	6.1	24461	37.08	15944.4	5.9	6313	18	8820	16.7	22545	6.8	3672
2000	104.64	45809	9.96	24000	47.72	7745	3.66	575.6	9.4	1008.3	31	12062	2.21	286.6
2005	150	186034	27.9	89779	29.26	10580	—	—	—	—	66.06	75474	—	—
2006	166.7	127747	27.2	60781	18.36	3855	—	—	—	—	76.4	56044	—	—
2007	139.6	237394	32.5	95045	25.06	10024	—	—	—	—	100	128079	—	—
2008	170	22007	34	104393	24.8	13729	67.2	94638	139.6	22007	34	104393	—	—
2009	104.64	258533	34.4	118710	25.3	7074	—	—	—	—	97.6	128846	—	—

① 中共定边县委史志办公室编:《定边县志》,陕西人民出版社2020年版,第354页。

续　表

年份	合计		玉米		荞麦		谷子		糜子		马铃薯		豆类	
	面积	总产	面积	总产	面积	总产	面积	总产	面积	总产	面积	总产	面积	总产
2010	172.5	302918	40.01	139873	21.7	10080	—	—	—	—	102.4	148691	—	—
2011	162.1	259265	39.4	118105	18.7	10008	—	—	—	—	97.1	127692	—	—
2012	164.6	281782	40.3	136279	32.08	29001	—	—	—	—	82.8	108341	—	—
2013	166.3	293771	61.01	16378	8.06	7181	—	—	—	—	93.6	118799	—	—
2014	166.7	298464	60.05	169034	9.3	6351	—	—	—	—	94.5	120010	—	—
2015	166.3	270552	59.9	153222	8.9	5764	—	—	—	—	94.4	108623	—	—

表2－3　定边县1978—2015年国民经济与社会发展主要指标择年统计表①

指标名称	1978年	1980年	1985年	1990年	1995年	2000年	2005年	2010年	2015年
年末总人口（人）	209103	216021	235788	263601	279293	290580	315851	330494	346991
其中：农业人口（人）	195573	199607	216390	238791	250907	258164	275390	282191	295200
国内生产总值（万元）	3960	5361	7347	14879	30384	48034	308400	1727200	2576300

① 中共定边县委史志办公室编：《定边县志》陕西人民出版社2020年版，第869—870页。

续 表

指标名称	1978年	1980年	1985年	1990年	1995年	2000年	2005年	2010年	2015年
第一产业增加值(万元)	1732	1858	4357	9119	16190	14060	37100	126610	179000
第二产业增加值(万元)	915	911	1130	3490	8540	18854	211600	1339700	1824200
第三产业增加值(万元)	913	892	18690	2270	5654	15120	59700	160890	573100
固定资产投资(万元)	173.2	157	304	842	520	32580	82755	1112980	2263400
工农业总产值(万元)	5057	4948	6534	10351	31922	40928	438608	2343777	2889023
农业总产值(万元)	3025	3284	4791	6077	17136	17198	67088	220498	323223
工业总产值(万元)	2032	1664	1743	4274	14786	23730	371520	2123279	2565800
年末常用耕地面积(万亩)	163.9	164.8	158.2	159.3	159	153.3	168.11	198.80	229.45
粮食产量(吨)	49945	40200	53021	83575	100029	47749	187847	304367	270554
油料产量(吨)	2147	3127	4022	10080	9196	3749	7548	11315	11881
年末羊子饲养量(万只)	27.15	27.47	25.05	39.22	40.1	32	52.21	75.81	89.02
人均其生产总值(元)	189	169	312	564	1097	1653	9546	58077	79762
非公有制经济增加值(万元)							50255	330700	585481
财政总收入(万元)	1236	984	1322	1203	2125	8337	51027	171070	354331

续　表

指标名称	1978年	1980年	1985年	1990年	1995年	2000年	2005年	2010年	2015年
其中:地方财政收入(万元)	1236	984	1322	1203	1221	4915	16877	107000	230022
财政支出(万元)	1202	993	1277	2444	4694	10898	30917	193990	343155
社会商品零售总额(万元)	2255	1960	3075	4299	9616	15602	54667	138442	301731(消)
在岗职工平均工资(元)	655	790	795	1674	3123	7073	13508	40969	54146
农民人均纯收入(元)	48	37	293	381	788	1131	1641	6233	13025
城镇居民可支配收入(元)								18336	33737
年末金融机构存款余额(万元)	750	784	2417	5995	13786	60578	176215	700355	1587875
其中:居民储蓄存款余额(万元)	305	380	1321	4501	10497	35471	106399	391404	838341
年末金融机构贷款余额(万元)	1884	2391	3405	10475	17348	40104	126823	269524	948832

豌豆、黑麦等品种。由于全县冬春雨雪稀少,风大沙多,而夏粮作物对水、肥、土等条件要求较高,且抗灾能力差等原因,夏粮作物产量很不稳定,种植面积不断减少。到2015年,县内夏粮作物年平均播种面积只有1.33多万公顷(近20万亩)。

定边的石油开采,其探索工作始于1952年。20世纪六七十年代,长庆油田开始开采。1993年组建定边县石化局石油钻采公司,地方政府招商引资投入油田开发。2003年9月,定边石油钻采公司更名为延长油矿管理局定边石油钻采公司。2006年3月后,油田隶属陕西延长石油(集团)有限责任公司,更名为延长油田股份有限公司定边采油厂。2015年,定边县石油资源开采主要有中石油长庆油田分公司、中石化华北分公司陕北采油厂和延长石油集团3家中型企业。至2015年底,县境内的八大油区储藏面积780平方千米,储量近1亿吨,已探明有开采价值的3块油田总储量2500万吨,含油层以鸡窝状形式分布。其中,长庆油田在定边县境内生产原油852.5万吨,天然气10.5亿立方米,产值157.3亿元;定边采油厂控制资源面积2460平方千米,探明储量36040万吨,拥有油水井8955口、固定资产169.82亿元,原油产量220万吨,产值57.76亿元,累计生产原油1702.85万吨,实现利税费224.93亿元;华北油田生产原油2.7万吨。定边县所在的陕甘宁气田是我国最大的陆上整装气田,属世界级气田,已提交累计探明储量1727亿立方米。2015年5月25日,中国石油天然气集团公司公告,在定边县沙镇探明中国第一个亿吨级大型致密油田,新增石油资源12.93亿吨,天然气6986亿立方米。

表2-4 定边县部分年份轻工业、重工业所占比重情况统计表[1]

年份	工业总产值(万元)	轻工业比重(%)	重工业比重(%)	年份	工业总产值(万元)	轻工业比重(%)	重工业比重(%)
1978	2032	92.4	7.6	2000	65098	46.1	53.9
1980	1664	91.1	8.9	2005	371520	3.8	96.2
1985	1743	94.1	5.9	2010	2123279	2.0	98.0
1990	4294	84.4	15.6	2015	2565800	3.5	96.5
1995	14786	63.7	36.3				

改革开放前,定边县工业以轻工业为主,之后经济发展以资源开发为依

---

[1] 中共定边县委史志办公室编:《定边县志》,陕西人民出版社2020年版,第492页。

托,形成以原材料工业为主的能源重化工业型结构。1976 年,轻重工业比例为 12:1,轻工业中,乳品、塑胶、食品加工占全部工业总产值的 90% 左右。1993 年后,重工业,特别是石油开采业发展速度加快,比重逐步提高,到 2000 年,轻工业和重工业的比例为 1:9。2015 年,轻工业和重工业的比例为 3.5:96.5。2008 年末,在工业企业法人单位中,采矿业 58 个,制造业 87 个,电力、燃气及水的生产和供应业 3 个,分别占 39.2%、58.8% 和 2%。在工业企业法人单位的从业人员中,采矿业占 71.3%,制造业占 27.4%,电力、燃气及水的生产和供应业占 1.3%。2013 年,在工业企业法人单位中,采矿业 94 个,制造业 99 个,电力、热力、燃气及水生产和供应业 14 个,分别占 45.4%、47.8% 和 6.8%。在工业企业法人单位从业人员中,采矿业 3509 人,占 52.6%,制造业 2493 人,占 37.3%,电力、热力、燃气及水生产和供应业 674 人,占 10.1%。在工业行业大类中,开采辅助活动、非金属矿物制品业、农副食品加工业从业人员数位居前三位,分别为 3124 人、1040 人和 497 人,分别占 46.8%、15.6% 和 7.4%。

在石油经济逐步作为当地支柱产业的助力之下,2015 年全县地区生产总值达到 257.63 亿元,年均增长 8.3%,是 2010 年的 1.5 倍;全社会固定资产投资达到 226.34 亿元,年均增长 15.3%,是 2010 年的 2 倍;财政总收入达到 35.43 亿元,年均增长 15.7%,是 2010 年的 2 倍;地方财政收入达到 23 亿元,年均增长 16.5%,是 2010 年的 2.1 倍;社会消费品零售总额达到 30.17 亿元,年均增长 16.9%,是 2010 年的 2.2 倍;城镇居民人均可支配收入达到 33737 元,年均增长 13%,是 2010 年的 1.8 倍;农民人均纯收入达到 13025 元,年均增长 15.9%,是 2010 年的 2.1 倍。

县域经济的大发展带来基层村落家庭经济的发展变化。黄塬村在传统上是一个以农业种植为主要产业、辅之以羊只养殖为牧业的村庄,种植的粮食作物有荞麦、糜子、谷子、玉米、豆子,经济作物有洋芋、胡麻、葵花、黄芥、麻籽等,其中后四者都是油料作物。以种植养殖为家庭主要收入来源的状况随着石油进村迅速发生了巨大变化。

国家西部大开发背景下的石油进村可以被看作城镇化运动中影响黄塬村包括经济、社会、日常生活乃至观念变迁的最重大的事件之一。定边县石油开发始于 1993 年,为定边县带来了巨大的经济效益,使财政收入逐年增加稳步上升。1998 年至 2000 年石油方面上缴财政各种税费每年达 4000—6000 万元,占全县财政总收入的 70% 以上,成为县财政的主要支柱。据县志记载:石油开发带来了较好的社会效益,不仅促进了油区乡村电力、交通、供水、办学等公益事业的发展,而且也带动了城乡第三产业广泛兴起和蓬勃发展。更重要的是通过扩大交流，打破了长期以来人们陈旧、封闭、保守的思想观念，促进了县域自给自足的自然经济向商品经济、市场经济的转化和发展。据勘探及开发资料表明：定边县石油储量富集，开发潜力很大，所划100平方公里仅开发了30平方公里，还有70平方公里有待开发，同时，还向周边扩展，前景可观。[①] 沙镇的石油开采从2006年开始。石油进村以后，黄塬村村民的生计模式及生活方式因为石油经济而全方位改变，这无疑是城镇化背景下黄塬村经济状况的一项根本性变化。据村民委员会主任介绍，石油开发以前黄塬村村民户均年收入为1万元，石油开发以后户均年收入在2万元以上，个别农户甚至能够达到百十万元。

石油是国家重要战略资源，定边县石油开发大大提高了县域经济发展水平，而石油进入到村庄以后对当地人带来的影响就更大了。石油进村庄以后，原来在外地打工的农户回来了。1990年代的黄塬村，最少的时候只有一半人口，大多是老人和小孩，现在在外务工人员特别是青壮年几乎全部回来了。石油开发增加了不少就业机会，如油井对水的需求带动了运输和送水交易，每个井场都需要有人专门负责看护和管理，看井人基本上都是雇佣的当地人。石油进村带给村民很多实际利益，比如2013年4月的石油款分配，全村387人，每人分1529元，四口之家就可分到六千多元。当时的黄塬村共有35个场子，100多口油井，包括长庆油田的井场（属于国有）和延长油田钻采公司的井场（属于地方）。全村84户中有31户的土地涉及油井，其余各户则是因为井场修路征地而分得些许补偿款，相对于前面31户人家的补偿款要少。向井场送水是石油进村后带来的重要创收机会，村里有19户人家买了送水车，很多中青年人参与到其中，甚至以此为业。村民ZTL就是一个例子，他是送水中的积极分子。油田用水有三种：一是修油井用水，每立方送水可收入80元；二是钻油井用水，每立方40多元；三是试油井用水，每立方50元。一般一车可拉30立方水，他两天送水就赚了3000元。他向笔者介绍说，他是从2012年上半年开始送水的，到2013年5月20日笔者访谈时已经送了110次，总收入为6万元左右。笔者估计这是保守数字，实际收入应该在10万元以上。笔者作了初步估算，其送水成本有以下几个部分：

1. 买大车(旧车)花费60000—70000元。

2. 每立方水水厂要抽10元且不用扣税(ZTL解释说这税相当于自己交了)。

---

① 参见《定边县志》编纂委员会编：《定边县志》，方志出版社2003年版，第6—7页、454页。

3. 每趟车烧油钱为 60—70 元。

4. 村集体每立方抽取 12 元作为集体收入：李团庄行政村每立方抽 2 元，黄塬自然村每立方抽 10 元。

5. 送水者每人需缴纳个人所得税 0.424%。

6. 大车的修理费：此项成本不定期，但是一旦修理动辄 600—800 元，严重受损时修理费可达几千元。

按最高水价和最低水价分别计算并以 7700 元作为烧油费、按 4000 元的修理费用将各项成本减去后，ZTL 这一年送水的最高最低收入大致分别为 211748.544 元和 80308.224 元，平均后是 146028.384 元。这还只是"送水"一项的收入，未述及其他。同时，石油也给黄塬村集体带来巨大的创收。

石油所带来的密集利益在大大提高了村民生活水平的同时也带来了一定的负面影响，虽然这种负面影响并不单纯是因石油引起的，但是由于石油带来的多方面影响最为突出，所以往往被村民绑定在一起谈论。有村民说"社会越来越好了，人越来越拐了，精了，鬼主意多了"。比如在村庄调查访谈过程中经常听村民提起的"闹油"①行为即是表现。当地人总结其"闹油"行为有三类：一是集体拉油，在自己家族门头的油井里拉油，只要躲开稽查队，可以明目张胆地拉。有一位村民说，某日夜里十二点到次日凌晨四点庄里十几个人到村子的集体油井拉油，一袋 500 多元，拉了 50 袋，十几个人分 2 万多元。二是刮油，也是集体出动。笔者某日访谈在回住地的路上碰到一位村民，说他要去一个正在试油的新井架处去刮油，并且准备通知其他村民一起去。三是隐蔽地偷油，事先与看井人串通，凌晨两三点以后，到别人的油井上去偷。某村民介绍说，偷油不能单干，必须搭伙，一个人做不了，一般找关系好的搭伙，一般不会拉外村人（包括外家②亲戚也不会喊），所以范围基本限制在有近亲缘关系的家门之内。该村民说她参与了一次就分到了 2700 元，很是高兴；但是回顾起来过程又太过紧张，管理也越来越严格了，所以她表示以后还是不会再参与了。

在现代化进程以及城镇化不断加快的大背景下，以石油为标志性的城镇化不仅带给黄塬村经济发展，也带来了日常生活的变化，同时还带来了人们观念的变化。因为石油，当地从贫瘠、地广人稀、广种薄收之地变成了资源型村落，石油的进入加速了当地社会变迁，影响巨大，反映在多方面。如

---

① "闹油"以及下文提及的"刮油"等，都属于当地偷采石油的说法。

② 外家：当地指老一代的舅家和年轻一代的舅家。

婚姻市场要价提高（至少 20—30 万），定边县消费水平高（全国猪肉价平均 11 元/斤时，定边能达到 18 元/斤），庙会进香布施提高（石油队的人也来上香上布施），要赌金额提高，年轻一代挥霍成癖①，家庭关系因为利益纷争而破裂等。大形势大流动影响当地社会结构社会关系的重组扩大，无疑对原有的家族结构等有冲击，一些具体的纠纷案例也显示出经济势力对社会关系地方文化的侵蚀与重构，所以当地民间信仰会随形势变化而有相应的适应性改变。不过，虽然石油作为市场力量的典型代表，在乡村与城镇化变迁交互影响的较量中，全面冲击了村庄原有的生活和交往模式，使村庄社会生活的方方面面都已发生了巨大变化，但是村庄和村民在生活与交往的大原则上还是保留了原有的结构和关系模式。从我们上文所分析的"衣食住行""生产方式"和"家计模式"三个方面可以见之，从下文对于"社会结构"的观察亦可见之。

第四节　社会结构

黄塬村隶属于李团庄行政村，李团庄村下辖黄塬村、云团庄、李团庄、乔团庄等四个自然村落。黄塬村共有 84 户，人口达 384 人（包括在外工作人员和务工人员），是沙镇人口第二大的自然村。其中左姓人口占 80％，李姓人口占 15％，杂姓人口占 5％。黄塬村多数村民在家，外出打工有 6—7 户。60 岁以上老年人口有 3—40 人，18 岁以下未成年人有 40 人左右；从人口年龄构成来看，该村以青壮劳力为主导，属于发展型村落。村落下设的村民小组基本是按照左姓的家族门头进行划分，集体时代也是按照左姓的两个大门头划为 2 个村民小组；后为管理方便，基于姓氏的相对平衡以及居住地块的相对集中，又基本按照村内主要姓氏每一门头内部的房支进一步划分为 4 个村民小组。由此，政治组织的划分基本遵循了当地的亲属制度。

黄塬村以左姓和李姓为主，3—4 户杂姓也基本与本村大姓有姻亲关系。左姓始祖自明朝中后期在黄塬村定居，距今已有四百余年家族历史。据该族族谱记载："祖先初来黄塬垴时，看中了这一带的地质结构便于挖洞造屋，垦田造地，养育后人，便到官府领单，获得土地凭证，在此居住。初来时，因地处边陲，周边有异族杂居，民族纷争时有发生。加之山中常有猛兽

---

① 邻村一位 20 岁的年轻人说自己"闹油"一次可以挣 5000—6000 元，但是到县里几天就花完了。某一个月他个人消费就达 5 万元。

出没,生存环境十分恶劣。艰苦的生活条件也磨炼了我左氏族人的生存能力,至清朝中后期,我家族已在此繁衍生息十余代。……鼎盛时期人口多至数百,家业兴旺;破落时期仅剩数人,家道清贫,难以维持生计。"①清朝初期,左姓家族的一个支系为改善生存条件,携全家老小移居左崾岘。由此,左氏家族就成为两大支系,即现在的黄塬人和左崾岘人。两大支系始终保持着联系并互通信息,历经数百年仍不乱宗辈。不知从哪一代开始黄塬人又有了大门、二门、三门之分,大门无后嗣,目前有记载的都是二门、三门之后嗣。三门人因居住分散,又分为高元山人、鸦艺沟人和兴武营人。由于天灾和战乱的频繁发生,其他门头为何无后嗣已无从考证。左姓内部又分为多个门头②,其中二门和三门③在本村,两个门头人口基本均等。从村民居住的地域分布上看,黄塬村分为东塬、西塬、当庄、塬畔等地块,村民口头上常将在当庄与塬畔居住的村民称为下圪人。左姓二门人主要在东塬与西塬,三门人和李姓基本都在下圪居住。集体时代黄塬村曾被分为两个生产队,现在虽归为一个大自然村,但村民仍有过去时代的生活记忆,特别是在土地等具体问题上依然持有两个核算单位的观念。因土地纠纷而起的争执最能体现认同单位与行动单位的边界,二者有区分有重合,依对内对外具体情况而定,因为具体的经济利益、家门关系等形成大小不一的单位圈子,但是基本上仍然遵循家族结构,如强调宗会不乱等。在黄塬村居住的李家人虽然不多,但是李姓在当地却也是一个大家族,2012 年在西墇塬新修了李氏祠堂④,本姓人要在每年清明和过年期间祭祖。所以村内集体事务的安排也会着重考虑姓氏方面的平衡。

　　家族结构的影响促使当地经济组织与行政组织都将亲属制度作为重要考量。石油进村以后因为石油款分配出现了一些问题而成立的监督小组使村庄内部的派别结构显化。2013 年农历三月份乡镇村领导召集村民开会,在黄塬成立了四个监督小组,在黄塬村选出了四个小组长,职责主要是管理石油开发产生的相关费用。四人分别是 ZYB(下圪左姓三门人)、ZZC(西塬左姓二门人)、ZTH(东塬左姓二门人)和 LMG(下圪李姓代表)。这四个人的选择既有姓氏家族的考虑,也有地域与门头的考虑,综合显示出了黄塬村

---

① 左文玉总编:《左氏家谱》,内部资料,第 6 页。
② 所谓门头,就是血缘关系较近的同宗家庭的联合体,类似于宗族下面的房,具有相同的父系祖先,比如曾祖父。
③ 大门已绝户,但是当地又有"一门有子,九门不绝"的说法。
④ 据本村李姓村民介绍,2012 年祭祖时,仅李氏祠堂门前就停了 100 多辆车子,估计至少有400—500 人参与祭祖。

内部的关系边界,其所反映的是去政治化①的过程及影响。曾经在上世纪五六十年代以来所依托的统合村庄的政治架构日益虚置,治权弱化;于是更为传统的"治理"资源如家族力量(户长等)重又冒出来。但是需要说明的是,这一时期冒出来的家族又与50年代以前的传统家族有所不同,传统的家族还有大家都服气认可的户长以及有制约力的家法、家规来管制,如今的家族却没有这样具有绝对权威和统合力的能行人去规约,甚至有人用一盘散沙来形容这种统合力的式微,所以称之为家族又必须与过去的传统家族区分开来。石油经济的进入,使黄塬的情况显得更为复杂,一方面带来家庭经济的丰富与发展,另一方面又有村民认为经济利益造成了人心不齐,大家变得各有各的想法,"太自由了,太松了",如此反而使得如今的基层村庄更加难以管理,争权的情况甚至在庙会组织上也有体现。村民 SXY 提到,现在的黄塬村,除了在敬神、敬先人(祖先)、敬心方面还有一致性以外,其他方面很难统合了。

在不同村民的话语表述当中,笔者感受到了黄塬村的矛盾,特别是与笔者曾经调研过的其他东中西部地区的基层村庄市场化与城镇化的进程比较而言,一方面感受到当地人的日常生活中充满了家族凝聚力,表现在各种"过事情"以及生产劳动中的变工,日常纠纷家门调解,祭祖仪式强调敬先人等方面;另一方面又感受到同样的激烈竞争,表现在村庄选举和小组争利方面。由此可见,以石油经济为代表的现代化因素的进入,确实激化了一些矛盾,但是综合比较而言,笔者还是认为石油只是外在诱因和催化剂,而非根本原因。从整体上看,当地生活方面的指导原则还是以"过光景"②为主,原有的伦理规范还在起着重要的规训制约作用,村庙等公共空间还保留着,传统权威在纠纷调解组织活动等方面仍为主导,即传统的公共人格还在。比如黄塬村民中下圪人是过光景的代表,东塬、西塬则多一些爱耍红火的,当地村民甚至自我调侃"西塬的酒东塬的肉,下圪人爱钱不得了"。③ 其中的"爱钱"虽有讽刺贪钱的意味,也表达了过光景人生活勤俭的意思。强调过

---

① 汪晖认为60年代内部包含着自我否定的过程,其将60年代的消逝视为一种独特的"去政治化"过程。即"对构成政治活动的前提和基础的主题之自由和能动性的否定,对特定历史条件下的政治主体的价值、组织构造和领导权的解构,对构成特定政治的博弈关系的全面取消或将这种博弈关系置于一种非政治的虚假关系之中"。参见汪晖:《去政治化的政治——短20世纪的终结与90年代》,生活·读书·新知三联书店2008年版,第40、45页。

② 过光景:方言,意思是会过日子,不乱挥霍。

③ 还有"西塬的麻将东塬的宝,下圪人多少都不得够"的说法,当然,住在东西塬的村民也并非只知道喝酒、吃肉、玩麻将,这里只是相对意义上的。另外,当地人称赌博为"(摇)宝"。

光景的村民对于家乡有很强烈的归属感和认同感。他们的生计与意义价值都扎根在土地上,更习惯于在老家继续营生,得了钱就攒下来为儿女婚嫁做准备;不过他们也并不排斥城镇生活,还是希望下一代人走出去过上城镇人的生活,劳作的全部动力就是为儿子的婚事做准备,然后再继续为孙子攒钱等等。

以过光景为旨归的村民,他们生活的主要社会关系交往圈在村庄,生计依托于土地,他们的人生意义归属体系在村庄内基本就可以完成,虽然也受市场、消费主义等外部影响,但是基本没有改变原有的归属认同体系,尤其是对于40—50岁这一代人来说,勤劳善良、家庭收入水平在村内也不低,加上人品好被村民认可等等,使得他们不但日子过得好且受人尊敬,所以相当于达到了物质、精神的双重满意度。从这个角度来看,他们生活的幸福指数或实质上的生活质量是相当高的,尽管在数字指标上显示他们的收入水平甚至可能在贫困线以下。当地传统的内容不断再生产,也源于村民在耳濡目染的过程中,内化了这些非正式的弥散在日常生活各个角落的原文化氛围与气场的"教育""训化"。由此,本文认为,在有结构性力量(如左氏家族)支撑的前提下,如果村庄中过光景的家庭占多数或占主导,那么村庄的主体性呈现就非常明显。由此,家族结构在当地村庄经历城镇化、市场化的过程中扮演着极为重要的角色,影响着当地人是否能够在现代化进程当中获得有益助力而实现真正意义上的温和过渡。

第五节　小结

在传统社会中,定边主要是农业经济,但由于定边有盐湖,子洲滩盐小有名气,很多人来此驮盐,商贸业也发展起来。当时定边产的盐可以向东卖到山西,向南卖到河南,向西卖到宁夏、甘肃等地。"旱码头"之称说明此地为交通枢纽,很多商贾来此地进行物品交换。在现代社会中,定边县提出三大战略施政方针:工业强县、农业产业化富民、城镇化改善民生。自2001年发现油矿并于2005年进行开采以后,石油成了该村第一资源,经济结构出现了重大的变化。盐的贸易已经微不足道,农业在村庄的总产值的比重也越来越小。

与此同时,城镇化运动也促进和带动了乡村文化建设,这种文化建设表现出对于传统文化的重建的鲜明特色。黄塬因为庙会在传统社会就很有名。村内的娘娘庙亦有传奇的神话,每逢四月八黄塬村庙会,香火不断,规模庞大。而这种庙会在当今已经出现世俗化变迁,这在我们第五章中将作分析。另外,当地还重视传统文化资源的新利用。2006年定边县举办了两届"马铃薯文化节",最早提出"三边文化"的概念("三边"为:定边、安边、靖边),后来县成立了"三边文化研究会",开过研讨会,但关于"三边文化"的界定并未形成一致意见,有学者提出本地最主要还是边塞文化,因为从古至今当地的历史人物都是军事人物,依托古长城进行边塞风格的旅游开发也是一项乡村文化建设。不过,在这种文化变迁中,也出现过一些相反的情况,即放弃一些传统的、可利用的文化资源。例如民国时期及共和国成立初期黄塬村的民间曲艺一度兴旺,闻名周边。当时黄塬剧团名曰"同乐班",戏班班主主演的眉户剧和皮影戏深受当地百姓喜爱。但是在1960年,为了支持教育事业,黄塬村庙宇曾被人拆毁后将其木材运往沙镇修建了中学。[①] 庙宇历经几次重建,又经迁址,至1984年被批准为"国家保护类庙宇"。现在的黄塬庙会上仍能看到眉户剧、皮影戏的表演。所以传统内容并不会轻易被替代,而多是以新形式或新的解释系统"复活"。比如有村民认为十七届七中全会所提对非物质文化遗产的保护就可能使他们的传统民俗文化得以保留,而宗教局为黄塬村庙颁发保护类庙宇证书则使他们对传统信仰更加确信与认同。

在过去,生存是第一位的;当地人所处的自然地理与生活环境形成了最基本的生存伦理。祖祖辈辈靠种地为生,部分农户养殖羊只贴补家用,打水窖储雨水或从远地驮水入窖以解决吃水、用水问题。这样的生存环境下,人与人之间的互助合作就显得尤为必要和重要,所以从功能角度来说,当地人很重视先赋性的血缘和地缘关系,形成了以家庭、家族、庄邻为基本构成的互助合作体系;但是对于血缘、地缘的重视又不只限于功能层面的考虑,在这样的单个人无法独立生存的生活环境中,他们对家庭、家族、庄邻还有更深一层的交往需求与精神寄托,慢慢形成了共识性的地方规范规则,生活秩序由此形成。对于人的评价体系也在交往关系中形成,"能行人"[②]就在这样的社会秩序中产生,为当地人树立了做人的楷模。这样的生存环境中,人们带有很深的对自然的敬畏和对生命、对死亡的敬畏,于是产生了所谓的"自然崇拜""祖先崇拜"。总有当地人解释不了的事物,所以在超出家庭、家族、

---

① 至今这一传统民间曲艺并未得到有效开发。该村教育发展也曾一度辉煌,1962年黄塬村成立公办学校,后并入李团庄小学。1972年黄塬成立初级小学,后并入李团庄小学。1999年本村村民又在黄塬成立私办的"红颖小学",学生人数一度达一百多名,后并入李团庄小学。

② 关于能行人的地方内涵见第三章。

庄邻的范围,即在村社范围内出现了村庙信仰,形成了各种仪式以沟通神灵,包括逝去的老先人(家族祖先)。在这个过程中,无论是不是受到了文化传播的影响,儒道教的仪式权威如阴阳先生等都起到了重要作用。当地丰富的民间信仰文化表达了村民们的超越性体验,但需要指出的是,对于包含了当地人的中国乡村社会的广大农民而言,这种超越性体验不同于西美尔等人所阐述的宗教性、终极关怀等内容,而与家族、与他们的日常家庭生活紧密相连。笔者认为,中国的广大农民正是在惯常的过日子过程中体验并实现他们的超越性追求的,这也是本文试图通过民间信仰来探索当地文化与社会变迁的互动机制的原因所在。

随着社会经济发展的日新月异,当地人的生活图景有了翻天覆地的变化,特别是石油开发促使村民日常生活水平有了质的飞跃,最大的转变在于当地村民的生计方式由原来生存的逻辑转变为发展的逻辑。石油与天然气的后续开发或许还会延续当地的经济发展契机。① 石油进村带来的规模经济利益也促使传统权威结构发生变化,在关注权威人物德行与办事能力的同时,也开始将经济实力作为衡量其是否能行的标准。经济利益的增多与分化也促使在村庄内部政治权力上的激烈竞争,直接表现在村庄选举上。而在表达政治权力的激烈竞争让他们感到不适和感慨的同时,村民们总是习惯性地将这种人与人的激烈竞争与他们敬神行为中人与人的团结齐心做对比,并且他们自己也在试图找到合理的原因:"敬神是自己的事,又不是要得表扬的,只要神知道自己的心意就行。但是在政治上就不行,一定得争,因为不争就丢官了,丢了饭碗了。"这种习惯性的对比引起了我的兴趣。黄塬村人心的相对统一是其主体性的关键,在村民眼中,这个"心"主要是指敬畏心、孝心,是天经地义的对父母、对先人的"孝心",这种心意随着仪式以及话语解释不断得以强化,古语说言传身教,当地家族聚居生活的日常传统为代际之间耳濡目染的日常教育提供了机会,即当地非正式的文化传递空间尚足。

在现代化进程中的城镇化背景之下,相对于自然地理面貌这种物理性的构建并未改变而言,包括黄塬村在内的这一地区民间信仰所植根的经济文化土壤却出现了重要的变化,比如财神的兴旺等。生活逻辑的转变促发当地民间信仰的变迁,而变化了的民间信仰在被塑造的同时也继续规约着

---

① 需要说明的是,关于村庄的发展前景也有代际差异,年轻人在被问到石油开发完了怎么办时,回说"有气井呢"。大部分中老年人则抱持忧虑态度,认为石油开发殆尽后村里可能又要回到以前受穷的日子。在当前不少田地荒芜的情况下,不少中老年人坚持种地或许也有这方面的考虑。

当地人的日常生活。理解当地变迁图景需要进入村落社会运行的内在机制中去,具体的仪式活动则为本文提供了展示当地变迁轨迹的一个契机。

以下三章将分别从家庭、家族、社区三个层面仪式内容的田野描述展示当地村落民间信仰的变迁图景。

第三章　家庭整合:民间信仰中的人生仪礼

在现代化、城镇化的进程中,黄塬村的社会生活发生一系列的变化,在这种背景之下,黄塬村的民间信仰与仪式发生了怎样的变迁是我们讨论的主题。本章描述、分析、讨论人生仪礼的变迁问题。

新编《定边县志》载当地的人生仪式有:"小儿满月(一般是头胎)、百晬(百日)、周岁、保锁(给小儿请3姓、5姓、7姓、8姓干爸保锁到12周岁)、升学(旧时中榜、中举)、就业、任职、提干(升迁)、提薪(加爵进禄)、调动、贺寿(为老年人、长辈过生日,一般于60、70、80、90岁生日举行,分别称60、70、80、90大寿,也有庆50大寿的)、贺材(为老年人做棺材成就时庆贺)……"①这些仪式纷繁复杂,而人生最重要的仪式有三种,即出生仪式、婚嫁仪式、丧葬仪式,这被人类学家们称为"过渡仪式"②,它们是人生的"生""婚""死"三大事件的仪式。定边当地村民称家庭范围的重大仪式为"过事情",指的正是满月礼、婚礼和丧礼③三种。这三种人生仪礼的隆重程度依次递进,即出生仪式隆重程度最低,婚嫁仪式较为隆重,丧葬仪式最为隆重。本章将通过仪式的构成、仪式的田野描述以及仪式总管与参与人等方面分别对黄塬村的三种仪式在城镇化背景下的变迁进行讨论。

第一节　丧葬仪礼

《论语·学而》言:"慎终追远,民德归厚矣。"其中的"厚"表示丧葬仪礼能够使人深刻明了人生的起始和归宿,使人警觉自己特定的历史地位和历史责任。丧礼以仪式的形式婉转表达了中国人对生命价值的关怀,"人们对

---

① 中共定边县委史志办公室编:《定边县志》,陕西人民出版社2020年版,第1680页。
② [法]阿诺尔德·范热内普著,张举文译:《过渡仪式》,商务印书馆2010年版。
③ 当地出生仪式一般来说是"满月礼",经济条件好的家庭才会为娃娃举行换锁仪式,称为"保锁礼"。

丧葬仪式的持久兴趣是文化的、历史的和道德的"①。死亡的仪式、习俗和信仰是一个复杂的文化"传统"的综合体,这里面既有古老文化的沉淀积累,又在后面的发展演变中不断融入新的文化因素,包括外来的和新近的文化内容。本节以民间现存的,即传统仪礼和传统观念的现代形态为主要对象,辅之以有关史籍材料以及地方民众话语系统中对传统仪式内容的回忆文本,通过微观考察呈现当地社会的民间信仰与仪式变迁形态。

一、丧礼的基本构成

丧葬仪礼,是针对死亡事件的一种仪式,是一个由动作、语言、歌唱、眼泪、表情以及需要去感受的氛围所构成的活生生的人生戏剧。② 实践行为与特定信仰有密切关联。在当地,村民们尤其是老一辈人相信按照祖先沿袭下来的传统去做,就能够得到某种福佑;一旦违背了传统则会有灾祸降临。由此便对仪式的各个环节程序等产生敬畏感。这种信念和敬畏感尤其体现在丧葬仪礼之中。

定边县域及周边安置过世者以木棺土葬为主,唢呐吹奏哀乐。孕妇及产妇月内死亡者,个别地方实行火葬,对于不满 12 周岁的夭亡者则用谷秸裹尸,送野外让禽兽刨食,类似藏族的天葬。关于死亡,当地有正常死亡和非正常死亡两种分类:"旧时称缢、溺、坠金、服毒、落井、自刎、跳崖、碰壁、土压、血崩、奸污、雷击及刀枪等 13 种死亡者为'非正亡',除此为'正亡'。正亡者,须有阴阳主持安厝、入祖坟(小口正亡暂厝,待双亲殁后带入祖坟。在外客死或暴死的,遗体不能入院宅,只能停灵门外,在家中办丧。妇女没有生育者,一般不入葬祖坟,在旁另葬。非正亡者不论老、小口,均暂厝待 12 年后方许入祖坟,个别地方非正亡者永远不得入祖坟)。"③

在当地,举办丧葬仪礼称为"过白事"。而过白事本身又指涉两种内容:一种是"抬埋",一种是"追远"。前者是死者过世时择日举行的下葬仪式,后者则是死者去世多年后,儿孙为其做纸火、念大经、超度亡灵的悼念仪式。两者可单独或合并举行,具体随主家经济条件和意愿而定。抬埋和追远的氛围有很大不同。在抬埋这一丧礼中,由于亲人刚刚过世,亲友等还未能完全从悲痛的心情中恢复过来,所以抬埋时的丧礼氛围整体来说是比较沉痛的。

---

① 钱杭、谢维扬:《传统与转型:江西泰和农村宗族形态——一项社会人类学的研究》,上海社会科学院出版社 1995 年版,第 250 页。

② 参见郭于华:《死的困扰与生的执着:中国民间丧葬仪礼与传统生死观》,中国人民大学出版社 1992 年版,第 22 页。

③ 中共定边县委史志办公室编:《定边县志》,陕西人民出版社 2020 年版,第 1690 页。

但是追远则是更为喜庆的氛围，时隔几年或多年，亲友在情绪上已经更能平静淡定地应对，且追远活动本来就是再次悼念已故先人，更要表达的是对逝者的怀念和亲情友好，以及对当前宽裕生活的满足。有的家庭在追远仪式中还有"穿神点主"①的仪式程序，则更因祖先经由此仪式成神而使仪式更为正式。

> 咱们这过白事朝朝代代就是这么个。一般是两次。这个人老了，就是人一死，就要抬埋。到两口都死了，（家族亲戚）请回来再过一次事。人说"家有老人防古老，家有牛羊防古草"，就是要比喻这些事。防古就是你要准备，人都有一死。老两口都走了以后，会择日再过一回事，就是追远。这个是儿女应尽的义务，显孝心。
>
> 父母都已经死了很多年的（过）白事叫追远。父亲死了之后先抬埋，然后母亲死了一起追远这种也能行。一般情况下是：父亲死了抬埋，母亲死了抬埋，然后过几年爷爷奶奶全部一块追远。也可以追过一次远了，然后再过一段时间又追的。抬埋整个算一次，追远整个算一次。那都是表孝心。（ZYX，20130527，XJH）
>
> "父短儿妻""儿短父葬"②，意思是说你生下儿子得给儿子娶媳妇，你有老人就得抬埋养活。（LMG，20130527，XJH）

对于父母儿女的过事情好像是例行的义务责任一样，是天经地义的，特别是以抬埋、追远为主的过白事，是不容置疑的内容。

在 ZYX 和 LMG 这两位报道人看来，为父母过事情，在村民生活及话语中占着非常重要的分量。"追远"是行孝，父亲和母亲虽然是在不同时间去世，但是通过"追远"仪式，老两口还在一块，这就是圆满了。作为一项传承最为完整的民间风俗活动，烦琐、隆重的丧葬仪礼，寄托的是民众"慎终追远"的孝道伦理及"敬神事鬼"祈求福佑的复杂情感。

案例 1：ZZC 父母葬礼

> 母亲是闰四月去世的，我们这里的过白事，你见过了，再就是年头节下烧纸，每年都烧。
>
> 我母亲去世下葬那时也过白事了。没有在去世那一年就搞追远，而是下葬以后，又过几年追远。我父亲比我母亲早几年去世。我父亲

---

① 关于穿神点主仪式的介绍详见第四章第二节第三目。

② "短"是陕北方言，意为"欠"。两个"短"字分别用来表达父亲和儿子的责任与义务。

和我母亲没埋在一起,不是因为(忌讳),反正是埋不到一搭①去。那会我母亲是我九大②的婆姨,九大去世了以后母亲改嫁我父亲,所以说是不能埋到一搭去。不过我母亲、九大也有埋到一起,各埋各的。因为我九大进老茔了,就不能搬了。如果要是没进老茔的话,母亲要跟九大埋在一起,(是不是必须跟她的第一任丈夫埋在一起?)哎,对,就是这么个情况。以后我媳妇连③我就能埋到一搭。以后我连我父亲往一搭埋或连我母亲往一搭埋,这都能行。为啥?因为我们老茔扎到这里。我们弟兄几个过世以后,谁想跟大(就)跟大,谁想跟妈(就)跟妈。我哥哥那人家有的想连我父亲埋一搭呢,在我的理想上还想跟母亲埋在一起,因为我那会连我母亲一搭生活时间长,感情深。

还有立碑的,那就是落户的事了。立碑的话也不能写他们两个是夫妻。(那要是你跟你母亲埋在一起的话不是人家也不知道你父亲是谁了吗?碑上也没写。)哎,那是落户以后的事,我也不懂。也不可能写,如果要写上那是有问题的,对吧?因为我九大。所以说咱们按迷信来说就是一场官司,我的意思是到阴世三间是一场官司。家谱上还是写在一起,但是不能埋一搭。因为我父亲连我母亲生这么多儿女,有这么个思想。母亲跟九大有有儿女,如果要有的话那就更好说了。我九大连我妈一埋么,人家有儿女的话埋到一搭,然后把我们都埋到我父亲跟前。(但是你父亲旁边就没有母亲的位置了?)那会我父亲先后娶了三个婆姨。母亲是第三个,头一个连第二个都去世了,一个进老茔了,一个现在还是个独坟。头一个是月地埋的,我们这地方讲究说是坐月子有了得在月地埋,不能跟丈夫埋在一起。第二个是坐月子四十天有了。所以都不能跟父亲埋在一起,有办法。第一个是搬出来了,第二个进老茔了。

(前两个母亲不都是坐月子死的吗?为什么一个进老茔,一个是独坟?)一个四十天,一个有满月。其实一开始有了以后,两个都迁到老茔了。我们这有个讲究是搬坟,搬坟以后进老茔过了大白事以后不冲突,就把第一个给搬出来,她本来也在老茔。为啥把她搬出来?原因是人不顺途,害病④。(就是按理说她不应该进老坟,但是给她埋到老坟了,

---

① 一搭:方言,一起的意思。
② 九大:方言,叔伯辈中排行老九的意思。
③ 连:方言,和的意思。
④ 害病:方言,生病的意思。

后来家里遇到不顺心的事,这个时候是不是去问爷爷①了? 然后他就说你这个坟有问题。)哎,对对。一开始两个妈都在里头,基本都靠一搭着,给父亲留着位置。把第一个妈从老坟一搬出来没法再进老坟了。就是说父亲也不能进去了。因为这个坟往外迁过人了,就不能再往下埋人了,这个复杂得很。(也就是说你们家现在坟都是独的,您父亲是独的,第一个妈是独的,第二个妈在老坟里这个不算,您母亲也是独的,单个坟都是独的。那是不是烧纸的时候四处坟都要烧?)都要烧,老坟也要烧。(确实比较麻烦。)那(也)有办法。(ZZC,20130529,XJH)

该案例非常典型,由于逝者在世时关系复杂,也使得下葬以及坟址的选择变得复杂。这里面有一套民间习俗严格的规矩,过事情必须按照规矩来办,否则就会出事情,正如案例中讲述者所说,将坐月子期间过世的第一个母亲埋进老坟后,家人出现了疾病,经过问神找出这一破坏了规矩的行为之后便采取搬坟的补救措施,这与当地人的鬼神信仰有关,即便是受过教育的村民也半信半疑,对此心存敬畏。把死者的尸骨从寄埋的地方迁到另外一处地方,叫搬坟。搬坟时先要罅坟(把坟挖开一个缝或小口),放进一只公鸡(叫"闯墓鸡"),一为人壮胆,二是鸡展翅扇出毒气,然后完全打开穴口,人进去将尸棺移走或捡拾尸骨。搬坟有依程序过事的,也有简单搬埋的,若是搬进老坟都要大过一番。关于婚丧仪礼等过事情的相关禁忌与规矩是当地的地方性规范与共识,这种地方性的规矩制约力占主导。多数人仍然遵循这些内容来办事。即便很麻烦,也不能破坏了祖辈传下来的规矩,一是对祖先的敬畏与信仰,二是希望祖先能够福佑后人。

据《定边县志》记载,传统社会的正亡者的丧礼基本构成有以下三个方面:

(1) 临终、亡故

无论老、小,在病危时为其梳理、洗脚、穿终衣以待咽气。气断后先烧"倒头纸",再给亡者口内塞银钱一枚,称"口含钱""叹口阴"。拧死 1 只鸡称"倒头鸡"。老口亡,在正室正中地上铺谷草(1 岁 1 根,称岁数草)停尸在上。也有在室中置木床铺草停尸的。请来阴阳先生批殃单②,压护心砖,放

---

① 问神的意思。

② 请礼笔者写挽联、讣告,设置灵堂,请"乐人"。阴阳先生是丧事中的重要角色,一切禁忌、重要程序都要阴阳先生安排,故请阴阳先生很庄重,须由长子穿重孝,持丧棒去请,见到阴阳先生先磕头。阴阳先生根据亡人生辰八字及去世时辰等,选择出殡日期及下葬时辰,或所需镇物等。

守灵鸡,在大门口挂岁数纸,制"引魂幡"、灵牌,盖纸幔设灵堂,置三献及长明灯,孝男孝女穿孝服守灵。小口亡则停尸于侧室。

（2）掩棺、吊唁

阴阳在棺内置"防邪避妖"镇物,停尸棺内称入殓,用罗盘吊线稳相,孝子用棉花蘸酒为亡者净脸,亲朋瞻容后覆纸幔撒五谷掩棺。富裕者大办道场,做佛事,阴阳先生、和尚诵经超度,其仪式有:出纸、扬幡、招亡、围城、破狱、升桥、梳洗、朝王、转案、出榜、点朱及游食、放施食等,还有领牲（羊）、上祭等烦琐程序。最后起丧下葬埋土。安葬后设宴席款待亲朋。贫家丧葬极简,旧时有用芦席卷尸埋葬者。富人家以松、柏木做棺,穷人则用杨木。

（3）礼节、服饰

亡者在家停灵柩3—7天,灵堂内摆纸火,有楼阁庭院、金斗银山、金童玉女、鹿鹤车马、幢幡宝盖、牌楼灯照、花束靠山,等等。奔丧亲友带祭献灵前点纸,孝女孝媳在灵帏后恸哭声。上三献祭:初献孝子、亚献孝媳、终献孝孙,礼宾喝礼参拜,读祭文。一切礼仪履行完后出殡,鼓乐、纸扎、挽帐依次前行,幼男或幼孙执"引魂幡"前导,孝子孝孙用白布引棺,孝女孝媳恸哭于棺后,送墓地安葬。……旧时孝服有5种:①斩衰,为重孝,服期3年,以粗麻布制,不缝下边。②齐衰,稍重孝,服期1年,稍粗麻布制,缝下边。③大功,中孝,服期半年,粗熟布做。④小功,下中孝,服期百日,稍粗熟布制。⑤缌麻,下孝,服期30天或50天,稍熟布做。服重孝还要腰系麻辫,拉白布（绢）5尺。县境解放后,孝服渐减,只用粗熟布制孝服（散边）,亲朋邻友戴白布孝帽,臂挽黑纱或胸佩白花。[①]

中华人民共和国成立后,传统的仪式和礼俗呈现出简化、淡化、非公开化的趋势。"文化大革命"时期扫除"四旧",阴阳先生敛迹,一切旧习俗基本取消,村里有人过世,开个追悼会后抬埋坟地,不用阴阳先生,不做纸火,不念经上祭,不看风水吉日。一则受经济条件限制,农民生活相当贫困;二与政府相关部门大力宣扬破除迷信并采取相应的行政手段制止某些活动有关。农村许多地方还把旧坟院修地造田复垦种植。而开追悼会这一新内容也一直保留下来,成为当前的丧礼中一项特别的仪式。

1980年代,特别是分田到户以后农村改革开放政策的逐步实行带来农业形势的好转,农民生活有了较大改善,生计温饱等问题不再是主要的生存威胁;另一方面,又因政治、文化方面宽松、平和的环境,人们在活动、言论和行为上逐步享有了更多的自由。在政治、经济、文化整体氛围的改变背景之

---

① 《定边县志》编纂委员会编:《定边县志》,方志出版社2003年版,第962—964页。

下，一些潜伏的或趋于消亡的传统民俗仪式活动东山再起，在保留传统形式与文化内涵的同时又掺入了一些现代因素，并以更大的规模和势力在乡村中复兴起来。新时期城乡用汽车拉运灵柩，亲友乘坐汽车游街送葬："前面摩托车队开道，摄像机沿街录像，乐队、鼓乐吹打，阴阳打念，挽帐、纸火花圈一长串，孝男孝女伴灵车哭送，孝服孝衫雪白一片，买路纸钱满街满路漫撒，前饰大白花送葬的大小车辆数十辆依次缓慢行进，鞭炮从家中一直鸣放至坟地，气派非常。"[①]21 世纪以来殡仪改革，反对铺张浪费，礼俗较前大为简便，但有些旧俗仍在沿袭。

上述县志中所记载的内容是关于"抬埋即下葬"的丧礼，而在当地，已经开始大规模举办的丧礼还有一种是前文所提到的"追远"，这是为表孝心且有充足的经济实力而为已故若干年的父辈祖辈举办的丧礼。已有文献多是关于抬埋丧礼的介绍，却鲜有对当前追远这一丧礼的说明。事实上，笔者在村调查期间，一般村民在提到要去哪里过白事的时候往往指的是追远活动，这与近些年石油开发等改善当地人生计、提高当地人生活水平有关，丧葬习俗往往受到经济能力的制约，自然环境、经济条件的差异导致了不同地区丧俗的不同。儒家对丧葬的态度是视死若生，在对丧葬仪式的态度上，民众受到固有的祖先崇拜观念的影响，虽然愿意竭力大事操办，但实际上往往限于自然条件与经济状况而在具体操办丧事时产生差异，于是经济发展水平不同的区域便形成不同的丧葬观与丧葬习俗。陕北地区虽然也受到儒家"不俭其亲"观念的影响，但在过去却少有大事操办丧葬仪礼的人，这与当地恶劣的自然条件和贫困生活有关；现在这一局面也因具体的社会经济条件的改善而发生变化。

由此可见，随着现代化、城镇化进程不断加快，旧俗不仅没有消失，反而逐渐恢复并且进一步发展。阴阳先生重操旧业，纸火越做越大，连"小汽车""大彩电"之类的新品种也在纸火中出现，念经也从一昼夜上升到三五昼夜。在新亡、搬坟、续家谱、追远纪念等活动中，还有动用"朱冠老爷"穿神点主[②]、"礼宾先生"行（祭）文喝礼的。旧时的花样几乎全部恢复。近些年，人民政府倡导殡葬改革、文明办丧，已有少数选择火葬和丧事从简的情况。

二、丧葬仪式的田野描述

笔者于 2013 年调查期间参加了一场规模较大的追远丧礼，当地人称其

---

① 《定边县志》编纂委员会编：《定边县志》，方志出版社 2003 年版，第 963 页。
② 笔者参与的"穿神点主"仪式，其中一个环节是用 5 根针刺 5 辈人中每一位子孙的手指，后用 5 支毛笔分别沾每位子孙的血，再和上朱红颜料穿神、点主，在举行该仪式中裔谱（家谱的一种）上"神"字没有最后一竖，"主"字没有上面一点，就留待举行穿神点主仪式时由代表孔子的"老爷"划这两笔。

为那几年"规格最高、礼数最全"的白事,之所以这样评价是因为在当前丧礼较之过去相对简化的情况之下,此次葬礼几乎涉及了所有的事项:除了抬埋时所涉及的礼仪之外,还有立家谱、"穿神点主"仪式、赠旌祭奠仪式以及追悼会。有村民介绍,如果再加上领羊①和立碑两项内容就更全了。本小节的田野描述主要以笔者参加的此次"追远"活动为内容。

丧葬前的准备活动主要有:置办棺木、寿衣、看坟地。据当地人介绍,过去棺材的油漆以红色为主,棺盖绘北斗七星或八仙图,材前画五福捧寿或童男童女图,材后画石榴或莲花图,两侧多画二十四孝图。现在的棺材基本上都是机制雕花,清漆本色油刷。寿衣,俗称老衣,以蓝、红、黄、棕红、紫色棉布或绸缎为料,多为大红、大紫,不用灰、黑色。有褥、被、袄、裤、袍、褂、枕头等,一般为7件,还有老鞋。现多三至五身,单、夹、棉必备,但忌穿皮毛类。一般由出嫁女儿在闰年回娘家操办,由女儿备衾单,孙女做被褥,重铺不重盖,被子只能一床,褥子不限。现代物质丰盈,渐趋于随时购买棺材现货,寿衣也多购成衣。衬衣多用白平纹布和白绸,不缀铁质纽扣。亡人穿的鞋需用毛布底,临终前所穿衣件一般为五、七、九件等单数。坟地大多数以家族立,结发夫妻多为合葬。当地人很重视茔地风水,山形坐向,靠山登山,左辅右弼看穴盘,由阴阳先生下罗盘,选择向阳、利水、避风、山势厚,有头枕、有脚蹬、青山环抱、绿水萦绕、风水好的地方作为茔地埋坟。② 一般各家族都有老坟,按血缘辈分从上到下依次竖排,同辈兄弟则横排,如三人,老大居中,老二、老三依左大右小原则分布。老坟可以埋五服,也可以埋三服,如果服满了,就要新插茔,再请阴阳先生下罗盘,择墓地。

祭祀仪式首日礼宾、老爷、总管等到位,进行前期准备,如仪式所需行头(衣帽、瑶池、玉带)、各种裱文(本次葬礼期间一共烧了四十多道裱文)、穿神点主所需物件、家谱(包括祭谱、裔谱、家谱等三种)、楹联(此次追远为白喜事,由大宾老爷用毛笔书写"流芳百世"等,楹联底色为红;抬埋时则用白纸书写)、孝男孝女孝孙(女)孝重孙(女)孝玄孙(女)的名单等。当天下午烧3道裱文,由主管与礼宾三人主持和操作相关仪式,每次仪式所用裱文都不同,如晚上所用为迎灵文,当晚还有阴阳先生念皇经,念3小时左右。

---

① 领羊:主家牵一只公羊于灵前,代表和亲友交谈的死者,然后由众人猜测死者的心意。如果说完羊有反应如摆耳、抖身等,就说明可以了;如果羊没有反应,则会用冷水淋洒羊身,一般情况下羊因为受刺激会抖身,如此也算领羊成功了。在当地人看来,如果羊没有反应说明死者有不满,这是很不吉利的,这时会采取上述冷水淋洒等补救措施。领羊仪式在以抬埋为内容的白事中会涉及,追远的白事中则不一定。

② 相关俗语有"脚底有登山,秀才门前站""左为青龙右为白虎""宁叫青龙高三丈,不叫白虎露了头""穴盘平如镜,家中斗量金""子孙出在坟里,富贵出在门里"等。

次日上午主管与礼宾主持举行"五拜礼"（如图3-1左）。五拜礼全程非常肃穆,礼宾用庄重的声音高喊"内外肃静,执事者各执其事",此时乐队开始击鼓,待鼓声停止,庭院外开始放炮,炮声结束后乐队继续奏乐,直至礼宾高喊"就位",奏乐声停止,此时家族内孝男已排列两边做好准备。礼宾再次喊"就位",然后指挥严阵以待的家族人先"鞠躬",然后"拜、兴、拜、兴",此处是两次跪拜和起身;然后礼宾和主管一起在庭院内协作主持,一边高喊"路前、案前、买前、谱前、旌前、碑前",一边指导众人第三次跪拜,同时主管来回在不同方向穿梭做象征性的动作,然后喊"敬香、敬帛酒、敬三牲、敬文",敬后众人起身;紧接着,礼宾高喊"读文、生跪",众人进行第四次跪拜,然后礼宾正式"展卷读文",读完后喊"生兴",众人才可起身。再接着便高喊"焚文、化帛",待主管操作完后,礼宾又高喊"奠酒、俯伏",此时众人第五次跪拜,待礼宾喊"兴"之后,众人起身;再喊"退位就礼、离程、请高公XXX",五拜礼就结束了。

图3-1　庭院内的五拜礼（左）、庭院外的三拜九叩礼（右）（徐嘉鸿摄）

仪式结束后两位礼宾继续准备仪式所用裱文和祭文,如早祭文、午祭文、夕祭文等。将近中午时阴阳先生主持"围城"仪式,历时1小时左右,地点在坟地。田野地象征冥界,庭院象征天庭,院中有5只碗倒扣在地上,分别置于院子的东南西北中五个方向,围城仪式结束后回到庭院中,将每只碗反过来并收起,中间的一只最后由主管用剑敲碎。晚上举行"破狱""放赦"等仪式。

第三日为白事中最重要的一天,客人依次前去追悼,路上有主家跪于当中迎接,客人到场后先进灵堂。当天举行迎铭旌、追悼会、三拜九叩首大礼、穿神点主、九拜礼、三献礼等仪式。以三拜九叩首大礼、九拜礼为例,这两个仪式程序与前面的五拜礼类似,皆由主管和礼宾通过高喊相关内容来指挥众人做出相应的跪拜和叩首的动作。三拜九叩首大礼（如图3-1右）当中礼宾高喊的指示依次为：

"内外肃静，执事者各执其事，鸣击鼓，鼓止！兴炮、炮止！奏乐、乐止！"

"行（祭门、祭灶、降神、祭风伯、雨师、祭纸、安土等）礼，祭主就位，（众人）就位！"

"叩首，再叩首，三叩首；"

"敬、献（香、马三角、三牲、果、文），读文、生跪，开卷读文，读文生兴，焚文、化马，奠诵、叩首，再叩首，六叩首；"

"兴，复位跪，叩首，再叩首，九叩首；"

第九叩首完成后，礼宾就会请祭主退位就礼，而后众人离程，礼宾高喊"请高公×××——"至此，众人在礼宾和主管的协调指挥下就完成了三拜九叩首大礼。

九拜礼当中礼宾高喊的指示同样从"内外肃静，执事者各执其事，鸣击鼓，鼓止！兴炮、炮止！奏乐、乐止"开始，然后依次引孝子出灵位，引导语为"俯伏、兴、离灵位，已离灵位，出位，出户、下阶"。接着是行"盥洗礼"，行"外祭礼"（外家、娘家、外甥、女婿、外孙、外女婿等行"五拜礼"），行"初献礼"。此时孝男就位后鞠躬、再鞠躬、三鞠躬，然后孝子们执香、帛、三角、盘、腐、馔、食、羹、竹、文等祭品以向灵前跪，并供献这些祭品，而后礼宾展卷读文，指示众人跪，读后众人起身，礼宾"焚文化帛""奠三角"，再次指示众人先"俯伏"，而后起身，高喊"离灵位、出户、下阶、复位"，接着进行"四拜四兴"，最后引导孝子们退位就礼、离程、请高公诵经。后面再行一次"亚献礼""终献礼"。至此，九拜礼和三献礼就完成了。

因贫富、社会地位不同，祭奠规模大小、议程繁简有别。一般由4个赞礼先生（通赞、引赞、文赞、哑赞）共同司仪，通赞和引赞为全角；文赞是写祭文和读祭文；哑赞是在结和时唱一句"礼毕"。当地人统称他们为礼宾。也有只请一名先生写、读祭文的。整个仪式唱、读兼而有之，群众喜闻乐见，围观者接踵而至。每次祭奠除祭文不同外，礼歌大同小异。每次祭奠的祭文，大都由文赞先生提前编写，有散文也有韵文，韵文届时配有曲调说唱、唢呐伴奏。其内容有开吊文，主要介绍事宴规模、有关注意事项等；配偶文，抒发难舍难分的夫妻恩情；主祭文，介绍死者生平事迹；娘家文，抒发亲戚关系；女婿文，抒发抚育、关怀之情；笑文，以先生的口气取笑女婿，使整个气氛由哀而变乐。

第四日早晨是烧灵仪式，所有人到坟地焚烧纸楼等祭祀物品并行叩拜礼（如图3-2左），仪式结束后返回庭院再请客人吃一顿饸饹面并配油食（油饼、麻花、黄糕）、凉菜等。最后，整个家族门人拍一张全家福（如图3-2右）。至此，整个白事正式结束。主家送客，总管、阴阳先生、礼宾、厨师班子、吹手班子、摄影师、各路客人等相继离开。如果算上之前主家的准备活动等,一次白事至少需要五到七日。

图3-2 坟地叩拜礼(左)、拍摄全家福(右)(徐嘉鸿摄)

就当前村民生活来看,其丧葬仪式最大的变化在于设备设施的改善和丧礼规格的提升。这也是城镇化进程不断加快过程当中出现的一大变化。丧礼仪式期间家院外的空地上所设灵堂设备等皆由县城的礼仪公司提供。过事情的各项内容更加专业化,分工越来越细致。在过去,做饭就是一项大工程,基本上是由全家门、全庄邻参与分工合作才能共同完成的事项,现在这一场景已见不到了,因为待客时最重要的几餐已由专业的厨师班子负责,所需物品他们自己配备,从军用帐篷、桌椅碗筷到做菜原料等提供一条龙服务;家门庄邻人转移到了小厨房帮工,只需要负责过事情必须要吃的饸饹面、油食等简单饭食即可。而酒水也有专门厂家提供,还有歌手在席间唱歌助兴等配套服务。录像由专业的摄影人员负责,并在仪式后制作光盘。有村民还用过事情时给客人发的烟的价格变化来表达外来因素带来的仪式变迁。

> 60年代不敢过白事,不敢待客;红事待客能到100人就算大客了,发的都是几毛钱的烟。80年代以后,单包人受苦,1982、1983年苦了两年,后来有了粮种些经济作物,比如胡麻、扁豆子等,过事情规模达到200多人。90年代富裕起来,人外出打工一有钱,说话硬撑,10元的烟都不满足。石油来了,2011、2012年又有明显变化,发的烟为25元。(ZYX,20130318,XJH)

对比旧俗,当地丧礼仪式的最明显的新内容之一就是加入了追悼会这一议程,这是集体时代受国家政治力量影响而沿袭下来并入传统礼俗中而形成的。笔者所参加的白事中，主家将"赠旌祭奠议程"与追悼会糅合到一起举办，安排在白事中最重要的一天的中午，时间为一个小时。赠旌祭奠议程主要是为过世者赠旌旗，意思是对逝者的奖励、嘉奖，有些人家会把此议程安排在穿神点主仪式之前作为铺垫，经由后一种仪式之后，逝者就成神了，可更好地福佑后人。幸运而又诚惶诚恐的是，笔者的参加也成了仪式的新内容，因机缘受邀在主家家谱上题词并在追悼会上发言，赠旌祭奠议程中就多了一项"武汉大学博士研究生 XJH 发言"。鉴于学识阅历浅薄，且担心参与过度影响研究的客观性，所以笔者最开始推辞这一邀请；但是仪式中象征最高职位"老爷"的仪式权威坚持说："你的学历是参加白事的人中最高的，'老爷'一职原本应由学历最高者来当，考虑到你是学生且无官职所以不当紧（其实这是他的自谦之词）；但是远来的客人到此参加葬礼是缘分，如果在家谱上留言也是为主家增福添光。"于是在他与主家、主管等商议后将笔者也纳入进了仪式中，并在人情礼上为笔者想了一个既不让我破费又不失礼数的两全其美之策，即在礼单上写上"500 元在主"，此为虚礼。主家如此周全考虑，如果坚持回绝就很不礼貌。故而我带着感谢与诚惶诚恐的心情像当地人一样正式参加了仪式。

特别值得一提的还有摄像，当前村庄的丧礼都会请专门的摄影人员录像，制成光盘后还会给家门内的每一户送一份，作为纪念。笔者调查期间，曾见过某户村民一家人及兄弟、邻居围在一起看前一年录制的葬礼光盘，其边看边讨论，并不时发出阵阵笑声。这一场景让笔者印象深刻。光盘记录了一个对他们而言意义重大的仪式，帮助他们保留了一段记忆；而在时隔许久再看录像中的自己、家人、庄邻和其他亲朋好友的时候，在怀念父母祖先之外，又多了一层闲暇和娱乐的意味。此时荧屏之上的主角不再是遥远的各类历史或当代名人，而是他们自己。他们在观赏一出由自己人演绎的戏剧，所以，摄像及光盘这些不起眼的物质形态对当地人的生活意义重大，改变或许就是从它们开始的。

熟知当地文化民俗的原定边县志副主编 MZC 先生认为，当前丧礼仪式的变化是既趋向简单又趋向烦琐：工具设备的先进便利为办事者省了不少事，但是有些内容也变得很复杂，比如所烧的纸楼越来越花哨。总之，当地白事相对于过去一些传统旧俗有所简化的同时，整体而言仍然遵循着基本的礼节与程式。

三、丧礼总管与参与人的变化

本小节聚焦于最能反映当地丧礼变迁的参与主体，在这一点上，我们感受最强烈的便是仪式总管的职业化趋势以及参与人的多元化，而这两个变化都与当地的城镇化进程加快密不可分。

在当地，过事情即红白喜事等大事件的统筹安排协调指挥人称为"总管"，是婚丧礼仪的权威，负责整个仪式的统筹协调。在白事中，除了主管，还有礼宾、大宾（如"穿神点主"仪式中的"老爷"）等，在当地统称为"能行人"。当然，能行人也并不局限于只在仪式活动中发挥重要作用，在村庄公共活动以及整体秩序的维持方面，能行人都起着不可忽视的调解作用，本文重点论述仪式活动中的能行人。

"既要打此地方的鸟，先要拜此地方的土神。"其中的"土神"指的就是能行人。能行人是当地村民聊天过程中，特别是在评价某个人处理某件事情如何时经常会提到的一个表达。做过多年红白喜事总管的黄塬村民 ZYX认为，能行人要符合两个条件：一是说话端方，"出了一人的口，入了众人的耳"；二要公正，不爱小便宜，"做事不端方，说话谁听呢?"某位妇女说，能行人是能给别人办大事办实事的人，"说大了小"（即说大事、了小事），谁家要办大事了可以协调帮忙，谁家有矛盾了可以处理解决，说和时别人愿意服从。她认为能行人主要是指为人处事上的，尽管有的人文化素养还可以，或者有某些技术，但却不一定称得上能行人。具有高中文凭的黄塬村民委员会主任解释说能行人是对具体行为的一种描述定义。曾参编《定边县志》的副主编 MZC 认为能行人要本领高、本事大、文化程度高；哪个地方都有能行人，有褒义也有贬义，褒义方面指有本事，贬义方面形容一个人狠、有手段。另外，他还认为在过去能行人偏品德，现在的能行人偏科学知识。

村民等各方人士对能行人都有各自的看法，综合来看，笔者认为能行人在过去是有品德又有能力的人，而现在随着社会发展社会经济分化等多方面影响，能行人本身的内涵也在发生变化，在当前，能行人可分为经济型、政治型、文化型、技术型以及最高规格的综合型。综合型的能行人就是传统意义上的能行人。所以村民们在笼统说起能行人时认为现在没有这样的人了，有时又在具体情境中认为某些人还称得上是能行人，即"在这件事情上能行"。能行人内涵的变化也涉及村庄评价体系的内容，能行人相对应的是坏人，村民将人进行分类，如"能行人""窝囊人""好坏人"①"老好人"②等。

---

① 好坏人，形容某一类人是有能力但是又不能称其为能行人，因为他好事也参与，坏事也参与。
② 老好人，这里指随大流的一部分人，开会时"少发言，多通过"。

有人知理还要会说理,有人知理还不会说理,有的人不知理还爱说理,这东西都不一样了。你说那能行不能行,能行事做出来了,谁都能行;做不出来,谁都不行。就是说,别人称你能行,你还要做出能行事。(ZYX,20130609,XJH)

当地村民认为,知理与说理是两回事。从这个角度看能行人,也可分为话语中的能行人以及行动中的能行人,或者形式能行人与实质能行人,而能做到知行合一者才是村民心目中真正意义上的能行人,也是上文所说的综合型能行人。而且,有时候被称为能行人也是对相关事情处理结果的一个评判,事情成了,这个人在这件事上就是能行人,累积的成事多了,这个人就逐渐成为大家心目中的能行人。所以,能行人本身的地方性涵义是非常丰富的。能行人是一种应然与实然的巧妙混合。当一个人因办成的事多了而在平日里被大家称为"能行人",这个时候大家更多采用的是应然的含义,即带着更多的对他可以将事情处理好的期待,即"他有能力把事情处理好";当一个人处理了一件事而被人评价为"能行人",这个时候大家采用的更多的是实然的含义,即认可他办好了这件事的能力,"他把这件事情处理好了"。前者积累的是对人的善的评价,后者更关注的是对事情本身的处理,至于这个人能不能在"能行人"的路子上可持续发展,那要看他以后处理事情的情况,否则就会被人认为只是在某一方面能行,甚至是"好坏人"。所以,关于能行人的强弱评价与村庄里的公正评价体系紧密相关。能行人生成于村庄社会结构,又通过家族结构(纠纷调解)和村庄公共空间公共事务(如庙会组织、红白喜事协调、祭祖统筹)得以再生产。

仪式总管等权威人物是能行人的典型代表之一。主管的地位虽然随着社会变迁受到影响,但是整体上依然在宗教仪式中占据重要地位,也是日常纠纷大小事件关系脉络中的关节点;这体现在他们对红白喜事的安排上、对庙会的组织上、日常生活中秉持主导意见或为重要参考人方面,所以乡村干部进行纠纷调解时也会请他们参与。虽然现在已经没有能够统领整个家族或村社的长老级人物,但是每一家门中都会有一两个这样的代表性权威人物,没有刻意安排或培养,他们更多的是自然生发出来的权威。这种权威来自传统又经现代形塑更加具有灵活变通的特点。

"能行",是一种气质,是一种行为的习惯倾向,是能把事件办好、办公道这种行为表现在特定环境中发生的可能性。能行人的角色与特点使其成为仪式中的主导者,即人生礼仪中的主管、家族中的户老以及庙会中的会长和仪式权威。(后二者的变化详见第四、五章)作为公共的代表,能行人一方面反映并塑造了村庄的评价体系,进行价值再生产;另一方面起到了维系村庄秩序的作用。[①] 一位在笔者看来是当之无愧能行人的红白喜事总管,以亲身经历的复杂案例向笔者展示了能行人有时候要帮忙处理的问题何其复杂,尽管如此,最终还是能够把工作做通,避免了矛盾进一步激化。

案例 2:抬埋纠纷

> 我二妻哥(妻子的二哥)的丈母娘死了,其丈母娘本姓徐,后嫁人跟了张家。张家的人死到了李家门上,死者的女婿姓李,有个过继的儿子姓问。李家要埋人,张家拉着不让埋,最后说要埋也行,但要求这一年老两口不埋在一起,等以后看了方向才能埋在一起。因为老汉死得早,已经由阴阳先生看过了,用阴阳先生的话说就是不能埋。另外埋也行,但是老汉没有儿子,是死在女儿家的。徐家(死者的娘家)是想让老两口埋在一起,包括李姓女婿也是这么个意思。
>
> 李家、徐家都想让当天就埋,因为若按照阴阳的说法,不知道要多少年那个山才能立,到时候谁来抬埋都是大问题;张家人则要求寄葬。
>
> 最后的处理:随了李家、徐家的愿了。张家不愿意,全凭我说了。从头到尾讲了一遍,从迷信一直说到不迷信上,最后才同意当下埋葬。说的过程中先说李家、徐家不对,再说姓张的好,也是没法担保无事。很麻烦,总把一天麦子,都不说半天活,要脑力劳动。说不对都闹起来了,"桌拐子是说话的,教场是跑马的",说话人都在桌拐子上坐着,不说的都在地上听着。"神鬼之事,爷爷(大人物)都难明。"(ZYX,20130609,XJH)

该案例中的人物关系非常复杂,其中牵涉父母与子女,父母与继子,婆家人与娘家人等多对亲属关系;调解难度与最终成功调解的结果凸显了能行人的调解能力,也呈现了传统风俗与现实生活安排的互动与让步过程。另外,从大致的调解过程也可看到,当地人在话语上仍要优待传统习俗,说明当地依然保有较完整的行事传统,还保留有对传统的敬畏。这可视为现代变迁中对传统的适应性改良。

[①] 格尔茨通过区分属于模型和为了模型提出了文化模式的双重性(既按照现实塑造自身,也按照自身塑造现实。)两个模型既表达世界的氛围,又塑造世界的氛围。参[美]克利福德·格尔茨著,韩莉译:《文化的解释》,译林出版社 2008 年版,第 101 页。

我给定边县土地局局长范××也管过事,给定边县检察院的原院长高××也管过事。甘肃环县都去过。刚才说那两个他们都是回来过白事,范××那个事有点主,高××那个事点主了,他父亲还活着呢,那是给人家老先人,给他爷、奶追远。把日子一定,但找不下好管事的,因为点主的事不好管。ZXJ是阴阳先生,他推荐说有一个人能管,就看你能找到吧,于是那人找着了我。

(现在什么样的人能做总管啊?)事情谁都能管,"事情好管,出场难行"。遇到些事情得处理,有些人处理不了,就叫出场难行。那是个老鼠窟窿,你钻进去,你不出来,人还拿尿灌呢。事情好管,(但)出场又不是光吃喝,遇到事情咋办? 在我管事来说,安全第一。如果出意外,来应付这个才是不好弄,必须要有经验。

过去那个管事就谁能行,谁能说,遇到事情必须要能给人说下去,能处理。现在我看谁也能管,来了只是一顿饭、两顿饭,招呼你吃就对了,啥话谁也不说。过去那号人肯说得很,不是这个不对就是那个不对。白事没那么简单。白事的总管不好当。人家点主还要礼宾,那就费事了。(ZYX,20130606,XJH)

相对红事来说,白事中的总管变化不大,过事情过程中虽然会适当考虑主家个人家庭的意愿,但是整体上还是按照传统规矩来办,基本没有人提出质疑。在白事中,总管及其他礼宾等权威者的地位是最高的,不仅要听从他们的指挥和安排,在具体的仪式中,他们还是作为最高象征受到礼拜,特别是穿神点主仪式中象征孔子的大宾老爷,在该仪式中他每走一步,都要接受在场所有孝子孝孙的三跪九叩大礼,一面跪拜一面后退。无论是实际操作中的统筹安排还是仪式象征,他们都是受到最高礼遇之人。

阴阳先生的职业化是古已有之的,但是红白喜事主管在过去的定位是"给别人帮忙的",基本不涉及货币交易,为表谢意,主家会在仪式结束后送烟酒,但主管也只是象征性地收一点。现在的红白喜事主管则出现了市场化的趋势,一些主管开始收钱,甚至有的专以此为职业,尤其是过年期间几乎每天都外出管事,一次下来能挣七八百元。不过也有一些主管仍然遵循老规矩,如黄塬村的ZYX,为村民做了四十多年的红白事主管,现在60岁,管事至今从未收过钱,村民提起他仍然敬重有加。

随着社会开放程度的加大以及社会流动的不断加快,当地人们的交往圈逐步扩大,表现在过事情当中就是参与人员的多元化与规模增长。在过去,参加过事情的人员基本为本家人、姻亲、干亲和庄邻等;现在则又增加了一些新的群体,如同学、同事、石油老板等村落生活之外的朋友圈,还有一些事务性的人员如摄影师、厨师班子、吹手班子,以及一些特别的客人,如当地民俗的考察者等。另外还有趁人多热闹耍赌的群体,有些人会上礼吃酒席,有些人则纯粹耍玩,赌局结束就离开。

过事情的主家一直处在忙碌的状态,配合主管等安排一切事务;客人会在灵堂祭拜之后在屋子里谈话说事。男女分工基本仍然遵循旧传统,家门庄邻的女性在厨房帮工,男性则招呼客人、端盘子或其他体力活等。但是由于专业厨师班子的出现,各自的工作轻松了不少,可以腾出不少时间闲聊玩耍。值得一提的是,基督徒虽然自己家不过事情,但是村落其他人家过事情的时候他们也会参加,且依然上礼[1]。信仰基督教的两户人家并没有在生活上完全脱离村落,在当地的生活环境中生存,离不开村里人的互助合作,所以他们也很难在生产生活上与其他村民脱离,甚至在信仰上也不是完全与当地的民间信仰撇清关系,这个下文再谈。

四、丧礼的"变"与"不变"

整个丧礼中,除了生活空间与仪式象征空间[2]的分类外,还有情感基调的氛围空间分类:相对肃穆的聚集空间和相对活泼的聚集空间。比如年轻人与老年人的仪式空间就有区别。丧礼对于年轻人来说也是一次聚会戏耍的机会,除了义务守灵的任务外,他们会于仪式的空当与在场的同龄人一起玩乐。比如,笔者在某家白事最后一日的前一天晚上,看到很多年轻人在屋里唱歌,他们将鼓乐吹手班子的电子琴借来,然后现场点歌唱歌,屋内挤满了人,门口窗外也有很多妇女围观,将近凌晨一点的时间,他们依然玩得不亦乐乎。中老年人则会在灵堂或其他屋内休息、聊天,继续商议过事情的后续安排等。

尽管有新内容,从白事的整体铺排协调情况来看,仪式总管基于经验还是会适时变通,他们会安排专门的时间和空间来应对新元素,丝毫不会因为出现新状况而慌乱无措;而且,凭着对传统礼俗的熟知,他们还能很好地解释新内容,并将其纳入到传统的解释体系中去使之变得应景和得体,而非对传统构成威胁。相对于其他仪式,赠旌祭奠仪式与世俗社会最紧密相关,比如追悼会本来就是相对意义上的新事物,后面再出现新情况的时候就可直接纳入到该项议程中去。另一方面,所添加的新内容也是有边界的,并不是

---

[1]　这种行为也可能是为了还以前的人情。

[2]　灵堂象征着生者世界到死者世界的过渡地带,庭院就是生活空间,坟地就是冥界。

任何新的事物都能随时轻易进入到仪式当中,特别是丧葬仪式,这一点在红白喜事的对比中也体现得很明显。

除此以外,也有一些外来元素推动仪式变迁,比如黄塬村有两户村民信基督教,他们会带来多大程度的影响呢?

案例3:基督徒过白事

现在虽说是男女平等,但在咱们这个地方是不生女子能行呢,不生儿子就不行。后面年轻一代都是这么想的,就是祖辈传流、风俗习惯,一个地方一个风俗习惯。(像您刚才的孙子,长大之后也必须生儿子?)哎,必须要。(他这么小,以后接受外面的教育是不是思想观念就改了?)一下改不了,因为我们这种传统。比如,我们这个庄也有基督教的,ZHK、XXX都是,信耶稣神;但他们正月初一都来这给我磕头呢,人家基督教耶稣神就不磕头不作揖。但他们好像还重视家族,就是说他即使到那面,风俗习惯还改不了。

(那他还给老先人点纸不点了?)信耶稣神就不点纸,那人家也有点纸,去年ZHK他大死了也就那么埋了,当时可能三四月了。(LMG:那种抬埋方式,在咱们这个地方就等于儿都不孝顺,就像冇儿女一样,应该好抬好埋,但他那种情况抬不到,)那就人笑话。他当时没有好好抬埋,就是葬得太平常(简单)了。八十几岁的老人,子女多了,儿子两个,女子可能有五六个,重孙都有了。其他兄弟虽然不信耶稣,但他负责养老,他(父亲)在这个地方跟他一起生活,所以人家说话就算。他不是老大,老大叫LQY,给他外爷顶门①着呢。(如果ZHK办白事,老大来不来?)名义上是别人家的儿子,那办事也要来,毕竟是生父,只是改了个姓,相当于对方招了个养老归宗的女婿。(那ZHK没有给父亲办事情,老大没有意见?)那有办法,心里不高兴点,这就是"心有余而力不足",老大姓这个L的话了,他也有办法。

也抬埋了,但就是不打不念,意思是说也不要吹手乐队也不要阴阳先生,也不要礼宾,也不举行仪式,就叫两个打坑的打个坑抬出去一埋,回来管一顿饭,也不上礼、不收礼、不念经。(ZYX,20130527,XJH)

黄塬村的两户基督徒都是因为生病而受信基督的姻亲影响,如妻子或岳母信基督等。尽管他们在抬埋等习俗上与村落传统有别,但是由于他们

---

① 顶门:方言,上门女婿的意思。

所在的村民大多数以神灵观念、祖先崇拜和庙神信仰为主，所以生活上并没有太大差异，村民们认为他们同自己还是一样的人，只是对不抬埋老人不办酒的规矩看不惯，觉得这样的做法没有尽到孝道，很不应该。当然，也有一些村民比较包容表示理解，认为既然信奉的神不一样，有另一套规矩无可厚非。一些习俗方面如给祖先烧纸等有改变，但是他们在过事情、节庆传统方面依旧遵循老规矩。

以上我们通过城镇化带来的如设备设施的改善和丧礼规格的提升等仪式器物层面的分析、田野考察者的参与、基督教的介入等方面呈现仪式的变迁。现在举办丧礼的时间和空间仍然遵循旧规，没有发生大的变化。丧礼一般是三到五天（过去则为五到七天之久），具体日子由阴阳先生择吉时；而追远活动多集中在过年，一是因为处在农闲阶段，二是过年时期人多热闹且家族成员、庄邻、亲朋等聚得相对齐全。举办丧礼的地点为主家的庭院和坟地，分别象征当地村民观念信仰中并存的两个世界，可以表达为：生-死、人-鬼、阳-阴。厚葬隆丧这一几乎从未中断过的历史传统，也是基于人们对死后存在另一种生命形式的信仰的确认。当地的白事融合了儒教与道教两套班子，前者重礼，后者是为招魂安灵。礼宾、老爷（象征孔子）属于儒教一套班子，阴阳先生念经等属于道教内容，不过在实际操作中也并非严格区分，很多具体仪式都是二者合作进行的，也是儒教与道教在民间相互融合的体现。在陕北过一次白事就相当于上了一堂活生生的民俗课，丧礼更是描画了一幅当地民俗的精致缩影。就丧葬礼俗而言，其主要的仪式过程、形式、用物和有关信仰仍然相当稳定地在广大乡村民众中保存着，并没有发生根本性的变革。

第二节　婚嫁仪礼

《礼记·昏义》言："昏礼者，将合二姓之好，上以事宗庙，而下以继后世也。""婚姻是维系人类自身繁衍和社会延续的最基本的制度和活动。"[1]前文已经提到过，定边当地有"父短儿妻"的民谚，意思是父母必须要为儿女完成婚姻嫁娶的人生任务。在传统社会中，婚姻制度全为买卖包办、男尊女卑，当地婚嫁大事遵循"父母之命，媒妁之言"，还有"指腹为婚""童养媳""招女婿""换头亲""站年汉""招夫养子""嫁汉换媳""搭伙计""以李代桃"等习俗。

---

① 钟敬文：《民俗学概论》，上海文艺出版社1998年版，第172页。

对婚姻的观念与婚嫁仪式重在经济交往方面:通过嫁女换取一定的经济补偿,从而对婚礼的迎娶等仪式不太注重。民国《续陕西省通志稿》的编纂者认为,陕北高原缔约程序相对烦琐而迎娶仪式和礼后习俗等相对简单,是由其文化落后与地形封闭所致,地广人稀、生产方式粗放等特点使当地过去的婚姻缔约表现出买卖色彩。旧时的婚嫁仪式"实质上都是男家为了弥补女家减少一个劳动力的损失,而通过这些繁琐的习俗对女家进行适当的经济酬偿。……这些酬偿又因为陕北地区经济的落后与物产的贫乏,而主要以生活中最为实惠的粮食与畜产品为主"①。

新中国成立以后,在婚俗上逐步朝着"男女自愿、婚姻自由"的趋势发展。在现代社会中地域经济发展的背景下,当地人的婚嫁仪礼与旧时有较大变化,不但没有因为新观念的形成而使旧习俗程序受到冲击而简化,反而在原有基础上添加了许多新的程序与内容。红喜事中缔约程序大大简化,迎娶仪式则受到重视,翻新花样都体现在迎娶仪式中。经济条件的改善使当地婚嫁仪礼不再受制于地理条件的约束,对儿女婚姻缔约中的经济交往强调相对过去大大降低,儿女们自己"处对象"的情况大为普遍。但是,过去的婚嫁习惯和婚俗记忆并没有因为社会变迁而出现变化,比如当地婚姻市场要价达到 20 万元以上,这是嫁女以得到经济补偿的传统观念的承续。总的看来,传统婚姻观念在传承中有着变异,在变异中又有着继承,现代化的力量与传统的力量同时影响着当地人们的观念与信仰,并且使这种民间信仰在两股力量共同作用下发生变迁。

一、婚礼的基本构成

定边地区的婚嫁仪式从议定到缔结,中间要经过烦琐的仪式,整个过程大致分为缔约程序、迎娶仪式和礼后习俗等三个部分。"缔约程序即'六礼'中的纳采、问名、纳吉、纳征、请期等仪式,其主要体现了婚姻缔结中的经济交往关系,即在缔结过程中,双方要有一定形式的经济往来,以此确定双方家庭的经济关系;迎娶仪式是结婚当日所进行的亲迎、拜堂、合卺等仪式;礼后习俗则包括庙见、拜大小、下厨及回门等内容。后两种习俗体现了缔结婚姻的社会学意义,即新妇开始作为男方家庭成员并为男方家族所接纳而进行的礼仪形式。"②

---

① 张晓红:《文化区域的分异与整合:陕西历史地理文化研究》,上海书店出版社 2004 年版,第254 页。

② 张晓红:《文化区域的分异与整合:陕西历史地理文化研究》,上海书店出版社 2004 年版,第244 页。

　　《定边县志》较为详细地记载了旧时当地婚礼的构成,主要记载了"定亲"和"嫁娶"两个方面。关于"定亲"仪式,该志记载道:"旧时,由男方遣媒到女方家提(求)亲,女方应允叫'吐口'。于是,男方请媒人带礼物到女方家,商定议话时间,称为'讨婚'。讨婚前,双方各请阴阳查对方生年八字、属相有无'冲犯''克忌'及'大婚不合'等情况,若无,则亲事成。接着就是议话,即商定聘礼、衣物首饰等。随后'换盅',就是男方到女方家请其邻居亲友喝酒,举行'拔酒瓶'仪式,男方的父亲或族长同媒人到女方家正式定亲,女方备宴席招待,男方承担'饭食',少则两桌,多则4桌,每桌猪肉3斤,蒸馍32个,酒至少两瓶。开宴,儿媳给公爹敬酒叩头,公爹赏给钱物。男方给女方亲邻送礼物称'和庄礼'。男女双方互送礼物谓'订婚信物'。其后,逢年节(如端阳、中秋)男方都给女方送礼,叫'追节',直至完娶。新时媒人改称'介绍人',给男女双方介绍对方情况,双方面谈恋爱,废除阴阳先生算八字、推合婚等迷信举动。其它礼仪也有沿袭旧俗的。"①

　　关于"嫁娶"仪式:该志记载道:"旧时,婚事3—5天,男女双方大宴宾客。滩区娶亲用花轿,山区用硬马(儿马、叫驴)。事前请阴阳师傅择定吉日,双方各请老小外家(老一代的舅家和年轻一代的舅家)、亲友邻居吉期赴宴。女方过事1—3天,外家及亲邻送礼称'添香'。上轿(马)宴席后,事即过毕。男方过事2—3天,派遣娶亲人(约客的、娶人的〈女〉、赶嫁妆的、抬轿〈牵马〉的、鼓乐等各负其责),凑成单数,一路鼓乐喧天前往女家,交清议定的衣物首饰、水礼饭食、离娘钱及所欠财礼等,吉时鸣炮奏乐,上轿(马)一路鼓乐娶回。女方送亲者即大客十多人到数十人,应为双数随去男方家吃喜酒,以女外家及娘家长辈为尊。新娘轿内扣竹筛,放置桃弓柳箭,称为'天罗地网、穿云箭',悬挂铜镜,用红纸写'狮'字,称为'照妖镜',以此来镇'妖煞',避'犯忌'。新娘全身穿红,周身不露,意为'避三光',腰系红绳,意为'月老'牵引永偕百年。轿娶者,用椅子抬新人上轿,乘马者,由胞兄或姐夫抱扶上马,倒出门、哭泣,以谢父母养育之恩,表示难舍难离。上轿(马)后,一路低头,不得仰面。娶到家,阴阳先生领新郎轿(马)前三揖,称为'谢煞',鸣鞭炮下轿(马),'拜天地','入洞房'。新娘入洞房后,坐在'长明灯'下,称为'坐账'。娶亲和送亲人(女)进洞房铺床,之前被褥反铺,由铺床人大翻身铺正,称为'翻人身',床上、被褥四周撒核桃、红枣,口念'双双核桃对对枣,儿子多来女子少'等助词,愿其'早(枣)生贵子',由新郎以双脚将核桃、枣儿拨赶着绕新娘一周,称为'煞帐'。还要'开脸'(用线绞拔掉新娘面部汗毛)、

―――――――――――――

　　① 《定边县志》编纂委员会编:《定边县志》,方志出版社2003年版,第960页。

'结发'（将新郎、新娘头发合梳），再行梳妆打扮新娘子。夜间洞房点'长明灯'（1 碗清油、1 对灯芯，或双蜡烛、双灯，通夜不熄），当晚同辈及爷爷奶奶们闹新房（耍房）。招待众宾客吃过夜宴后就寝。次日晨，新夫妇行'毛女拜祖'礼。早饭后'迎喜帐'（把老小外家及亲友送的帐子抬到外面，由吹鼓手迎接回来，挂在醒目地方，称为'挂花红'，外家的花红还披挂在新郎身上）、'摆陪送'（即将全部妆奁及陪送物品摆出来，吹鼓手吹吹打打转来转去，称为踩陪送）、'认大小'（新婚夫妇给至亲好友及族中长辈行拜礼，受拜者给以赏钱，新娘给长辈及亲友送些小礼品），然后大宴宾客，鼓乐吹奏，'总管'主持，新郎新娘'拜席口'（到席前拜客，敬酒献烟），总管在席前说一些顺口溜、客套话，以助酒性，酬谢宾客。最后一天早晨全家喝'和气汤'或吃'和气面'，新娘拜'门神''灶君'，夫妇入厨房'揭福碗'，而后举办'送路宴席'，喝了送路酒，新夫妇随大客回娘家，称为'回门'。回门到娘家，合族及亲友还要给新郎'串拜礼'摆席。婚后，新娘回娘家也有定例，如'对8''对9''对月'。就是回门回来后，住 8 天或 9 天，再回娘家去住 8 天或 9 天，说是'8 对 8，两家发；9 对 9，两家有'。其后住 1 个月，再去娘家住 1 个月，叫'站对月'。"[1]

定边地区的仪式变迁是一个历史过程。在革命时代、新中国成立以后、"文化大革命"时期以及改革开放以后的城镇化和现代化进程阶段，各具有不同的特征。在陕甘宁边区时期，中共地方党组织和政府力倡婚姻自主，解放妇女，禁重婚纳妾，婚嫁仪式简办。1945 年，当地有 3 对青年农民首开自由恋爱、举行集体婚礼的先例。1950 年，《中华人民共和国婚姻法》颁布，实行结婚登记、一夫一妻制，结婚最低年龄为男 20 岁、女 18 岁[2]，婚姻自主，反对买卖包办。自由恋爱的婚姻制度逐步形成，男女青年会面谈恋爱，或经人介绍恋爱。订婚前女友到男方家看家道。举办婚事多在春节前后。婚礼删繁就简，城镇和滩区 1 天，山区 2 天。20 世纪 50 年代起，婚前流行女方向男方索要衣服 3—5 套[3]，家具有"三转一响"[4]、写字台、高低柜、五斗橱、梳妆台、沙发、茶几、双人床、银手镯等。订婚礼饭食为 4 个"50"[5]，结婚饭食 4 个"100"[6]，全由男方支付女方。订婚时，介绍人、男方及其父（母）或家族长者

---

① 《定边县志》编纂委员会编：《定边县志》，方志出版社 2003 年版，第 961 页。
② 1980 年修改《婚姻法》，结婚最低年龄改为男 22 周岁，女 20 周岁。
③ 包含二毛氅、风雪大衣、毛料、绸缎、条绒、毛呢料等。
④ 包含缝纫机、手表、自行车、收音机。
⑤ 即猪肉、羊肉、大米、白面各 50 斤，人民币 50 元。
⑥ 上述各物分别为 100 斤、100 元。

携烟酒礼物往女家举行订婚仪式，男女互赠衣物以示婚定。女方向男方父亲敬酒施礼，男方父亲赠人民币 20 元—100 元不等。男方还给女方的父母兄嫂弟妹姑舅等近亲赠送衣物。女方即开席招待亲友、邻居。"文化革命"时期，由于贫困及"破四旧"，婚礼更简，举行集体婚礼。多对新婚夫妇及其亲友相聚一起，开一个茶话会，吃吃喜糖，包场电影，唱几首歌等，以示庆贺。1960—1970 年代，女方所陪嫁妆也由原来的木箱、皮箱、收音机等变为收录机、电视机、煤气灶、洗衣机等商品。"追节""祭祖""认大小""儿女馍馍""衣食碗子""吃和气饭"等仍袭旧俗，迎娶多用机动车辆。改革开放以后特别是近来随着城镇化进程的加速和经济收入的提升，当地彩礼的数量也日益增多，婚嫁仪式也渐趋繁盛。从黄源村的嫁礼来看，"定亲"仪式虽然由繁变简，但"嫁娶"仪式则由简变繁。①

> （上世纪）40 年代解放以前，新媳妇骑马路过窑、坟、崾岘要压裱，背照妖镜，拜三下才下马，旁有管事的说一套客气话。女婿抱斗，斗里装着米，媳妇拉着他的衣襟进帐。1949 年解放后举行仪式以主席像为证，程式为：来宾坐、鸣炮、宣读结婚证、交换喜花、介绍人讲话、来宾讲话、自由讲话、向主席致敬、鸣炮闭会、进洞房、吃饭、洗脸、喝酒等。（ZYX，20130318，XJH）

在城镇化进程不断加快的背景下，婚嫁仪礼的变化首先表现在时间上的相对集中到相对分散，有由农业时间转向现代时间的趋势。在过去，陕北迎娶新媳妇多在农闲时的年末举行，"年终始行嫁娶礼。"表面看将婚礼定于此时举行是为了不犯忌，当地人认为年末腊月二十三至正月初一期间灶神与诸神上天过节，百无禁忌；现实原因则是迎娶可以与过节合并在一起从而使婚姻缔结双方节省婚礼开支。民国《续修陕西省通志稿》中有记载："迎婚多在除夕，托曰除夕无忌，要为省便计也。"现在，结婚时间则相对分散，不再局限于旧俗和经济条件，而更多的是根据个人意愿，不但挑吉时看日子，也要考虑年轻人的工作闲暇时间。虽然多数婚礼还选择在过年时节举办，但是在其他节庆日子等举办的婚礼也逐渐增多。有村民介绍说，农村原来"过事情"都是在正月，别的月份没啥吃；现在改革开放有钱了，到 1980 年单包后才好起来，油井来了就更好了，所以"过事情"就不一定在正月里。婚礼的空间即仪式地点也发生了变化。过去主要是在村落的家院内举行，两个主

---

① 参见下一小节"婚庆仪式的田野描述"。

要空间即为新媳妇的婆家和娘家，基本都在村落。在城镇化的过程中，公路修起来了，车辆也多了，现在婚礼都是在县城包饭店办酒席。比如黄塬村村民 ZYX 的两个儿子没有在老家过事情，都是在县城办的酒。还有通婚圈的相对扩大，也是社会变迁与城镇化运动所带来的结果。随着社会流动的加快，当地人较之过去有了更多接触、结识异性的机会和客观条件。现在当地整体通婚圈已经由过去的周围村庄扩大到本县及周边县域的半径范围之内。当今的婚姻交换是地方民众对社会变迁的回应，对于彩礼和嫁妆的强调，便成为了"民众利用纠缠于文化、象征资源之中的政治经济转型来弄懂他们生活意义"的一种方式。①

二、当代婚庆仪式的田野描述

为了显示当代黄塬村婚嫁仪式的繁复过程以及对新旧仪式的不同进行比较，以便我们对城镇化背景下仪式变迁的影响及作用路径进行思考，笔者对黄塬村 LMH 孙子的婚姻仪式进行较为详细的描述。该红事共举办三天，首日接媳妇举行下马仪式并待客，次日新婚典礼和认亲仪式，第三日举行进家仪式，我全程进行了参与观察。婚礼主要内容与程序如下：

1. 麻媳妇

"麻媳妇"是当地接新娘时间的一种习惯说法，"麻"表示天黑，意思是媳妇来得越迟越好。婚礼第一天，当迎亲的车子出发去接新娘后，村里几位老者谈论起来，说过去讲究"麻媳妇"，现在反过来，认为媳妇来得越早越好；为此，遇到同一天当地有几家举办婚礼，甚至要抢路轧路，比谁来得早。有一个村民解释其原因是"天黑了不好摄像"。另外，迎娶路线和返回路线必须相同，从原路返回，意为"凑双"。

2. 请婚庆公司

现在的婚礼都会请婚庆公司主持新婚典礼，据村民介绍，村里过事情出现婚庆公司大概是从五六年前（2007 年左右）开始的。婚庆公司有专门的司仪和歌手，还会提供专业设备。不只是婚事会用到，丧礼的相关设备礼仪公司也会提供，区别在于丧礼上不用司仪，而必须请白事总管。

3. 耍公婆

近两年开始，婚庆公司主持的新婚典礼上出现了"耍公婆"的内容，给新郎的父母进行一番夸张打扮，如头戴纸盒等做的县官帽，帽子上串上红绿辣椒，脸上涂上红胭脂和口红等。这本是人类学"翁媳禁忌"的内涵，但当地村

---

① 吉国秀：《婚姻支付的变迁：一个姻亲关系的视角》，《民间文化论坛》2006 年第 1 期。

民说这是为了活跃下气氛,没有什么特别的含义。但耍公婆也有一定限制,并非所有办事者父母都会被耍,要顾及对方年龄,一般是新郎父母较为年轻,如50岁以下才会开此类玩笑。

　　(问:耍公公婆婆是从什么时候开始有的?)咱们这是边远山区,还耍得少,滩地里耍得厉害。从古以来都有耍婆婆呢,原来是光耍婆婆,不耍公公,现在有婚庆公司,耍的人多,不止一个亲婆婆和亲公公,所有的堂叔婆婆堂叔公公一辈的人都耍。这些变化是有婚庆公司后才开始的。那是个娱乐,玩一下,耍得各种各样就为了让人高兴高兴。我儿子结婚是在定边县城,耍的都是年轻人,不耍老年人,因为老了么。这些都是娱乐。(ZYX,20130609,XJH)

4. 下马仪式

下马仪式以及随之而来的铺床等是婚礼第一天最重要的仪式。下马,意思是新媳妇到了婆家。过去接媳妇用的交通工具是公驴、公马等,到了婆家后由新郎背着进家(如图3-3),所以将其称为下马仪式。有的还会在背媳妇的路上刁难新郎,如捡竹签等。现在的交通工具多为汽车,但是举办相关仪式时仍沿用传统的叫法。下马仪式原本由传统红白事主管主持,现在有的家过红事则用婚庆公司的司仪来主持下马仪式。该仪式主要是让新媳妇敬公婆和爷奶等婆家三或四代内的直系长辈。

图3-3　下马仪式(徐嘉鸿摄)

下马现在都改革了。过去下马骑的牲口是公马,没有公马的话找头公驴,到七几年变成骡子。现在人一直用车接呢。这就变化了,但是还叫"下马",老传统还是要讲究下马。(ZYX,20130609,XJH)

下马这个东西有的也简化了。有的人家两个孩子谈好以后接着就生活在一起了,这种情况也就冇下马了。(LMF,20130606,XJH)

5. 铺床(翻人身)

下马仪式结束后就是闹洞房,铺床为最重要的内容。炕上的被褥是提前反着铺的,新人进洞房后,铺床人将反着的被褥翻身铺正即为"铺床"。铺床的有 2 个人:娶亲的和送亲的。要求必须是女人,而且不能是寡妇,不能是双身子①。铺床翻人身的仪式对新人意义重大,尤其针对女性,经此仪式,才成了真正意义上的婆家人。

铺床翻人身,一种风俗习惯,男也翻了身了,女也翻了身了。从头开始过日子,不再叫娃娃了。② 我们这天地一拜,床一铺,这就是把人身翻了。实际上也简单,朝下翻的时候就要把这个铺翻翻子,女人坐着,男人就撒些核桃籽。

二婚的人头一次结婚已经翻过人身了,第二次结婚还得翻。二次结婚翻人身也有不铺床的,得二人商量呢。假如说人家那边还有儿有媳妇,现在也有不搞结婚仪式的,找个老伴伺候吃;死了以后你回你的家我回我的家,这种情况也有。意思是说,不铺床还能回去,铺了床就不得回去了,那边即使有儿她也不得回去,死了就在这边埋了。这个仪式对于女性意义更重大,其实主要是给女的翻人身的。(ZYX,20130602,XJH)

哪些人才能铺床有规定,一般是嫂子、婶娘这些都能铺床,奶奶也能铺。寡妇、怀孕的人不行,就是那么个讲究。铺床一般是两个人,婆家一个,娘家一个。一般就是送亲的和接亲的两个人负责铺床。(LMF,20130606,XJH)

说个例子啊。有个人和他表嫂结了婚,没管那个铺床。后来日子过得有点不顺利,叫人给他算了一下,对方说他没翻过人身,几十岁的人了,最后他还看了个日子铺了一回床。所以,不管是什么样的人结

---

① "双身子"指孕妇。

② 由此看来,翻人身对于青年人来说相当于一次成人礼;不过与二婚的翻人身应区别开来。

婚，都必须有这一项，即使是二婚的也要有。(ZYX，20130609，XJH)

6. 新婚典礼（耍狮子）

婚礼第二天中午举行新婚典礼，由婚庆公司的司仪主持，这是新近的婚俗中的新内容，上午就布置好临时搭建的舞台，摆好花束和红地毯。典礼当中可以依主家意愿添加应景的节目，如耍狮子等。笔者参加的此次红事，其主家长辈是个巧匠，擅长雕刻木工等，当日就用自己手工制作的狮子为孙子的婚礼助兴。

7. 认大小

"认大小"也称放拜礼，新婚夫妇给族中长辈及至亲行拜礼（如图3-4)，互相认识，明确称谓，敬酒，叩首，受拜者赐以赏钱。新婚典礼之后就是由主管主持的认大小仪式，顺序也有讲究，从"老小外家"开始，即老一代的舅家和年轻一代的舅家（舅舅及其家人，包括舅母、表弟哥、表姐妹）等；其次是亲戚，最后是家门人；而且每一轮都是从长者到小辈的次序，不能乱。当地有"男有外家女有娘家"的说法，认外家的时候从在世的最年长一辈开始，一般是爷爷辈的老老外家、父亲辈的老外家，然后是新郎的外家。亲戚则是指姑爷姑奶、姨夫姨娘[①]、姨哥姨嫂等。家门人主要指爷爷奶奶辈、父母辈、哥嫂辈。认大小的时候，所有亲门当家的亲属还要给新人磕头钱，50元、100元、数百元不等；同时可以随意提出让新人当众拥抱、亲吻等要求，也是为了热闹、烘托气氛。

图3-4　"认大小"仪式（徐嘉鸿摄）

---

① 在当地，称姑姑为"娘娘"。

8. 进家、揭福碗、坐炕(福)

"进家"仪式在婚事的第三天上午举行,该仪式在厨房进行,目的在于让新媳妇跟着婆婆熟悉家务。举行进家仪式的时候会请主管在旁边说些吉利话,新媳妇一出新房门就开始说,一直说到进入厨房之后的仪式结束。进入厨房的主要环节有捡拾菜刀、擀面杖、笤帚、火钳等厨房用具。

下面是一位红事主管给一个新媳妇说的"进家""揭福碗"和"坐炕"的说辞:

那"进门"就是拾掇,拾那个笤帚,应该从帐房门那说起,新人出了帐房门,一出新房门都要说一路,不但要说出去,还要给人说回去:

新人出了洞房门,头上梳的一盘龙。左面又梳盘龙髻,右面又梳水墨云。

前面梳了个碎凤,后梳齐王乱点兵。顶梳猴子拜观音,还梳八仙各显能。

弯弯眉毛一张弓,杏子眼睛水灵灵。樱桃小口一点红,糯米银牙塞满门。①

脚上穿了呢绒袜,赛过当年的樊梨花。身上又披地毡绒②,好像前朝的穆桂英。

杨柳身子一杆葱,走起路来风摆动。一走金,二走银,三走莲花聚宝盆。

左脚踏在金银山,右脚踏在米面船。油坛醋井两旁站,厨房门来朝南开。

一对新人拜灶来,先拜门神后拜灶,各位诸神都拜到。走得轻,踏得重,一脚踏开婆家的银子窖。

左脚带进满走金,右脚带进满走银。大步姐姐来开门。

这都说笑话呢,那是编的。有些词以前也有,有些词是我现编的。LMF婆姨说是"拾起笤帚扫金殿",我说这词太厉害,我说"拾起笤帚扫门庭"。这个我是编的。扫金殿,只有皇上有金殿,咱们农村没有个金殿。所以说这个词都太厉害,不能用。

---

① 这几句是形容新人漂亮,妆容和发型好看。
② 地毡绒,是一种料子。

抬起笤帚扫门庭(金殿),吊过笤帚扫绣房,福分扫在她身上。

抬起尺子打低能,一丈打得丈二灵①。抬起剪子剪得精,背板十样②记在心。

先剪东,后剪西,必剪原料风雪衣。拾起钢针绣得能,先绣云雾后绣龙。

绣的花儿赛金边,三针一个胡搅眼③。拾起擀杖攀龙宫,新女婿好像个赵匡胤。

拾起面刀就剁面,剁下面儿赛丝线。

煮在锅里团团转,捞到碗里莲花瓣,吃到嗓子一根线。

他爷吃,公婆看,他说我们媳妇的好茶饭。

拾起勺头(把)舀得巧,先舀稀来后舀稠,勺勺舀的海菜头。

捞起锅铲她有(良)法,摆下碟子十三花。

新人出了灶房门④,满头的乌发有扎成。梨花一枝迎春风,好像仙女下凡顶。

好媳妇人人夸,来日定能当好家。看她踩动一步行,牛羊牲口满草坪。

日有八百出栏棚,夜有三千入圈门。⑤ 再看她把二步行,锦绣山河万木春。

她把踏步三步行,娘家外家多勤动,姑表两姨常上门。⑥

再看她把四步行,四季平安多冒云。春耕播下千粒籽,秋后收下万食整⑦。

我就给她说到这,因为人已经进去了,就不用再说了。这都是吉利话。这是说到四步,要说到十步的话,那还可以继续往下编。WZM 她妈问我:说下这么好,咋有把石油编上? 我说那么多内容,咋都能编上呢?(ZYX,20130606,XJH)

"进家"仪式之后就是"揭福碗"。揭福碗的时候有四副碗碟上下倒扣,里面各置其物,男的揭一碟银圆或钥匙、一碟丸子;女的一碟抹布、一碟酸菜。揭的时候一对新人手还要交叉着。现在有些人家办婚事已经不再安排

---

① 表示精干。
② 意思是什么花样都能剪,比喻能干。此处是夸新媳妇心灵手巧。
③ 形容绣功好。
④ 前文是洞房门,现在则是灶房门,指厨房。
⑤ "八百""三千"都是形容羊的规模。
⑥ 此处表达亲戚常走动之意,说明感情很好。
⑦ 意思是种下的粮食收得多。收粮食必须排得整整齐齐的。

进家仪式了，不过一般揭福碗的环节还有。黄塬村某位妇女说，下坬人严教①，自己结婚的时候就没有进行进家的仪式，但是揭福碗了。"让男的吃丸子，女的吃酸菜、揾碗，女的就是伺候人的，好像过来就是要给人当奴隶呢……以后我涛娃结婚的时候我就不会让媳妇揭福碗。"揭福碗中有很明显的象征意味。在当地，尽管妇女地位较之过去已有很大提高，男主外、女主内的家庭分工没有大的变化；但基本上还是以男性为主的社会。揭福碗仪式中就有明显的区分，男的必须揭钥匙或银圆，意思是男人当家，所以在当地称丈夫为"掌柜的"。揭福碗之后还要让新媳妇到厨房的炕上坐一下，炕上放着一个毯子，毯子里放着钱，新媳妇在毯子上坐一下，摸出被子里的钱就可以了。主管介绍说，坐一下有福气，正所谓"有福压得气堂堂"。

揭福碗结束后，家门的长辈们一起吃个团圆饭，夫家的婚礼就完成了。有的家庭还会在最后安排照全家福的环节。笔者参加的某次过红事，仪式最后是三代以内的家族成员照了一张全家福，新郎的叔伯辈未参与。不过新郎哥哥结婚的时候曾经照过一张连同爷爷辈的兄弟媳妇都算作内的全家福。

9. 毛女儿拜祖

毛女儿指未婚女子，结婚入洞房后要用线绳绞脸，撅去脸上的黄毛，寓意从女娃子变成媳妇。新媳妇结婚后必须要敬夫家的老先人（敬家谱），当地称"毛女儿拜祖"。这是传统婚礼中必须举行的仪式程序。一般是结婚次日早晨，行"毛女拜祖礼"，家族依辈排列大门外，向着祖坟方向，献上酒菜，烧香点裱，大拜四拜，凡有身孕女人不拜祖。对于拜祖的重要性，当地人说："不拜祖老先人不认她，去世后祖先就不承认她是自家人。"过去这一仪式所有家族的人一定都要到场，现在，城镇化进程加快，社会流动越来越大，家门的人难以聚齐，仪式得到简化，举办此仪式时只要自家的公公婆婆在场就可以了。而且受现代观念的影响，有的家庭在婚礼上已经不再有毛女拜祖的仪式了。

夫家婚礼完成以后，新婚夫妇会随同大客亲戚回娘家，称为"回门"。回到娘家，户族与至亲还要给新郎"串礼拜"，先招待扁食，再摆宴席。吃扁食是为了"捏住新女婿的嘴"，日后小两口和和美美地过日子，不会吵嘴。在扁食里有的故意包上辣椒、盐面、调和、硬币等，看新女婿属哪类人，辣面辣，调和和气，钱有福气。有经验者事先用筷子捅破吃，否则不小心吞下去，会引得大家乐，自己尴尬。新女婿回门来，视为"娇客"，坐首席。这也是女婿在

---

① "严教"是当地方言，意思是谨守规矩。

妻家唯一一次坐首席。席间，新女婿敬酒时，娘家长辈要赠新女婿赏钱。宴后送回，且不可回得太迟。回时岳父母送女婿一身衣服或布料，一双皮鞋（不送帽子）。婚礼至此即全部结束。

另外，婚后回娘家也有定例，先坐"对七对八"（即婆家住满七天后，到娘家住八天），满月后再回娘家住上一个月，叫"坐对月"。结婚的第一个春节，新婚夫妇还必须给双方老人直系亲属拜年，受拜长辈要给新婚夫妇拜年钱，以示长辈对小两口的祝贺与关怀。

进入 21 世纪，伴随城镇化进程的加快，县城及滩区农村的富裕人家，举办婚礼多为三天，前两天在家流水席，第三天（正日子）在酒店正席。娶亲人到女方家后，先由总管陪着男方主事人，带上烟酒及礼物（多为香皂、毛巾等），到厨房去"参厨"，对厨工辛劳表示慰问；如礼数不到，厨工则故意"不予拔笼、上菜"。现大多由总管包揽办理，双方互抵礼品。参过厨后，一边开席宴客，一边进行送亲仪程。除此以外，也开始出现集体婚礼、旅游结婚、穿婚纱盛装在酒店或公园举办新式婚礼的情况。

三、婚礼总管与参与人的变化

本小节聚焦于最能反映当地婚礼变迁的仪式权威和参与主体，其变化同样与当地的城镇化进程加快密不可分。而且，相对于白事，当地红事中仪式权威的变化更大，城镇化的影响在红事上更为突出，主要表现在媒人的非职业趋向、总管的职业趋向以及传统权威的相对削弱等三个方面。过红事当中参与人员的变化同过白事一样，都表现为人际交往圈扩大后的参与人员的多元化，男女分工、主家与客人的互动等方面，与前述白事中所说的类似，此不赘述。

传统的媒人多为职业性的，现在则人人都可以当媒人，亲戚、朋友、左邻右舍甚至外村的陌生人，毕竟成人之美是好事；而且在婚礼上，媒人也是上宾，受到主家很高的礼遇，端茶递烟，礼待有加。媒人的非职业趋向在当前社会流动速度加快的城镇化背景之下表现得更加明显。另外，在媒人非职业趋向的同时也有市场化的运作推动生产的职业机构，即婚姻介绍所。但是这一机构在当地婚姻缔结中所起的作用并不明显，尤其对于山区村庄里的人来说，由亲友担当媒人角色者居多。

红事总管的职业化与白事同步，一般所说的总管就是主管红白喜事的仪式权威，已经出现由过去的给人"帮忙"到专职以管事作为服务商品而收取钱款的趋势，一般一场红事下来主管可以赚 400—600 元。当然，也有一些年长的红白事总管始终按照传统的管事定位，给人帮忙而不收钱。但是老一辈红白事总管基本已经退出管事"舞台"，新起的担任过事情总管的仪式权威受市场经济的影响，其职业化倾向越来越明显。不过，虽然出现了职业化倾向，但是总体来说，总管也并非什么样的人都可以当，总管必须懂礼数才行。

> 现在是个金钱社会，你看人 LGG（另一个红白事总管）挣钱，把你雇了，那只当钱着。不挣钱的人不好请，这都是个人情。（那您是不管给谁管事都不挣钱啊，还是只是自己村的不挣钱？）给谁管事也不挣钱，以前去甘肃这些地方都不挣钱。咱是个心软人。（ZYX，20130606，XJH）

> 总管，在新婚典礼事情上，他要懂这个常识才能当。有钱的人想当总管那不行，因为他啥也不懂，有的人光有钱他还要请总管，因为他对这个儿子或者出嫁女子新婚典礼啥也不懂。总管还是要在这个礼数上懂的人才能当。老年人基本上说话算数，比年轻人懂的常识多，年长些吸取经验多，说话算数，那都听老年人的话呢。（LMF，20130606，XJH）

> 以前能行些人能当总管，有的不懂都不敢上去。现在过事情不要总管也能行，弄两个人招呼吃饭都对了。那天 WFG 那个总管一天二百块钱呢，两天四百块钱。

> 现在过事情请的那个总管和以前不一样。过去没有婚庆公司，全凭那一个总管朝下说呢。现在有婚庆公司了，来给你要一要都行了。但是，有钱的人想过事情还得找那懂的，不管干啥就必须得有个懂家，不然事情都乱着呢。（ZYX，20130606，XJH）

相对于白事来说，红事中仪式总管最突出的变化在于出现了新的仪式权威，即主持新婚典礼中的司仪。司仪的出现不仅引导传统红事的仪式内容发生变化，而且在权威上也削弱了传统红事总管的力量。

> 你就判断哪个人的话是对着呢，哪个话不对着。比如 LMH 家娶媳妇子不应该头一天用婚庆公司，应放到第二天。因为总管来给他设了一下，不是还拜天地么？一拜天地，二拜高堂，现在咱们说他们不听了。LTF 娶媳妇，本来我当外家呢，去时 SXY 人问这一共编多少呢，我说一年十二个月你就编成十二个项目，不敢编成八九个，都为吉利么，我说咋个咋个给他编。SXY 不听。LMM 的姑父说还有三鞠躬，我

说只有九叩首：一拜天地三鞠躬，二拜高堂三鞠躬，夫妻对拜三鞠躬，这叫九叩首。你再弄得多了，就有人把你称个腾汉①呢，你说这个谁能行，谁不能行呢？就那还有听，冇采纳。

　　现在我看总管都好当，一般人都不挑那号刺。（ZYX的妻子插话说道：把事情给人家弄烂杆（糟糕）了那都要给人家说了。）（即便您看到那个事情是不对的也不会去说？）那我肯定不会说。要是他请我（当总管），那我一定说呢，因为我说出去他相信，他不懂才问我呢。如果急着跟他说，他不相信我，说了你白费些言语。所以现在人不好领导，你把白个儿领导住就对了。如果我是总管，哪些不对我说出来那他就要听。如果他没请我，那我就不会说。你看那个LH婆姨，他想我给他进门呢，他们说不知道谁领，媳妇子领呢。我说你看昨天待客是你媳妇子领着，因为是你娶新的跨旧的；今儿进门就"娶媳妇，踏婆踪"，这得你婆婆领。但是LMF婆姨说：哎，叫她嫂子领么，叫她妈把门掩住，在门上叫妈开门。

　　那我就不会再给他说二一回，他们愿谁领谁领。其实应该是婆婆领。LMF婆姨要叫媳妇子领，还摞两个馍馍，大媳妇把二媳妇领上，还揣馍馍呢，要叫妈把门开开，不知道是啥意思。当时我说出来的时候，LTF也说"我姑舅大说得有正理"。他们那里过事进门都是婆婆领着呢。我给人说是让婆婆领，但最后是嫂子领的。LMF婆姨她多了那么个嘴，我就不说了，人（家）毕竟是亲（的）。（ZYX，20130606，XJH）

　　他这个实际上也是有安排周到，实际上不应该婚庆公司上阵，因为来到这就随这里的风俗习惯，你把婚庆公司摆出来耍一阵，昨也开始耍，今儿也开始耍，重的一样，也冇意思。耍那就是一下，耍的工程长了就冇意思了。事情是个一下过的事，要安顿好的话，昨儿下来就不用婚庆公司，就是过去那个新婚典礼十二项目么，一年不是十二个月么？（儿媳妇插话说道：前面和昨天的是一样的。）那冇意思，人只看过一眼就对了，再看二一眼都有点烦了。（ZYX，20130602，XJH）

在红喜事中传统至少在表面上或已被新形势内容盖过了风头，比如婚庆公司的司仪和负责统筹整个过事情的主管，在新婚庆典仪式中分别站在台上台下的画面，还有主管因为要安排事情从台上的司仪手中"抢"过话筒以及司仪会开玩笑说"（主管）也想唱一首？""主管说得比唱得好听"的画面

---

①　腾汉：方言，形容人傻，不懂事理。

展现出传统与现代、新老两辈人的冲突与融合。笔者参加的某户女儿出嫁的红事上，由于办事家的女儿即新娘子正是县里某婚庆公司的歌手，所以婚礼当日她在自己的出嫁婚礼上尽情展现歌喉，唱了很多朗朗上口的流行歌曲如《天蓝蓝》《圆梦》还有陕北民歌等，在场村民都说可以上星光大道了，这种新娘亲自表演为大家助兴的场景在当时很少见到，也可看作是婚俗的新形式变通。办事家的邻居说当地红事中加入婚庆公司的一套活动是2012年才有的，因为现在经济条件好了，多点活动过红火；而以前就只是请歌手唱歌助兴。刚开始他也不太喜欢，觉得太闹，后来慢慢就适应了。当日婚庆公司里的女孩歌手说干这一行已经4—5年了，现在一般过红事都会请附近的婚庆公司，次日得在男方家举办的婚礼也会请新郎家附近的婚庆公司。也就是说至少四五年前已经有这种趋势了。当前的乡土婚礼中出现西式风格亦与市场化背景下的服务一条龙趋势有关。笔者调查期间，黄塬村村民家中电视上在热播的一部名为《老米家的婚事》的电视剧中有一个场景正好是两位亲家在讨论婚事的置办，看电视时，其中一位对另一位说"现在村里办婚礼都请那个婚庆公司，服务一条龙"。流露出婚庆公司抢了管事的权威的意思。其实，传统总管并不排斥红事中出现新的仪式内容，前提是新事物、新内容要在老规矩的协调指导下有条不紊地展开。总之，当地红事有很多变化，但是整体而言，传统模式在人们心目中还是有相当分量的。当地村民都感到，社会发展变化很快，毕竟和过去不一样了，所以老一辈的总管看到不合传统规矩的细节会"怒"但不轻言。另外，只有懂家才能当总管，否则事情就乱了。综合来看，总管权威受到新生事物的挑战有削弱，但是仍然不改其主导地位。

另外，还有人情礼上的变化。当地有"礼大往还"的说法，意思是大部分的礼是可以收回来的。[①] 过去讲究"情是礼，礼是情。有情才有礼"。"人情也上了，礼也有了，亲戚朋友关系也交了。"以前过事情会区分嫡亲礼和朋亲礼，而且后者的礼金数额一般不超过前者；改革开放以后则统一称为"开口礼"，且有时朋友的礼金数额还大于嫡亲。不过从人情上也可以看出来当地宗亲关系还是重于姻亲关系。家门的人情一定要上礼，姻亲关系具体也要分几种情况：当只有一个兄弟时，即父母与其不分家，这种情况下姊妹结婚时姊妹婆家兄弟妻家人要上礼；当有多个兄弟时，则没有这个必要，父母所在的兄弟妻家可能要上礼。

---

① 部分村民认为现在的上礼类似"讨骗"，即叫你去过事情某种程度上就有一种讨骗礼钱的意味在里头。

四、婚礼的"变"与"不变"

当前,黄源村的婚礼较之过去有很多简化,但是不管再怎么简化,有些仪式内容是不能简化的,这就涉及仪式中最为核心的内容与象征意义。比如铺床,对于新人来说是最重要的成人礼,特别对于新媳妇而言,经由这一仪式便是真正意义上的夫家人,否则以后去世后难进祖坟,因为老祖先不认可。所以村民 LMF 会反复强调:不管是第一次结婚还是第二次结婚,铺床永远都不得简化,这个是"翻人身",床是非铺不行,不管你正式地过事情还是不过事,床是非铺不行。铺床代表的是一种真正"成人"的象征意义,对女性来说还是一种真正成为夫家人的象征意义,有此仪式,死后才有了必须和夫家人葬在一起的权利和义务。

另外,爱情在婚姻中的地位相对过去大大提高,特别是对年轻人来说,越来越强调当事人之间的情感要素;双方父母也更加包容,不会过多干涉,也认同并尊重儿女们的某些想法。尽管如此,在当地,爱情仍不是婚姻成立的必要条件。

整体来看,红事的很多传统习俗和程序都还保留着,不过也添入了不少新的内容。原已消失的婚礼中新娘坐轿、骑马的习俗又恢复了,当然现在有的是乘坐汽车。有时即使结亲的两家仅相距几十米,新人也必得乘轿或骑马在村中转一大圈才入门行礼,讲究的就是这个礼节。过红事中加入了新婚典礼的新内容,下马仪式本由红事总管来操办,但是有了婚庆公司以后,有的家庭办红事也开始用婚庆公司的司仪来主持下马仪式,某种程度上是"抢"了总管的任务。这种"抢"可以视作现代与传统在城镇化进城当中的一种较量,较量的过程也逐步浮现出二者的互动边界。民间信仰的变迁由此也有了初步的轨迹显现出来。

第三节　出生仪式

一个孩子出生,对于人生来说,是一个起始事件。但是一个小生命特别是在传统社会中由于物质条件以及医疗条件的原因能否成活,则是一个婴儿能否成为人类群体的一员的大问题。因此,虽然在陕北一个婴儿的出生也有一些固定的程式或禁忌,但是更重要的仪式则表现为小孩已经基本存活下来时所举行的仪式以及继续保持住这个弱小生命的仪式,它们就是"满月礼"仪式和"保锁"仪式。

一、生活圈的认同——满月礼

一个新生婴儿到这个世界满了一个月的时间，表明他的生命已经经受了考验，他已经初步具备了进入社会并可以被视为该群体的一员了。在当地，小儿满月一定会为娃娃举办满月礼，亲朋四方云集祝贺，主家大摆筵席待客，谓之"弥月之喜"。宴中母亲抱着婴儿向客人致意，宾客给婴儿"拴锁钱"或向衣袋里塞"红包"，或送衣物，俗称做满月或过百晬。这是孩子出生以来最为隆重的一次礼仪活动，也是黄塬村民"过事情"的重要内容。

过满月时，主家请亲友庄邻吃酒席，程序同红白喜事一样，不过过满月只需要一天时间，就在自家庭院中举行，同样是请专业的厨师班子做饭，家门亲友分工帮忙，在总管的统筹协调下各执其事。是日还要给婴儿剃头，叫"剃胎毛"，剃下的胎发要包起来缝在婴儿小枕头中，或缠起来挂在婴儿床头辟邪、壮胆。婴儿出生满40天后，娘家要接女儿和婴儿到家小住，叫"挪窝"。

满月礼有着丰富的社会文化内涵，其功能是娃娃与他们的父母获得所属生活群体的认同。首先，由于仪式举行过程中亲朋好友与社区邻居的到来，孩子的出生被广而告之进而获得了社区的认可，他便从一个自然人转换成一个社会人，并作为社区一员而存在。其次，一对夫妻有了孩子，请客聚餐既是他们对外宣布他们的社会身份出现了变化，同时也是社会对他们社会身份的变化的承认。婚姻中的女性因为生了孩子而成为母亲，男性因为孩子而成为父亲，各自的身份也出现了转换。这种转换在传统社会中对于女性的重要性大于男性，因为生了孩子（特别是生了男孩）并举办满月礼，才真正获得夫家所属家族与社区的认可。对于男性的意义则在于可以因为孩子的出生而在社区提升了自己的地位。第三，家庭由于孩子的到来而复杂化，原先只有夫妻关系，现在转换为"父—母—子女"的"家庭三角"关系，包含了夫妻关系、父子（女）关系、母子（女）关系以及其后有更多孩子出生时的兄弟姐妹关系。身份转换赋予了这对夫妻抚养、培育孩子的社会责任与义务。

二、儿女的拟亲缘保障——"保命干大"与"保锁"

有些家庭的孩子生下来后身体虚弱、多病，为保娃娃健康成长，当地很多家庭为孩子认干亲，一般男孩认干大（爹），女孩认干妈，统称为"保命干大"。干大、干妈给干儿女佩戴项圈、银锁以圈住或锁住魂魄，到12岁"开锁"。干大一般请神汉、阴阳先生和走南闯北的能工巧匠等"洪福"过硬的人来当。人数不限，有"七娘八老子，二十四个干嫂子"之说。同时，也要举行保锁、换锁等相关仪式。

保锁仪式就是娃娃保命的仪式。所谓的"锁"只是象征，其实就是一根红绳。给娃娃戴锁比较简单，就是在四月八庙祭的仪式（见第五章）上，将1—2岁的娃娃抱着跪在神像前，由问神人为其戴上一根红绳，然后烧黄裱抹一道纸灰在娃娃额头即可。每年换一次锁。到孩子满12岁时，举行打枷仪式，主要用具为公鸡、草人、草圈、桃木弓、柳木箭、七根新针。所谓的"枷"，指的是用竹篾片或香棒和红绳捆成的五角星（如图3-5）。制成后戴在娃娃脖子上，然后将竹片或香棒打断称为打枷，打枷的同时将12根红绳烧掉即可。

图3-5　保锁仪式中的打枷过关（徐嘉鸿摄）

其间，小儿如果生病，认为是犯了关煞，需到庙上"过关"。当地人在过去认为小孩所犯的关煞有阎王关、鬼门关、投崖关、撞命关、四季关、四柱关、五鬼关、直难关、金锁关、铁蛇关、急脚关、百日关、断桥关、无情关、浴盆关、白虎关、水火关、天狗关、青龙关、鸡飞落井关、雷公关、脑关等36关和凶恶煞、夜哭煞、投河煞、悬梁煞、耗财煞、硬眼煞、游魂煞、抹头煞、勾胶煞、偷生煞、白虎煞、暗害煞、走跳煞、投井煞、冲天煞、迷魂煞、死骨投胎煞、五鬼化胎煞、三邪六害煞等72煞。

过去，小儿"过关"通常选春戊寅、夏甲午、秋戊申、冬甲子时分赶娘娘庙会。庙内设木制"过关楼"，由神汉在院里摆一张高桌，桌铺缦红布，桌上放插神灵牌位的米斗，四周林立着用黄裱纸剪成的长枪长戟，再东西南北向放斧、刀、鞭、棍四种法器。桌子腿上贴上神灵的牌符，俗称"过关楼"，另备一口铡刀、一只公鸡和若干根草绳，每个前来过关的孩子（均12岁以下）挎有包含书本、尺子、梳子、镜子的红包揪，在父母引导下，首先站立关楼前，由主持人点香焚裱，读过关祝文，然后引领儿童钻"过关楼"以"消灾免难"。

过去的换锁仪式和"过事情"一样繁复，现在的换锁仪式则简单很多。笔者观察到的一次换锁仪式由问神人主持，庙院中放置一张桌子和切草用的铡刀，桌上放置馒头等食物，先从桌下扔过桃弓、柳箭，然后让公鸡和换锁的娃娃依次从东南西北四个方向钻过桌子和铡刀，每过一次都要用铡刀象征性地切一下，然后周围的人都要拍打一下娃娃。完成此项仪式之后，问神人烧一张黄裱，然后在换锁娃娃的额头抹一道烧黄裱的纸灰，点一滴鸡冠的血，由问神人揭掉娃娃头上贴有10元钱的红布帽，再向庙神磕头烧裱，并将带来的祭品供奉庙神，与死者共享食物。最后用针线缝香包在换锁娃娃的贴身衣服上，完成此步骤就完成了换锁仪式。

保锁仪式是由干亲完成的，这就涉及黄塬村的另一个仪式："保命干大。""保命干大"，是一个偏正结构的名词性词组，动宾结构"保命"作为偏正结构"偏"的部分，是作为偏正结构"正"的部分"干大"（干父）的修饰语，这个修饰语也是一个功能性的说明，其意思大致是"保护孩子生命的干父"。而黄塬村民是将此作为一种仪式的习惯说法，它可以被解释为"为保护孩子生命而举行的认干父仪式"。在传统上，干大和父亲是"过铁"，经过了滴血为盟。结盟是对天发过誓，喝过血酒的，要把手指咬烂将血滴进酒里再喝下去。八拜结交，于是一辈子有福同享、有难同当。仪式极为正式与隆重。摆香桌，供神位，神位要设"天地"神位，"家神"神位不够格。仪式中双方要向天地发誓，天地为证。这是最隆重的一种，当然也有"请"的干大不用发誓，不用如此正式与隆重，不搞八拜结交。认下的干亲无论是干大和干妈，都被当作嫡亲来看待的。

在现代社会的变迁中，城市文化对黄塬村有着巨大的影响。目前的年轻人中没有认干亲的多，一般人都不愿意请干亲，笔者采访中很多村民都说："一般人不保锁，一二十个人里才有一个。""麻烦得很，到年龄了还要换锁。"也有村民还重视这种形式。其原因有的说："生下来娃娃，或者是哭，或者是经常小病子多，娘就说：'乖了，小小你别哭，赶几时我给你请个干大。'"有的是因为小孩生病医院没看好，于是迷信的村民就"请神人看，神人说需要请几个干爹，有三个的，还有六七个的"。但无论怎样，歃血为盟的干爹这种情况几乎没有了。而且现在的干大、干妈，其意义发生了重大的转变，即不是严格意义上的孩子的干父母，而是一般意义上的对长辈的带有尊敬意义的称谓了。村民ZYX夫妇就说到这种情况：

JSK那些弟兄就把我叫干大，我又不是他请下的干大。他给他女儿请干妈不是请我婆娘，那 JSK 要叫我婆娘干妈，他女子都要叫干奶奶呢。(JSK 的妻子插话：我们这一辈人整个一辈都是干妈。)那东西是人称呼的问题。有的人把你大一辈叫表叔的，有叫姑舅大的，有叫干大的，这都属于大一辈，叫啥都对着呢。称呼你干大叫你干大那是人尊敬的意思。干亲都叫表兄哥，就把我们大一辈的叫干大了。那会 JSK 的爷爷给我哥 ZYB 当了干大，这是请下的，现在人家孙子又把我们叫干大呢。(ZYX，20130609，XJH)

另外，除了为保佑孩子专门请下的"干大"以外，当地还有结拜而来的"干大"：由于毗邻内蒙古，定边素有结拜之俗，称"拈香""拜拜识"。仪式为结拜者每人于香案前点燃一炷香，依次插于香炉，报上生辰，按年龄排成一行，跪于香炉前宣誓，誓词有"不求同年同月同日生，但求同年同月同日死，有难同当，有福同享"等语，并对着刘备、关羽、张飞画像及名字、天、地相互叩头，对着神位将黄裱烧掉，纸灰落在酒(水)碗里，供于地，也有一些发毒誓、赌重咒的，将中指刺破，血滴入酒碗中，依次喝"歃血为盟"酒。礼毕会餐痛饮。此后，互相以"亲兄弟"相待，子女认作"干大"，无论红白喜事，或遇困难，都应互相帮助。

从出生仪式中可以看到，当地人为防止"鬼"祸害自己，采取了许多禳解的方法。请阴阳先生"送病""捉鬼""还愿""保锁""过关"，以及请僧道画符、诵经、念咒，或以甩麻鞭强驱，或用桃木、巨石镇宅等，虽属迷信巫术，人多借此慰藉。1949 年前，各地常有巫婆、神汉的禳解活动。中华人民共和国成立后，科学知识逐渐普及，烧香拜佛者渐少，算命、相面、测字等活动被取缔。20 世纪 80 年代后，迷信之风又渐趋流行。"迷信"复归的背后其实正是民间信仰观念的变迁。

第四节　"过事情"：不变的责任与情感

乡村的变迁存在着内在和外在两种力量的结构化运动：城镇化背景的影响是外来的力量，而乡村传统的力量是内生的力量。在这种双重力量的作用中村民生活与观念发生变化。而我们所观察到的是：黄塬村虽然在社会经济多方面发生了巨大的变化，但是家文化的内核并没有改变，对家的责任与情感以及与此绑定的一系列元素依然是当地农民获得人生意义的重要依托。传统是一个开放的动态系统，在时空中延续和发展，它既是过去的，又是现在的,而且包含着未来。"传统不是已经死去的东西,而是依然存活于现实中并起着作用的历史事物。所以传统的民俗文化既是历史的产物,又是现存的事实。它制约着人们目前的文化取向,进而也影响着人们未来的生活。"①

定边县史志办工作人员认为,文化的变化与物质条件联系大,过去是封建礼教,现在的程式则简化了很多。究其因素有三:一是移风易俗。二是生活本身的变化,比如城镇化进程不断推进,经济条件好了,生活节奏加快等。以过白事为例,以前是人没了搞悼念,埋了就完了。现在则随着经济的宽裕还要请道教的做道场,念经超度;而且演变为儒释道三教合一。三是人与人的关系变化的影响。比如石油经济到来以后,过事情请大老板,为适应新的人际交往就把原来的礼教去掉了。

从红事中所凸显出来的新的世俗权威与传统权威的"较量"中,我们看到市场化进程中社会分工越来越细,各类服务越来越专业化,出现很多职业团体。但这替代不了传统遗留下来的风俗习惯,反而出现一种融合变通。或许熟知传统仪礼的主管初次遇到诸如婚庆公司、摄影师等现代"玩意儿"时会很不习惯,不过年久日长,经历多了,主管也会适应并将其很好地纳入自己的统筹工作中,只是语言和形式有别,一如笔者所参加的村落婚事中一些仪式细节显得滑稽,但是整体说来还是在主管的协调下进行得比较顺利,体现出传统的包容性。当过多年红白喜事总管的 ZYX 认为,红喜事中加进一些新内容没有问题,不会觉得矛盾,因为红事是人跟社会变,所以红事之"变"无穷尽。这里有必要对红白喜事本身的性质差异作出说明。虽然都是过事情,也都有传统的一套规矩,但是二者在市场化现代化的进程中反映还是有区别。红喜事更具有现代气息,白喜事更有传统色彩。前者是祝福新人,年轻人为主角,逐步尊重年轻人的喜好;后者是告慰老人,无论器具设备多么先进,都仍突出传统的内容。

对丧礼的重视源于灵魂不灭观念、轮回果报思想的普遍存在以及对孝道的重视。"除了普遍存在的灵魂不灭观念外,儒家孝道和先人荫蔽后代之类思想也起了推波助澜的作用。丧礼是否办得隆重和符合旧规,既是衡量子孙尽孝与否的标志,又对能否获得祖先荫蔽使家道昌隆具有重要意义……舆论、习俗的压力和免祸求福的动机,使丧葬礼仪有日益复杂铺张的趋势。当然,我们不能一概否认在种种丧葬仪式中,也贯穿着死者亲属对死者

---

① 郭于华:《死的困扰与生的执着:中国民间丧葬仪礼与传统生死观》,中国人民大学出版社1992年版,第22页。

的真诚怀念,以及与这种怀念混杂着的既恐惧又有所求的复杂情感。"①杨庆堃将安顿超度亡灵的仪式归结为一系列因拒绝接受死亡而产生的宗教仪式,目的在于让死者在另一世界过上舒适幸福的生活,"这种复杂的崇拜仪式以及它们的象征意义,建立在活着的亲人坚信灵魂继续存在的事实基础上"②。父母必须为儿女置办婚嫁事宜,儿女(尤其是儿子)必须为老人置办丧葬事宜,这些都是为父为母为儿为女在不同人生阶段义不容辞的人生任务,一个尽孝,一个尽责。另外,婚丧嫁娶绵延子嗣等"事情"虽然主要是家庭的事情,但是少了家族成员和亲戚庄邻的参与,就不是完整意义上的过事情。家门人在本家人过事情时要帮忙,这也是不变的义务与责任,只要有人来通知,就得过去;除非自己家里有更重要的事情,如娘家有人过世等情况,因为死者为大。③

当地人说:"红事冇穷尽,白事有穷尽。""红事是人跟社会变,白事是老一辈人的传统。"所以红白事中表现出的现代化应对也有区别,相对而言,白事在对传统内容的坚持上比红事更保守。在白事中主管可以说是绝对权威,而在红事中他的权威受到了挑战,司仪可以随便拿总管开玩笑以烘托气氛,这在白事中是不可想象的。当然,红事中对总管的允许"放肆"基于红事本身性质的变通以及对喜庆红火氛围的诉求。笔者所参加的红事中司仪在新婚典礼结束后对总管说:"你们弄吧,我这(摊)完了。你们认大小,我不管了。"这一场景让人印象深刻,也就是说,虽然仪式权威出现了职业化的倾向并且有新的权威者出现,但是就整体而言,新的内容仍然要服从于传统的议事程序和规矩。

总体而言,我们看到家庭层面的人生礼仪随着社会变迁发生了很多变化,尤其表现在仪式规模与办事规格的扩大与提高上。家庭整合中的民间信仰的时空设置随社会变迁而调整,不再局限于农闲和年节;具体的仪式内容虽然有变化但整体没有超出传统程式,可以说只是原有程式的调整变通;仪式权威出现职业化趋势,参与人员相对于过去更加多元。但是人生仪礼中所要表达的信仰与情感没有实质变化。信仰上主要是祖先崇拜和鬼神崇拜,表现于白事中的穿神点主、红事中的毛女儿拜祖、保锁仪式等。情感上主要有两种:一种是对祖先包括对家门的责任与情感,一种是对乡邻亲友的感谢和友好表达。

---

① 钟敬文:《民俗学概论》,上海文艺出版社 1998 年版,第 186 页。
② [美]杨庆堃著,范丽珠等译:《中国社会中的宗教——宗教的现代社会功能及其历史因素之研究》,上海人民出版社 2007 年版,第 44 页。
③ 当地人认为,白事是给死人过的,红事是给活人过的,白事比红事更重要。

　　从当前的黄塬村落仪式变迁样态来看,现代性的涉入是在为传统内容锦上添花,形式上更加丰富,但实质不变或略有变通。(关键在于传统是否有主体性支撑,这与当地村落社会的结构性力量有关。)一如市场开放带来很多好处,市场的负面影响也不应该被妖魔化;市场与传统可以共融,而且不得不融,因为市场化趋势已经不可逆转。另外,从某种程度上讲,传统在开放后不拘泥于形式反而更有魅力,比如大家族在不固守旧俗礼教并接受适当变通后,能够做到一大家子其乐融融、共享亲情友好,既不束缚人的个性又可克服现代社会人的过度自由、自我的倾向。这就牵涉到第四章的主题了。

第四章　家族整合：民间信仰中的祖先祭仪

　　"家族"与"宗族"同义。关于"宗族"，《左传》僖公二十四年有"宗族"之称，《论语·子路》亦有"宗族"一词。"宗"字见于殷墟卜辞，本义是指供奉神主之庙。《说文》言："宗，尊祖庙也。""宗族"的本义是指有共同祖庙的亲族，亦即有明确父系祖先的家族。①《尔雅·释亲》言："父之党为宗族。"林耀华说："同一祖先传衍下来的子孙称为宗族。""宗指祖先，族指族属，宗族合称，是为同一祖先传衍下来，而聚居于一个地域，而以父系相承的血缘团体。"②可见，"家族"（宗族）概念指以单系继嗣为原则组成的群体，在汉族地区，则是指父系继嗣群。

　　黄塬村有着浓厚的家族文化，村民持有强烈的嗣系观念，行为、规范都以家族为核心，在生育观念上表现为较为典型的男性偏好，比如村庙中供奉的三霄娘娘，说明种族的延续观念甚强。汉族社会的祭祖传统古已有之，在殷周时代，祖先就被奉为神明。但是，祭祖的起源虽早，在民间的普遍化则在宋元以后，明世宗时才诏令天下士庶可以辟地建祠、祭祀始祖，民间祭祖制度的完善是在明晚期到清代，主要表现为祭祖活动的经常化和祭祖意识的普遍化。③"上以事祖先""下以继后世"，这些表现出很强的祖宗观念。汉族社会有着浓厚的宗法血缘观念，其中最普遍也是最强烈的信仰即为祖先崇拜；在面临因近亲死亡而可能发生的情感崩溃和社群瓦解的状况时，也可将祖先崇拜作为应对这种情况的一种生存策略。

　　中国家庭生活中最重要的宗教内容还是祭祖，正是相信死者继续以灵魂的形式存在，以及进一步假设灵魂和生者相互依存，才导致了祖先崇拜中的崇拜行为。"死亡并没有终止子女对父母的责任，而只是改变责任的形式

---

① 朱凤瀚：《商周家族形态研究》，天津古籍出版社 2004 年版，第 10 页。
② 林耀华：《义序的宗族研究》，三联书店 2000 年版，第 1、73 页。
③ 参阅徐扬杰：《中国家族制度史》，人民出版社 1992 年版；徐扬杰：《宋明家族制度史论》，中华书局 1995 年版；李文治、江太新：《中国宗族制和族田义庄》，社会科学文献出版社 2000 年版；郑振满：《明清福建家族组织与社会变迁》，湖南教育出版社 1992 年版。

而已。一个人的存在是由于他的祖先,反过来祖先的存在也是由于他的子孙。阴界祖先的生活,必须靠阳界子孙的供奉。这就形成了祖先崇拜。"①它在培养家系观念中起决定性作用,是血缘集团维持与结合的重要纽带。汉族的尊祖观念以孝为核心,目的是在祖先的庇佑下接续香火。从形式上来看,主要分为对先祖的祭祀和对死者的祭祀,前者是指祭祀有功绩的远祖,后者一般是祭祀血缘关系密切的近几代祖先。

第一节　祭祖的时空转换

在市场经济与打工潮的影响之下,当地人口大规模流动,打破了近宗相聚而居的传统村落生活模式。近些年因为石油开发,很多外出打工的村民又开始回到村子从事与石油开发相关的业务工作,笔者在村落中考察时发现,与其他地方出现空心村的趋势相反,当地大多数村民在村。当然,这并不是说当地没有流动,只是因为内部资源开发而使当地呈现出隐藏的流动之特点。在这样的背景之下,祭祖的形式也发生了一些变化,首先表现在祭祖的时空转换上。

在当地,祭祀祖先的时间主要是在过年、清明和十月初一这三个点上。在这三个时间点上,家门人纷纷到坟茔扫墓、烧纸、送食。"清代的祭祖活动按时间、性质及祭祀对象的不同分为不同的种类。一般有常祭、专祭、特祭、大祭等。常祭为日常祭祀,每月两次,时间分别定在朔日与望日。专祭是对特定祖先的祭祀,如创始祖等。现世子孙有喜事也要进入祠堂祭祀,这类祭祀成为特祭。一年之中要进行几次大祭,时间多选择在节令,其中以春秋两次大祭最为隆重。"②祭祖的时间不是祖宗之法不可变,它可以为社会、风水等具体情况所变。从时间上来说,祭祖最大的变化就是出现了社会流动下的补祭。外出打工的人的工作闲暇安排依照现代时间,过年期间或清明,有些在外地的村民赶不回村与家人团聚,不能按照传统民俗时间安排祭祀祖先,所以由家门人代替他们进行扫墓、烧纸等祭祀活动,待工作之余回老家再到坟地等处拜祭;当然,代祭所花费用等必须由被代祭者自己承担,因为心意不能代替。但是补祭毕竟是较小的方面,大部分村民还是能够遵循当

---

① 麻国庆:《永远的家:传统惯性与社会结合》,北京大学出版社 2009 年版,第 97 页。
② 周大鸣:《传统的断裂与复兴——凤凰村信仰与仪式的个案研究》,载郭于华主编:《仪式与社会变迁》,社会科学文献出版社 2000 年版,第 236—237 页。

地传统的三个祭祀时间祭奠祖先。

除了每年固定的祭祀时间以外，还有因过事情而必须进行的祭祀，比如红事中的毛女儿拜祖和白事中的穿神点主等仪式，都是必须由家门人共同参与才能完成的仪式，其祭祖时间就要根据红白喜事的日子而定。这种情况下祭祖时间的变化与风水有关。家族举行大规模的祭祖活动特别是新建祠堂时也要根据风水定时间。在当地，风水观念影响着人们的日常生活。

祭祖的空间在不同的宗族之间有不同的形式。作为答谢祖先并向祖先祈福消灾的民间信仰仪式，祭祖礼仪繁杂。根据祭祀地点的不同，祭祖可以分为祠祭、家祭、墓祭。"祠祭是在宗族祠堂内举行的祭祖仪式"，宗族成员通过这一仪式"将具有父系血缘关系的族人凝聚在一起，形成严密的家族组织"。祖先崇拜这一信仰体系最明显的物化祭祀空间是祠堂。作为祖先象征之一的祠堂，是宗族团结的一种表征。祭祖始盛于汉代的墓祠，现代意义上的宗祠主要出现在南宋时期。元代祠堂有两个特征：一是由接触祖先的纪念性专祠转化为宗祠，二是建于祖先故居的宗祠。"明代以前，法令只允许贵族品官设祠堂追祀祖先，明朝中期正式准许庶民修建祠堂祭祀先祖，于是民间修葺祠堂兴盛起来。"①清代以后，宗祠体系日趋完善。祠堂的规模与宗族规模成正比，其规制视家族人口的多寡和族产族田的多少而定。祠堂因为祖先的神圣性成为家族传统和道德氛围的象征。家祭就是在自家屋中正厅，通过祖先牌位或画像在一定的节日对祖先进行祭祀的方式；是民间最普遍的祭祖方式，一般供奉与活着的人有密切关系的较近的祖先，进行上香、鞠躬、摆放食物果品等日常供奉。"在为诸如死亡周年纪念日、重要节日、农历每月初一和十五以及结婚、生子等特殊日子举行的家庭聚会中，祭祀仪式更加复杂、精细，包括磕头（头要接触地面，磕3—9次）和行礼。"②人们认为坟地的好坏与家业兴衰密切关联，"在中国人的观念中，祠则祖宗神灵所依，墓乃祖宗体魄所藏。子孙思祖宗不得见，见其所依所藏之处，如见祖宗焉"③；所以选择墓地时会请阴阳先生勘察地形的风水，选定之后甚至不惜废掉良田。

上述三种祭祖方式层次不同规模各异，共同"组成了家族内部严密而又交错的祭祖文化网络"。随着时代的发展变迁，宗族复兴，民俗新起，祭祖也

---

① 常建华：《中华文化通志·宗族志》，上海人民出版社1998年版，第87—94页。
② ［美］杨庆堃著，范丽珠等译：《中国社会中的宗教——宗教的现代社会功能与其历史因素之研究》，上海人民出版社2007年版，第50页。
③ 麻国庆：《永远的家：传统惯性与社会结合》，北京大学出版社2009年版，第151页。

随之恢复。坟墓,是活着的人的归宿,包括家族的远坟(祖坟)和近坟。活着的家族成员是家坟中祖先的延续,一旦子嗣绵延中断,死者在阴间的生活就没有了着落,活着的人将愧对祖先,也愧对后人,所以生者会有一种"绝后的恐惧",断了香火就是最大的不孝。从空间上的变化来说,祭祀祖先不再局限于坟墓、家堂、祠堂,也出现了一些新的形式,如在清明时节远在异乡赶不回家里祭祀的人会在路边画一个圈就地祭祀,给祖先烧些纸钱;以后回到家乡再到坟地上祭祀祖先。当然,基本的祭祀空间没有大的变化。只是因为不同时代阶段而有一些适应性改变。关于祭祖在历史上虽有诸多礼制,但在民间各地不同宗族的祭祖时间、仪式以及对参加者的限制并不完全相同。

与周边社会环境具有紧密互动关联的祭祖也密切关联着家族的命运。中华人民共和国成立前,宗族是国家政权与基层农村社会的中介,承担着政治、经济、宗教等一系列辅助国家进行基层治理的社会功能。在这样的社会环境当中,宗族的合法性受到承认,"祖先崇拜也呈现出强劲态势;完整而发达的祖先崇拜体系反过来也强化了宗族组织在社会中的地位,表现出中国传统社会长老统治、礼俗社会的乡土特性"。但是,这种状况在20世纪50年代画上了句号,族权与神权成为革命的对象,组织严密、结构完整的中国宗族组织,其"合法性被取缔",族产被没收,族谱被焚烧,祠堂被拆毁,坟山、墓地被破坏;同时,国家取缔了地方的乡绅和族长,成立了生产队和人民公社,破除封建迷信思想,禁止隆丧和集体性崇祖活动等,这些外界因素的冲击,使祭祖的物质基础、组织基础、思想基础等大为削弱,祭祖活动成为破四旧的对象而被轰轰烈烈的革命运动打压。但是制度化宗族的消失并不意味着基于血缘和文化机制的宗族关系的解体,后者以一种特有的文化基调在政治舞台背后延续下来。一系列家祭、扫墓、七月半、丧葬等祖先崇拜行为依然在私下进行。所以祭祖虽一度衰落,却也始终存在。70年代末,随着中国农村政策的转型与体制的突破,家庭联产承包责任制的推行,以家为中心的经济单位的确立,以地缘为基础的村落功能的相对弱化,村民自治委员会的成立等,使得农村的宗族组织又以其固有的文化传统而复兴,社会环境的大变革为祖先崇拜的复苏与公开化提供了重要条件,祭祖活动随之兴起。一位村民介绍所在家族解放后的祭祖情况时说,1964到1979年间没有祭祖,其他时间一直在老坟院祭祖,2012年开始在祠堂祭祖。特别是在最近几年,石油开发带来的红利使当地家族更有财力举办祭祖活动。

第二节　仪式变迁与祖先崇拜

"不孝有三,无后为大"。儒家思想在中国的传统文化中占统治地位,其中"仁"是核心,"孝"是根本。"在古人看来,阴界祖先的生活必须靠阳界子孙的供奉,如果无人照料祖先阴间的生活,阳界的子孙也就不能在祖先的荫护下接续香火";死去的祖先会保佑家庭或家族人口的繁衍、生存、安宁和兴盛。所以家族伦理中的宗教性和礼教性集中体现在祖先崇拜上。较完整的祖先崇拜仪式,包括祖先牌位崇拜和坟墓崇拜两部分。从当地祭祖的仪式和规模来看,其墓祭的规模程度不及家祭和祠祭。

作为中国传统文化的重要组成部分,祭祖民俗具有普遍性。但是因为地理环境、历史传承、人文传统等方面的制约,各地祭祖民俗在有相似的特质之外,也有一些具体的差异。笔者所考察的黄塬村的祭祖仪式主要表现为红事中的毛女儿拜祖、白事中的穿神点主以及日常的家门祭祖等三种仪式。

一、毛女儿拜祖——新媳妇的归属原点

在中国的礼制中,作为"四礼"中最高礼节的祭礼限定了传统中国人的生活方式。其中的"冠"礼、"婚"礼,如不求助于祖先就不够完满。现代社会红白喜事虽有不少变化,但是一些仪式内容仍旧沿袭传统。比如毛女儿拜祖,现在的黄塬村民过红事办婚礼中保留了这项具有地方特色的仪式。

> 新人就是个毛女儿,一过来就成为媳妇子了。(过去出嫁)还有个讲究,不让瞅(看)天,不让瞅星星,要把头蒙住。拜了堂才敢抬起头瞅呢。
> 姑娘一般不参加(毛女拜祖的仪式)。外甥也不参加。媳妇娶来了就属于这家人了;但是姑娘已经嫁出去了,外甥是旁姓,都不参加。参加的都是本家的。(LMF,20130606,XJH)

第三章中已有介绍,毛女儿拜祖是指家门人带着新媳妇拜祭祖先的仪式,参与者都是本家族人,但不包括女儿和外甥。所谓的祖先是以家谱为象征,在过去用的是印有始祖画像的老族谱,由于"文革"时期破四旧很多家族的老谱被焚毁,现在用的多是改革开放以后经过穿神点主仪式之后的家谱。

过去毛女儿拜祖的时候还是满天的星星,趁着天还不亮祭拜老先人。嫁人之前,女子是毛女儿,冇把脸①么,要当婆娘(媳妇)的时候就能把脸了,再一翻人身②就成了婆娘。(次日)新媳妇(早起),洗了手和脸,就要敬神了。他们一茎共祖的都要来,一茎共祖就是一个"影"③设立下的那个家谱,一辈一辈,所有家门都来拜。新媳妇也要参加。这就是毛女儿拜祖。新郎母亲是主拜家,领着媳妇一起拜祖先,别人不来可以,新婚的两口子一定要在场。在外头抬掇个桌子,挖一碗米,上一顿香。桌子上还有家谱,原来称的是"影",就是一片布,最上头画着(最年长一辈)两个人的像。跪的时候最好面向老坟,桌子就摆到面向老坟的位置。拿上香裱,一人一张裱,烧了。我的儿媳妇是在城里娶的,就冇拜祖。(在城镇里就不用这个仪式了是吧?)也有那个仪式,咱们是冇举办。因为是在县城宾馆里头待客,家谱还在家呢。

原来人都有那个家神,会挂出来;现在有些是盖祠堂,冇有家神窑窑了。毛女儿拜祖时,拜的家谱是早先的家谱,这个家谱平时谁家过事就放谁家,一直放到下一家过事。L家是放到祠堂,因为人家有祠堂,咱们冇盖祠堂。左崾岘人有祠堂,(但)谁过个事过节送到左崾岘?!那远着呢,麻烦。

我老婆结婚那会家谱都没成立下来,我们原来是影,影就是那一块大布,这个高头(最上面)有画老两口的画像,下来就折成槛了,这么横一下,再下来的人名字就这么一辈一辈数上。老一辈在上头,二一辈在下头,三一辈再朝下头。那是个布。文化大革命破四旧立四新,红卫兵把那烧了。(ZYX,20130602,XJH)

毛女儿拜祖一般是在下马仪式之后的次日清晨进行,地点为自家庭院,天未亮时在家院中对着老坟的方向置一方桌,上放家谱和各种供奉的食物、果品等。家门人到齐后磕头祭拜即可。笔者所参加的某户举行毛女儿拜祖仪式时在家院门口祭拜祖先之后,还到坟地上走了一趟。有村民认为在老传统上是不用到坟地上的,过红事时专门到坟上祭祖是"怪事情"。后经主家介绍方知到坟地上拜祭的是去世不久的新郎的奶奶,孙子的喜事理当告

---

① 把脸:方言,这里指未婚女子在结婚时用线绳绞脸,撅去脸上的黄毛。把脸是为成为媳妇做准备。

② 翻人身:指娶亲婆姨和送亲婆姨进洞房铺床;铺床之前,被褥反铺,由铺床人大翻面铺正。

③ 影:当地用"影"形容老家谱的形态,即过去的祖宗世系影像,影是一大张布,绘画装饰,按辈分以牌位的形式书写先辈名讳,是谓神主。

知祖母。

　　毛女儿拜祖，是老一辈传统，那个心意还在。直到最后让过事情了，人家就拜开，(即使)家谱有成立起来，也拜。七几年都开始了，那几年每年都不一样，前半年连①后半年都不一样，前半年还紧得很，到后半年都松了。没家谱的时候也是朝着坟的方向拜，设一张桌子，放一炷子香，再放些馍馍等，反正献上吃的东西，磕个头，就叫毛女儿拜祖。有懂的，还把吹手(乐队)叫上，吹着出去，先点裱，裱一点就大拜、三拜。这就连礼宾贺礼一样，拜-兴-拜-兴-拜-兴，磕三头，作三揖，第三拜拜完，这就跪下再一烧裱就结束了。这时辰也定不了，因为有人住得远，还得等一下，不是光你一家子拜的，共祖的人多着呢，有来迟的，有来早的。(只有)婆婆媳妇的话人少得很，人太少了冇意思。有的人不懂，就说毛女儿拜祖要把那个新媳妇凑到桌子跟底尼，前头铺个铺头，拜毡子。实际上那是错的，新媳妇是哪一辈就该挨着哪一辈跪。人家奶奶、爷爷肯定是前头跪着，后头是她婆婆她公公，都各领各的婆娘。全都得来！烧个纸，我们孙子都得拜，那人多呢。

　　(要讲究全到场吗?)迩个②就说不清了。毛女儿拜祖本应是一起拜。最近一次是去年 ZYF 家过事情，人家毛女儿拜祖冇给我言传③，我也冇去。一般亲门子的都会去，会提前跟你说：明儿早起咱毛女儿拜祖呢。人家的事人家办，现在谁也管不住谁。咱们一无官二无权，不执法不掌印，你知道人家想干那个事还是不想干那个事呢，信你还是不信你呢。你懂的事，人家来问你，正因为你说啥人家就听；人家不问你的话，你说啥人家也当个耳边风，你多费那些言语干啥？这个毛女儿拜祖不是义务性的，不是说你必须得来，啥事都在人办，有的就拜，有的就不拜。他给你说了你就去，他不给你说你就不用去。我去了人不拜，那人还说我没事给人家找些事。

　　文化大革命以前，那姨姨叔叔都要拜。谁家过事，一茔共祖的全家门必须都得拜。那肯定要给人都通知呢。现在人不多，(过事情)见有在的就通知了，不在的那就不通知了，见谁给谁说，我明儿毛女儿拜祖呢，就是这么一句话。你明儿早起，来那是来，不来那就不来，我把话给

---

　　① 连：方言，此处指"和"的意思。
　　② 迩个：方言，此处指现在的意思。
　　③ 言传：方言，此处指说一声的意思。

你通知到了。

花样多了，拜右拜咱们去了也能看出来，咱们一早就去，拜了的话他就有香桌，香着完才撤掉；右拜的话，啥香桌也没有。（ZYX，20130602，XJH）

在过去，特别是解放以前，举行毛女儿拜祖仪式有两个"必须"：第一个是必须通知，第二个就是必须到。现在则不一定通知，而且即使通知了也不一定到。也就是说没那么强制了，但是这一变化并不是说对老先人不尊敬了。在他者看来，或许第一反应是人的观念信仰淡化了。但是在村民看来，有些家庭不在婚事上通知全家族进行毛女儿拜祖并不是对祖先不尊敬了，也不是家门不团结了，并不是人的问题；而是社会变了，更确切地说是生活模式变了。现在社会的人的时间观念与过去不同，不再像过去一样早早起来农作，早起的习惯慢慢改变，尤其是年轻人，他们认为"社会富裕了，人变懒了"，所以家族对人的约束不像以前那么紧了，传统礼教不再严格限定，而是根据现实情况进行变通性的操作和解释。村民的逻辑很简单，"富裕了，那就不按以前搞了"。所以形式上的东西是可以紧随社会而变化的。那么其中的信仰观念，又有怎样的回应呢？信仰情感观念等内在的精神层面的东西和条件并不成正比例或反比例的关系，拿当地人的话讲就是"跟条件右有啥关系"。

现在没那么强制。对老先人还是尊敬着，家门还都团结着。社会富裕了，社会好了，人懒了，有的人睡下不起来了。你看塬地都荒着，谁给你种？1981、1982年那个时候把山地都种着了。国家一富裕，人就富裕了，就不按以前搞了。迩个你又说不过人家。过去是迷信统治，你吃的啥穿的啥，人家能说着尼；现在人们都不听你的话，你吃得傻饱傻饱，油里头吃到素里头。（笑）想吃油是油，想吃素是素。

以前遵守家族里的仪式。跟条件右有啥关系。那想叫你干个啥，比如说庙上盖个戏楼，我们都抢着去干，干一天不给你一个钱，还都抢着干。那个东西就给你说不尽，谁能把那事情说清呢？矛盾肯定是有矛盾，谁也把这个东西解不开。对这个老先人重视不重视，那在人尼。（ZYX，20130602，XJH）

如果通知族人拜祖，大家都来了，说明对祖先比较重视；但是现在村民不来也可以，且并不会被认为不尊重祖先。从表面来看是一个悖论，细究则会发现这是行为动作与情感表达的不一致导致的。情感可以通过行为来传达，但是没有行为表达并不能说明没有情感。所以村民会说，"矛盾肯定是有矛盾，谁也把这个东西解不开"。

> 我再给你说个例子，你把这个事情判断一下。有三个人，其中一个人就问这两个人：
>
> "你大今年有多少岁数？"
>
> "哎，我大今年多少岁数了，迩个也干不动了"
>
> "我大虽然干不动，还不适闲①，人（家）还满干着"。
>
> 然后问那个人说是
>
> "你大多少岁数了？"
>
> "哎，我大也就是个多少，都差不多"
>
> "迩个也干不动了？"
>
> "那干啥，球一天不干，啥也不干！！"
>
> 我给你说这个比喻，你就能判别这个事情，（人）心能统一了还是统一不了。你说这两个人哪一个能行？一个说人大还能干，实际那是谦虚，这人能行；另一个说他大啥都不干，这就差呢，还有骂的话，人和人就错着。肯定是第一个能行，人（家）替人大解释，人大就（算）不干着，也说人大干着。另一个他再要说我大岁数大，我就不让他干了，人肯定称他能行。人是爱心宝典，话是开心钥匙。
>
> 我通过这个故事就给你解释，过去毛女儿拜祖那统一了，迩个毛女儿拜祖统一不了，想来就来，不想来不来。主要是人变了，所以这个事也变了。过去那会人都简单。现在社会一好，社会一变化，人脑子想法都多了，闹这个闹那个，啥都闹呢。原先人都想的一样，你说那些话，都尊敬，听呢；迩个说话这个说对，那个说不对。（ZYX，20130602，XJH）

解放以前，毛女儿拜祖是必须举行也必须全族人参加的仪式。现在则没有这种强制性了，形式与义务性的内容有变化，可以不举行，也可以将参加者局限在小家庭之内，这些都是随着社会变迁中的家庭模式而有的仪式表征；但是这一仪式所要表达的情感性内容与对祖先的崇敬没有变化，只是有了相应的转移，同样的表达在红事中的其他具体仪式如翻人身、认大小等中得以实现。所谓仪式相对过去"简化了"也是这个意思。虽然仪式有所简

---

① 不适闲：方言，指不停地干这干那，不愿意休息。

化,但是最关键性的仪式内容和情感表达没有变化。对于毛女儿拜祖来说,没有变化的就是对祖先的亲情友好和尊崇敬畏。

> 拜祖是敬老先人,有的简化了。我们认为这个事就不简化。因为这是认祖归宗,新接来一口人,让后人先人都知道她已经成为这家的一口人了,从国法上来说,你要结婚,国家的红印章给你拓上,成为正式夫妻;从私家来说,这么多人来吃酒席,这家又娶一口人;对死去的先人来说,要叫先人知道这已经是你的孙子或者重孙子,已经是你下边的一口人了。所以我们这个毛女儿拜祖大多数还拜着。
>
> (拜完祖还去坟地?)有的去,大部分不去。去坟地是因为他奶奶在塬上埋着,离家相当近。如果远的话就不去。如果爷爷还在,奶奶已经过世了,他可以亲自到奶奶的坟上点上一张纸,也为解他这个心情。尤其是在这些方面,祭先人或者是敬神,这都是为解自己心里的气,是他自己的一段心意。像你到那个庙上,去烧上一炷香,你说究竟有神有神,咱们都为解(自)个儿那个心情,为解自己的心意。人死了以后,神鬼谁知道有没有,谁也没见过。我爷爷在世活着时,我给他端上一碗饭,买点好吃的好穿的,这是上孝敬。但是人一死以后,我认为啥都不知道了,人为啥还要这样? 因为这都是活人为表达他那一番心意,你说有没有道理? 在世的活人为表达他对死人敬的一番恩情,因为都是有恩情的人。(LMF,20130606,XJH)

由上,访谈人 LMF 从国家法律、家庭和在世的家族成员、已过世的先人(家族)三重意义谈到了毛女儿拜祖乃至整个婚礼的意义和指向,"从国法上来说,你要结婚,国家的红印章给你拓上,成为正式夫妻",这是国家法律层面对于缔结婚姻关系的认可,自此以后,这种关系受法律保护;"从私家来说,这么多人来吃酒席,这家又娶一口人",这是核心家庭通过仪式的举办,昭告家族和生活地域内的人来一道接纳和庆贺新成员的到来;"对死去的先人来说,要叫先人知道这已经是你的孙子或者重孙子,已经是你下边的一口人了",这是把认识、接纳新成员的网络延续至更远的家族网络,远到将死后世界的重要家族成员都囊括进来。

以上三重意义,其现世意义似在依次减弱,内在的情感意义则在逐步加深,仪式过程当中不断塑造、强化对于血脉的认同与归属感,特别是对于新媳妇来说,通过毛女儿拜祖仪式让新媳妇与祖先沟通,让祖先认下家族的新成员,对新人起到不忘本不忘祖先的教育作用,毛女儿拜祖是媳妇进家的第一课,是女性嫁入夫家的必经仪式,在过去尤为重要;尽管现在已有变化,但没有祖先认同就不会获得家族认可的仪式基调则有过之而无不及。

二、家门祭祖——族人行孝的义务

家门祭祖是祭祖的主要构成因素,平时所说的祭祖一般就是指这一内容,即在四大鬼节等正式的祭祀时间进行的由家族人集体参与的祭祖活动。在当地主要是指清明、十月初一和过年期间的上坟扫墓、家堂祭拜以及个别家族的祠堂祭祖。除了空间上的区别,墓祭与祠祭还有一些细节上的区别,比如在坟地祭拜祖先时只烧纸不烧裱,在家堂、祠堂祭祀祖先则烧纸又烧裱。所以村民 LMF 会反复强调说:“上坟时那都是纸,只烧纸不烧裱。家堂那纸也烧了,裱也烧,还要上香。”

（一）家谱

作为仪式中祖先的核心象征,家谱的地位至关重要。在当地,家谱(族谱)有 3 种类型:影卷、族谱、裔谱。前二者只记录已逝者,裔谱则将在世子孙的名字也记录在内。随着社会变迁家谱也有诸多变化。最老的家谱称“影”,现在多已遗失或被焚毁。

> 影,就像咱们那个大画一样,过去人画的神像,在墙上挂着供着,底子(下面)是香炉。那画大尼,可能有一米五长,一米宽。这就是老家谱。(LMF,20130606,XJH)

后来的族谱由专人画上祖先牌位并经穿神点主仪式编成册子;近些年的家谱则为精美的印刷品,有些家谱后面还附上较大一辈人的简介和照片。关于家谱的记载非常慎重,主持家谱修建工作的长辈们一致认为写在家谱上的内容必须有事实根据,不能凭空猜测,只有在有确凿证据说明是本家族人且明确亲属关系之后才能写在家谱上。笔者参加的黄塬村某户婚礼的第一天下午,几位家族的长者就因为是否要将某位老者写入族谱的问题进行了讨论。那种严肃认真的态度和义正言辞的讨论让笔者对他们的家族事务顿生敬畏之心,感受到当地老百姓的日常生活也有严整的规范,比如宗会不能乱,这在当地人心目中是理所应当的事情,是底线原则。

> 修的十年的这个指的是从我爷爷开始的我们这个小家的家谱,从我爷爷第一代记起来。那时候有咋花钱,买点纸,就是个本子。西塃塬祠堂里头供的那个家谱是人家新裁的。我几爷连我扯过磨(说过),好

像他们能记起太爷,比我们多记载一代人,往前也记不清了。因为都冇见过,原来家谱都失掉了。LJJ结婚那天用的就是我们的小家谱,从我爷爷报本,所以你看到的毛女儿拜祖只有我们爷爷的。那个小家谱就几家人,西堉塬有和我们一个亲门的,支书那边还有几家。谁家过完事以后就放祠堂,清明节人都过来上坟,就把家谱在祠堂供着。谁家一过事娶媳妇等就把这个拿走。

祠堂那里头有四五个家谱。家谱是按照一茔共祖来的,一茔共祖的几家供一个家谱,他们是一个影。(一茔共祖是按几代人算的?)没有下数(限定)。只要能记起来,像我们在文化大革命(当中)把这个影遗失了。(另一位村民LTP插嘴说道:只要能记起你们哪些家在一块,好比说五百年前、二百年前你们都是一家人。这个就可以。)那要真有记载,能说清和谁是一门头。我的爷爷、太爷、祖爷是谁谁谁。能说清才能一茔共祖,说不清那就不敢。Z家修了一个大的家谱,但是他们又分了门头,大门、二门、三门。大门就是一茔共祖,二门是一个茔,三门又是一个茔。咱们L家也分几个门头。一茔共祖只能在文字形式上,影和这个账本他能记清。

(书面上其实都是一个老祖先,都是一茔共祖的。)但是不一样,我们的家谱是我们的家谱,为啥我们L姓盖那个祠堂有四五个家谱呢。因为家谱上的一茔共祖和坟地上的一茔共祖不一样。家谱上叫一茔共祖,我们现在的小家谱就相当于过去的那个影。这是一本账,一门头人就是一茔共祖。我们这个家谱保留下去,好比保留到一百年、二百年、五百年以后,人家还认我们是一个家谱。(但)坟地上都分开了,不一定埋了多少处了,后辈愿有多少人是一茔共祖呢。只要咱们是一个家谱,那就说一茔共祖,愿意有多少人都行。但坟地则不能确定。

如果我们是一茔共祖,哪怕这一门头只有这一个影,哪怕是五百年以前只有这一个家谱,他都要用这一个家谱,他再不裁(开)。这是一茔共祖。我孙子结婚,毛女儿拜祖时就我们四兄弟,西堉塬那边人家回家了,他冇赶上。按理说他应该来的,他和我们都在一个家谱上。毛女儿拜祖的时候全部都到,按理说可以。但是谁不来你也冇办法。(一般是)谁家娶媳妇子谁家来。(LMF,20130606,XJH)

在说到家门人时村民常提到"一茔共祖"一词,表面上表达的是同一家族的人,但是关于该词有其地方解释:一茔共祖在说法上或文字形式上与埋坟的实际情况不一样,尽管家谱上说是一个姓的都是一茔共祖,但是在坟地上则是看具体的门头,一个门的才是一茔共祖。

> 一门人,不是几代的问题,Z姓这几门朝朝代代都是一茔共祖。二门和三门以前肯定是一个茔,最后把茔分了,那就各祭各的茔。ZYX、ZTJ都把我叫太爷,他连我们是一茔共祖。盐池县那个高沙窝还和我们是一茔共祖。(那你们现在通常说一茔共祖的时候包不包括二门?)不包括,光(单指)三门的。实际我们原来都在圸地里生活,后来到塬里,一个在东塬住着,一个在西塬住着,实际上人家往上还都是亲的,是亲弟兄。大门、四门绝了,解放以前都绝了。但古人说:"一门有子,九门都不绝。"还有我们二门、三门人都在呢,有时间还去烧纸。(ZYX,20130609,XJH)

根据当地村民的介绍,本文认为其日常生活中提到的一茔共祖表达的是在一个坟上敬祖先的门头单位,具体也要看人多少,一般有六到八代人的规模;具体表现为清明、过年、过白事时的祭拜祖先仪式。

> 现在这个社会,那讲人家愿意了。毛女儿拜祖,有的早早都来了,人家不愿意来的也不能咋着。根本不能强制。是敬这个心,死人、活人一样敬孝心,以前如果居住都在一块的话基本上他都来着尼。有的生(住)得远得很,不得(能)来。
> 现在跟以前比,民族风俗习惯上大的原则没有变化。现在社会有些人思想上多少有点变化,但大的原则它不敢变化,民族风俗还是继续控制着。我们姓L的为啥要盖那么大的祠堂呢?过去有家法,还是为了控制家族的风俗习惯。大的原则就是这个,咱们过去人说有大有小,在这个家法说是,你的爷爷必然是爷爷。你不能说没有,否则会被说"冇就冇成,冇大冇小"。儿子开口骂老子也是没有大小,孙子骂先人也没有大小。和国家政策一样,辈分不能叫乱,有一定的规章制度。"国有国法,家有家规"。
> 现在这个世道有啥家法呢?只能说大的原则控制差不多就行了。
> (此时妻子插话说:哪有家法!)家法还是有,大的原则还是不敢错了,大的原则不控制住说不过去。
> [妻子继续反对道:"'老子做活儿装人,媳妇出来赶婆婆能',现在就是这号社会。"(笑)]你这是胡说的。个别人的事情,你不能说全社会都是这样。

（妻子转而认同道:有的媳妇可以,有的媳妇出来骂你,连老的、小的都不分。个别有人性那些人,咱们也不能说是真都成那号社会了。）

（LMF,20130606,XJH）

前文已经提到,毛女儿拜祖仪式本身的变化之一是不要求家族人全部到场;对于家门祭祖仪式也有类似的变化,传统的义务性越来越不明显,虽然这种义务性在过去也是隐形的;现在都要遵循自愿原则。不过村民认为仪式本来就有很多变化,但是大的原则还是不会变化,这个大原则不变在当地指的是辈分不变。

（二）家堂庙与祠堂

2005 年,由村民 LZR 牵头、黄塬全部 L 姓的家户出资修建了一个"家神窑窑",这个家神窑窑就是我们通常所称的家神庙（家堂庙）。村民说家神就是"清古时期戴顶的、沾了皇恩"的老祖先,而且必须经过穿神点主仪式之后才能放进家神窑窑里。L 姓的家神庙位置在黄塬村南边塬畔之上,1 立方米,由于是一个很小的砖窑,不知道的人就很难注意到。其表面刻有"公元二零零五年五月三十日修造""L 记家堂之府"的字样,内置玻璃牌位写着"L 姓家堂之位"。村民说,过去修建家神窑窑是为了供"影",就是印有画像的老家谱;现在 L 家的这个家神庙也是为了祭拜祖先;即使 2012 年 L 姓族人在另外一个乡镇盖了祠堂,这座小窑也依然在用,清明、十月初一和年三十时本村 L 姓人都会去拜。一般是周围居住方便的人拜。当地很多家族以前都有家神窑窑,一般随住地安置在沟畔;"文革"期间很多家堂庙被毁掉了,后来有的又重新建起,有的则没有。以 Z 姓为例,其家神是谁家过事情（主要是红白事）在谁家。

塬畔上那个窑窑年数不多。清朝到民国初期我们都有家堂庙呢,文化大革命时期把家堂里挂的档案册子什么全部烧毁了。塬畔上那个就是我们 L 姓的家堂庙,还是我给弄的。以前家堂里都有这个影,就是档案,好像这样一个本子,高头（上面）写着哪一代人,后来破四旧把它全部烧毁了。后来老百姓说是这人都不安静,家堂要重新建起。最后有办法我把这个又建起来。

从老古先人一直留下来的,只是改革开放以后我们又把这重新修建起来。现在根据我们以前住的那个旧院子和埋祖先那个坟院判断,估计是清朝以前,（祖先）可能在明朝时间就到这个地方。现在都过二三十代人了。但是这个东西现在没有存根了。一来这个地方就建这个家堂。我听说人家 Z 姓原来也有,只是文化大革命一拆以后再有修建。

过去我们在山里住着,自己当砖工挖个窑洞;原来的家堂庙也在山里,打的土窑。窑窑不大,它小小的,能敬个佛像。估计那个窑窑有 3 米宽,4 米深,高一米八几吧。影就直接放在里头,那个窑就是家堂,过去那个条件,打个窑窑放进去就行,没有那么多设置。过去人老了以后哪一辈祖先就要在这个册子上记。一本先人、死人账本,都是记的哪一代弟兄几个,多少姑娘,多少男的,多少女的,家在哪里,就是那么个账。除了放这个册子,再就是放个香炉,烧裱。其他啥也没有了。

后来那个小的放不下了,我们就跪到门外头烧点裱,有那么个意思就对了。里面就放着个香炉炉,影(在)"文革"时(被)烧了,再没法弄了。一烧我们就不知道了,影就不能重建了。因为不知道先人名字,只能弄个牌位,在上面写着"L 姓家堂之位"。那还是我们老大家写的,在玻璃前头放个香炉炉,遇着节令,聚在一搭烧点纸、烧点裱、上个香,只能起那么个作用。节令就是清明节、十月一,遇到节气,还有年三十,就这三个时间拜。

谁家娶媳妇子进人口,毛女儿拜祖,这叫认祖归宗。不用去家堂庙。过去有老窑洞她也不去,娶下新人,好像清明节才去把新人领上,去坟院给先人烧纸。

我们的坟院多了,有的是"文化大革命"揭掉了,有的是古坟,怕是有十几处。(十几处都要去吗?)那不去,有的揭了。仅仅就去近代的。我现在清明节去四五个,我祖祖的、爷爷奶奶的、父母亲的。现在最老的是我祖祖了,隔五代。爷爷的上头是太太,然后才是祖祖。算上我儿子、孙子这就六七代了。我的孙子现在也大了,老大的孙媳妇都娶来了,现在都上坟。他再一生孩子我就变成太爷了。(LMF,20130606,XJH)

坟地自不必说,除此之外,黄塬村 L 姓的家户从 2012 年新建祠堂以后每年的清明节至少要拜两处:一处是新建的同家门但异村的西塝塬祠堂,一处是本村自己人的家堂庙。在这之前只要祭拜 2005 年建起的家堂庙就可以了。盖家堂庙的时间和地方的选择是经过抬爷爷问神仪式而定的,先一个月一个月地问,然后再一天一天地问。

当时盖这个小家堂我们塬上几家都商量、互相帮忙、买砖等,村里姓 L 的多少都摊点。当时花不多,二百元钱,自己两天就盖了。就我们八九家子一起摊。有的直接干到底,有的干上一天,忙了可以不来。

选地方我们还抬神神了,要问神,给我们定地方。那会问神的是 LZR。抬爷爷的 4 个轿夫是谁我也忘了,从庙上抬出来以后定地方。从庙上抬起以后人家给我们指,指到哪搭盖到哪搭。我们庙上有个九天娘娘、九天圣母,再就抬个三肖娘娘。时间都是爷爷指的,全凭问卦。先定月份,月份一定才定日子尼。一天一天往下问,最后定了五月,又从一号一直问到三十号才成。问到哪能盖呢,人就给你放卦放到了。(LMF,20130606,XJH)

家堂以庄为单位,同姓人来拜,内置"家堂神祖",表示老先人。L 姓重盖小家堂的原因是想继续保留老先人。村民解释说,盖家堂的目的是让家族团结,"和国家每年进黄帝陵一模一样"。每年年三十晚上和初一早上到家堂庙祭拜祖先,在世的族人年纪大的就不去了,由儿子代为祭拜。据当地人介绍,所谓的家神窑窑就是家堂,和祠堂的性质是一样的。区别在于范围的大小:一个是以村庄里的小户族为界,一个是以大户族为界。家堂可以看作是祠堂的前身,在不同的时代有不同的样态。以前的庙堂和现在的庙堂区别在于形式上的内容,比如以前的家堂庙是窑洞,靠土窑挖的窑洞;现在则用砖头建起。有条件的时候形式多样,搞得花哨一些;没条件的时候就不搞那么多讲究。正如村民所说,"有那么个意思就对了"。不管有没有物化的丰富多彩的形式表达,心意一直都在。

重新盖一个家堂那是因为啥,咱们这个地方说"老先人",继续把这个过渡下去。(妻子插话道:文化大革命那会都烧了,叫不来名字,取字都没有了,迩个闹起来,再一辈一辈写下去。)去年我们这一姓的在西埠塬盖祠堂,点主了,主办人是那边大队支书。

祠堂修了之后家堂还继续用,每年清明节过年我们还给烧点纸。家谱也是分家门,看他的祖爷。这一门头立家谱,那一门另立家谱,各有各门头。那个祠堂就是属于我们 L 家,这的 L 姓的连我们同姓的,别村都有。这个小家堂庙就是我们庄的,光我们村姓 L 的。每年节令都烧,也讲人家愿意,有的愿意一起烧烧,有的不烧也不点。我们村姓 L 的不多,没有十家。简单,就是烧一点裱烧一点纸。影没有了,现在这一本只能从我们记着的名字开始,我爷爷的名字、有多少儿女、在哪,只能记这些。记不清就不能写。因为以前留下的那本死人账,全部烧毁了,咱们都说不清了,我太爷叫啥名字我都不知道。结婚那天拿过来的那个家谱就是我们的,才建起来不到十年。第一代就是我爷爷。

去年盖祠堂的时候没有人反对。就像我们盖庙、盖神官、抬那个爷爷,你说究竟有神有神谁也不知道,人都为了敬心,都为了先人留的遗嘱,为了保持民族的风俗。一般都有人反对。老年人一说年轻人基本上都听,让给咱干啥他也去干呢。(其儿子此时插话道:那也看哪个家族,孝敬老人也看哪一个儿子,不一定天下人都孝敬。)大部分还都对着呢,(顶多)就是不愿意来,他不敢反对。(LMF,20130606,XJH)

另外,家堂中祭拜的对象与村庙中祭拜的对象虽然在口头上都被称为神,但是村民认为二者的性质是不同的:村庙里供奉的是"国家承认的神",但是家堂庙里供奉的是家神,属于"半鬼半神"。

(三)家门祭祖案例

在传统时期,乃至民国,只要条件允许,每年的清明、过年等祭祀时间都会举行祭祖仪式,全体家户选派男丁为代表到祖先坟茔参加仪式,每一家户在一般的年节或先人的忌日也会举行家祭仪式。现在多为祭扫墓地和举行家祭仪式,大规模的全族祭祖仪式则不定期举行。黄塄村村民回忆的本家门的三次祭祖情况如下:

案例一:2003年黄塄村左姓族人祭祖,地点为左姓祠堂所在的左崾岘,黄塄村本姓选出5位代表参加:二门人3个,三门人2个,算上一个司机,一共有6个黄塄村民参与了此次祭祖。由于参与人员记忆模糊,无法清晰地呈现当时的具体情况。

案例二:2004年清明,二门人在老坟地祭祖点主。组织者主要是主持人、组织协调管事者、会计三人,都为本门人,参与人数40人左右,祭祖时间为2小时,花费1000元,由每家人筹40元。(本此情况涉及穿神点主,见下节内容。)

案例三:2011年农历四月,左姓族人祭祖。主要内容是立左氏家谱,目的是宗会(字辈)不能变。地点为黄塄村村庙,参加人数达500余人,既有各地的本姓族人,也有本村外姓看热闹的人。主办人为外村的本姓族人,主持人为本村三门人,经费主要涉及烧纸、杀羊、炮竹和招待吃饭等项目,由本村人按户均摊,每户大概120元。祭祖的主要流程如下:第一,祭老坟,烧纸和花圈;第二,举办仪式,本族人各个门头代表发言,讲鼓励家门团结之类的言辞;第三,各个辈分的人拍照,共有6—7代人;第四,招待外村的100人左右的本姓族人,地点为本村三门某户家院。

由上,家族举行的祭祖仪式需要在家门组织者的领导下才能有序进行,还必须有一定的资金作经济保障，否则祭祖先的仪式就难以有效维持。组织协调管事者在祭祖仪式中的地位很关键，关于仪式权威的相关内容见后文，此不赘述。

三、穿神点主——逝者的地位升华

前文已经提过，穿神点主是在追远白事中举行的祭祖仪式，祖先经由此仪式而成神，是所有祭祖活动中最为隆重肃穆的仪式。具体而言，在举行仪式之前，族谱（如图4-1）中所画牌位中的最后两个字"神""主"的一竖和一点分别留白，举行仪式时，由"老爷"将"神""主"字中的一竖和一点画上，此即为穿神点主。

图4-1　穿神点主仪式中的族谱（徐嘉鸿摄）

追远点主，比如在家谱册上写"明故先妣先考，二位灵魂移为神主"，清朝时候就是清故……神字不划那一下，主字不划那一点，由主管来点。有的叫主管，有的叫老爷。GYZ那个点主仪式我是总管，但不是我点的。因为我有职，必须要有职位的人点。（一般必须又懂又有学位又当官。）有的则是当官就能点。

点那个主。刺骨（血）染下那个毛笔，（还要哈个气，）那叫启窍①，底把子有七根针。（毛笔是几支？）亲近的话，一通主只是那一次笔，一根笔一点就飞毫了，刺的是人的血，都是最亲的。（不管哪一辈人都是这一支笔？）那就混了。把你大的血也取上了，把你孙子的血也取上，把你的血也取上。最好是一通主一支笔。点五辈那得五根笔。一个笔把子要落七根针，七根针用红线缠着，他要启窍。在神主上这么个跺三下，

---

① 启窍：在仪式当中的对应动作就是对着家谱哈一口气。

吹三口气,每一通主他都要跟人启窍呢,一点完就飞毫了。点主的毛笔,那个东西好,吉祥物。究竟咋个好法,那也说不尽,反正是人都抢尼,就连 XXX 说那话了,"谁一辈子也没死过几回",都是赶心里这么个。(ZYX,20130606,XJH)

以笔者参加的一次穿神点主仪式为例。贾塬是另一乡镇的自然村,笔者之所以能够参加该村的最大规模的一次白事,是因为黄塬村的村委会主任以及村民 ZTD 被请去当此次丧礼的礼宾。在这次较大规格的白事中,宗教权威主要由四人组成,分别是：一位"老爷"(大宾),象征孔子,必须由德高望重、有学识、有官职的人来当,此次白事中请的是定边县原史志办主任MZC,现在为定边采油厂编辑部主任;两位"礼宾",主要负责辅佐"老爷"完成相关仪式;一位"主管",即通常所说的红白喜事总管,负责统筹安排丧礼的一切事务。虽然是不同乡镇的村落,但由于都处于定边南部山区,地域接近,文化习俗方面有相同之处,且黄塬村民也是其中的重要参与人,所以本节也将此案例纳入进来,便于说明问题。

整个白事的高潮即"点主"仪式。正日正午,院外搭起点主台,象征老爷的主官出屋昭示先辈的功名,至此老爷正式亮相履职,在仪式当中被称为"大宾"。点主的程序与前文(第三章第一节)中的五拜礼类似,但其全程比后者更为隆重肃穆,皆由主管和礼宾通过高喊相关内容来指挥众人做出相应的跪拜和叩首的动作。礼宾高喊的指示依次为：

> 1. 内外肃静,执事者各执其事。鸣击鼓,鼓止,兴炮,炮止,奏乐,乐止。

礼宾用庄重的声音高喊"内外肃静,执事者各执其事",此时乐队开始鸣击鼓,待鼓声停止后开始放炮,炮声结束后乐队继续奏乐,直至礼宾高喊"就位",奏乐声停止,此时众人已排列两边做好准备。

> 2. 请大宾更衣、整冠、束带、赐靴、拂尘。后裔孙拜大宾,"四拜、四兴"。请大宾出府。(参神)

大宾从象征府邸的堂屋走出来,随喊声依次做出整理衣冠的象征性动作,而后家族子孙向大宾行礼,四次跪、起、拜。全程鼓乐伴奏,孝子们跪迎大宾、礼宾,孝子每跪、起、拜一次,退半步,再跪、起、拜,在隆重的礼仪中将大宾、礼宾迎上点主台,安坐。

3. 行点主礼,请大宾就位。行盥洗礼,引站生引大宾衣冠洗所着水、着巾、净巾、净殓、落巾。

大宾行至点主台就位,站生端水盆站在一旁,配合大宾整理衣冠、洗手、擦拭等相关动作。

4. 引站生引大宾复位,升堂,落座,后裔孙就位,按辈分按次序侧跪,引绳,铺桥,传谱。后裔孙顶谱骑行于大宾。大宾收谱,神谱落案。

大宾准备就绪,正式落座。孝子全体向台依辈分次序而跪,引一根绳子牵起所有子孙,接着请主家所在家族的影卷、族谱由众孝子举过头顶,由后向前传递,直至点主台上展开。

5. 神谱转面,启谱,过目,请上姑舅刺血、刺骨、染汗,刺过骨,染过汗,收毫,收矛,和酒,迎神,兴神,点主,穿过神,点过主,飞毫;——启窍,启过窍,受生气,各受生气,飞矛;合谱,神谱转面,请大宾拜谱,起座,离堂,就位,免冠,鞠躬,再鞠躬,三鞠躬;请大宾复升堂,落座;升桥,传谱,(请)大宾交谱,后裔孙收谱,神谱游桥,神谱落案,收桥,后裔孙拜大宾,"四拜、四兴"。请大宾点纸,请大宾回府。

这一步是整个点主仪式当中最核心的内容。礼宾按所要点的神主逐一诵读祭文,取该神主男嗣全体左手中指血(用穿着红线的针挑破手指),蘸于毛笔尖,交给主官,和上朱砂,点描该神主"主"字上方一点、"神"字右边一竖,是谓"点主""穿神",至此礼成。如此反复,点遍所有需要点的神主。每点一位,大宾将毛笔抛向人群,据说点过主的笔可保佑孩子学业有成。民间认为,亡人原本只有载影,经过"穿神点主"才能成为神灵,才能享祭。点主以后,孝子收好家谱,四次跪、起、拜,恭送大宾老爷回府。至此,礼成。

上一章中已经提过,笔者所参与的这一穿神点主的环节中,有用5根针刺5辈人中每一位子孙的手指,后用5支毛笔分别沾每位子孙的血,再和上朱红颜料穿神、点主。该仪式能让在场所有人员特别是仪式参与者真切感受到血缘的力量,可谓"让血脉再相连"的真实写照。血缘是人与人之间最深、最割舍不断的情感,也是中国家文化魅力之所在。肃穆的场面配合以小娃娃因刺痛手指的哭声和周围大人们(包括主家和看客)的笑声使仪式本身整体呈现出混杂的情感表达。小娃娃们自小经历这样场面宏大的仪式且亲身参与滴血认亲式的疼痛实在感形成一种历史记忆,在他们幼小的心灵中留下深刻印象,成为当地文化传承的途径之一。

在涉及立家谱和穿神点主仪式的丧礼中,象征祖先的家谱是最重要的内容。几位仪式权威肯定地指出:

> "过白事中最重要的意义在于留下家谱,其它再花哨的东西最后都烧掉了。"(MZC,20130120,XJH)

除了在丧葬礼中举行穿神点主这一祭祖仪式之外,如果家门内很久没有家户过事情,即数年内没有人过世,没有人追远,家门内部也会有其他形式的祭祖活动,这就是穿神点主的另一种情况,即利用坟院以点主为内容的祭祖仪式。左姓族人 2004 年的祭祖就是这种情况。

> 零四年东、西塬他们那次祭祖是过追远大事,在坟院点了一回主,把所有人都叫到坟院。点主一般是为老先人。八几年的时候 ZHK 家过白事是我们点主,那会他还不信基督教,他大、他妈都还活着,那回追远的人还多嘛,鸦艺沟我五大还上来过事情。在坟院的穿神点主和在自己家过白事时候的穿神点主一样,这两个事情都是我给操办的。过事情主管要招呼人家吃好的,到坟地在碑上画红点那个不是点主,是开光点眼,龙凤上也点,要有职位的人点。穿神点主是牵涉到全部一茔共祖的人,都得出钱。(儿子插话道:有那意思是都得出钱,就是说那一项开支大,一个人不愿去承担,让每个人都承担。)那还不是一样?(儿子:明明性质都不一样,你说都出钱,那是硬的,都得出钱那还是没钱,有的有钱一个就包了)那个少得很,我只见过成有塬。(儿子:对吗? 那还是有这种情况。)(ZYX,ZHW,20130609,XJH)

对于逝者而言,穿神点主是关乎地位提升的仪式,经由此仪式,逝者由鬼而成神,可以继续福佑祖孙后代。所以举行穿神点主仪式是家族内部的大事,该仪式一般十来年举办一次,族人中谁家过大白事敬祖先时可进行穿神点主,经过此仪式的家谱由本家门人轮流保管;如果有祠堂则将家谱放在祠堂内。所以,祭祖因祭祀对象、参与者以及地点的不同会有相应的仪式内容;为了维持祖先祭祀能够正常进行,每一种祭祖仪式也可以在形式上有多种变通方式。

第三节 户老消失,祖灵犹存

祖先崇拜作为一种血缘崇拜,参与祭祀者必须有血缘联系,必须是本族成员,对于子孙们来说,参加祖先的祭祀活动既是权利也是义务。祖先崇拜与宗族制度严密结合,将精神的信仰与行为的规范结合起来。但是,女子在比较正规肃穆的祭祖仪式中不具备祭祀资格。女性被排除在祠祭之外,穿神点主、清明祭祖等仪式参与者皆为男丁,但是女性可以参加家祭,所以在毛女儿拜祖仪式中也有女性的参与。虽然女性在祭祀中不处于中心地位;但是并不代表祭祀祖先的仪式中她们不扮演任何角色,比如家祭或大型祠祭活动期间,女性都是很重要的后勤保障,负责做饭等相关招待事宜。

城镇化不断推进的过程中,祭祖仪式中参与人员的最大变化表现在仪式权威的职业化趋势以及个别仪式如何开始进行遵循主家意愿,形式上不再做严格限制,比如家祭。这与上一章节所提到的人生礼仪中仪式总管的变化趋同。在过去,祭祖仪式中的权威被称为"户老",户老既是家族中的长老权威人物,也是祭祖仪式的统一协调安排人,辅助阴阳先生等神职人员完成相关仪礼;一些熟知仪礼知识的户老甚至可以兼做神职人员的工作;作为能行人的传统角色,户老的掌管范围以家族姓氏为单位,当地因特有的家族文化,基本以家族单位聚居成村,族长户老从某种意义上讲也相当于现在的村委会主任。

拿个杆子、称子称公道,看人家服你不服你。过去有解放,从古以来,每个庄有一个户老处理问题。就是大村,比如黄塬村。那会儿人也少,就是户老给你处理,有啥事也得找那个人。人家说得公道,都服。两家打官司的事情肯定不会说都赢,但输了的那一家人不会反对,因为人家说得公道。(什么样的人才能当户老? 是不是家族里面辈分最大的?)不是辈分最大,是说话(最)端方。(老伴插嘴:相当于现在的队长。)"一人一把号,各吹各的调。""话不重说没说的,鼓不翻打没打头。"说个比方,你想种荞麦,我想要糜谷子,谁管呢? 以前有法院、有有党纪国法,必须要户老说话。后来一有大队,二有公社、派出所,找周瑜有周仓,找闲人有闲仓。

(以前那个户老)不是投票,那会人稀少,哪个人说话端方就尊重。(妻子插话:比如弟兄五个,哪个能行哪个就是户老。)我们以前那个家谱,实际上从文化大革命红卫兵收了就把老影遗失了,后来这个家谱,因为五个太爷名字虽然都知道,就是不知道具体谁叫啥,害怕张冠李戴,就以我们爷爷开始立字了,(妻子:几大就是几大,不敢乱叫名字。)那个立祖应该要我大爷立呢,但是我大爷有当过官,我四爷是清朝秀才,人能行。因为这立祖下来。实际上能行不能行那是人心里的意思。(外甥女插话:能行就相当于有点文化知识,见过大世面,能处理各种事情。)

那个时候一个姓一个户长,按家族为单位。(左家又分二门和三门,是不是二门选一个,三门选一个?)一个都抓(管)下来了,那会是我三爷,三字辈的。(外甥女:外爷,家谱是不是一般不让人看?)可以看呢,实际那是个历史记载。(对妻子说)咱们爷叫左三贤,大爷叫左三兴么,三爷叫左三喜,那会起名字叫兴贤喜,又不乱起。整个左家就是这一个户长,那会就是我三爷,那人说得好。以前就是户长来管事,后面慢慢发生变化,一合作化就把户老减掉了。(ZYX,20130609,XJH)

分田单干以后我参与调解的太多了。都是家庭范围,超过家庭的咱不能参与。(您说的这个家庭是多大范围的家庭?)就是这一个庄子的,人家来请我,我就去说。那会 LMH、LMG 赁家,那些事情太多了,都是小小一点点,还是合作化,数财产有些不公当。古人说:"家产不公,年年分;土地不公,辈辈分。"我重给他们弄乱,谁先挑谁挑,给他们分分。当时就我去调解的,就在 LMH 家,他们三兄弟都在。他们是因为前头塬畔上那个树,不是他们父亲的,是他们那会一搭在那块栽下的树,后来婆娘都又娶来要赁么,都是小小纠纷。有的树栽得早长成大树了,有的栽得迟长成小树了。栽早的可以做成个椽。小的只是个巴掌大。那时候人都缺椽要盖房梁,把他们叫在一起说,不公当给你们弄公当就对了。

(如果牵涉到比较大的纠纷,村干部解决不了,会不会也请你们这些比较能行的人帮忙说和?)那他需要得很。传统的调解办法不可能断了,人一出事有了冤枉,他去肯定给端和,大队也给他指路。

冯团庄 FSH、FSQ 两个因为收拾地方,亲弟兄闹得拾掇不下去,一个要拾掇,一个不让拾掇。最后弄得公社没办法,说,不行找你外家吧,他外家是我。咋办呢? 人 FSH 婆姨来找我说了一通。我说你先回,第三天早起我走了一回乡镇,给人买了一点腊头,就那么给人解决了,这要说我赶（比）他公社还能行呢，他公社都有良法。因为他说不到、说不了。这都单包时候的事了。（ZYX，20130609，XJH）

户老不但是家族层面宗教仪式的权威，也是传统时期族内各个方面事务的统一协调人。解放以前村里的公私事务基本由户老（或户长）来处理，到合作化的时候由大队长、小队长来处理事，但是这个大队长、小队长就相当于以前的户老；分田单干以后更为凸显行政力量对村庄的组织管理，即便如此，传统的权威依然是村干部在处理相关事务时所不可或缺的治理资源与媒介。

随着社会的发展变化，传统时期真正意义上的户老已经消失。现在的祭祖仪式权威则主要是阴阳先生和红白事总管，还有鼓乐班子中的某些能人。阴阳先生在80年代后重操旧业，一直以来多以此职业谋生；红白事总管在近些年开始出现职业化趋势，管事者也出现货币收入；但是担任总管的人多以此为副业，只是在过事情较为集中的年节时期以管事为主并赚取收入，在一年的大部分时间中，他们还是与村民一样种地、打工等。另外，总管可谓民间信仰活动的经纪人，一旦负责相关活动，就可以利用自己的人际网络请阴阳先生、民间鼓乐队等。在活动结束后，主家会在管事者的协调下发"工资"给每位相关人员。鼓乐班子中的一些成员在过去因为经常与管事者合作，对相关仪礼比较熟知，所以也成为仪式中比较关键的人物，特别是在班子成员为村落内部或周边村落的村民时；在过去，一些民间艺人往往既是管事者也会吹拉弹唱。但是现在鼓乐吹手分工越来越细，职业化也更为明显，所以在仪式中的地位有所下降；当然，这并不是说鼓乐班子不重要，每一场仪式都需要鼓乐的助兴。

除了仪式权威的变动，受众本身也有变化。祭祖仪式中的受众主要是指家门人，但是由于一些大型的祭祖活动是在村落内部举行且具有仪式表演性质，在当地多姓同村的背景下，很多本村外姓的村民甚至周边村落的外姓村民都会来旁观，无形中对他们的家族观念和祖先崇拜观念起到了强化作用。前文也提到，尽管村内有两户基督徒，但是过年期间他们照样和其他人一样磕头敬长辈。

社会现在好得很。年轻人忘恩背祖这号人也有，对老人不孝敬的，对老人说话不是心平气和的，有的在老人跟前说的每一句话咱们都听不惯。咱们村大多数那还对着尼，有个别的这号人。不过现在大部分年轻人和我们这一代几乎一样，只疼自己的子女不疼老人。过去有风俗习惯、宗教传统、家法,就不能对老人咋样咋样。现在社会好像把这个开放了。有的人说再开放我都是我大、我妈生的,想到这些问题的人对老人还是很恭敬的;有的人则说话做事各方面都有点欠缺。

老人养子女不容易,你在世也好过世也好,点上一张纸,这是为表达我的一番心情。你在世我给你端上一碗水我也是为了表达心情,有的人不记这个事情,只疼自己生的,娃娃吃啥穿啥不惜一切代价;但是对老人好像就没这回事。

耶稣教不过事,咱们汉族、道教全部过事,给你点上一张纸,把你送上山圪挖坑埋了,再过几年以后,有心的还悼念一下,追远念经;有心就完结了。

现在年轻人几乎都变化了。我有三个儿,都对着,他不敢咋样。因为咱们还有点过去那个宗教,不论咋个,该吃该喝你对这个父亲母亲这是你一番恩情,我经常骂儿子,我说对着呢,你们现在有了儿子就疼你儿子,你就知道我疼你了。你有儿子还不知道老人对儿女的亲情。你有儿子你就知道,哎哟,我大、我母亲对我也是连我对我儿子一样。有的老先人他糊里糊涂就不给儿孙讲这些事情。有的儿孙精明点,像你们这些知识分子会想开这些问题,有的有念过书,或者小的还想不开这个问题。在老人跟前糊里糊涂说话,咱们村在外面读书的也挺多,有的可以。有的虽然有知识,人还骂,多少年书都白念了。年轻人,有的结婚以后好像有有一点责任,只疼他的儿子。(LMF,20130606,XJH)

其实在这里 LMF 口中所说的"责任"与本文中的"责任"一词有区别,说话的村民更强调的是年轻人对家庭的责任,重点是要告诉笔者年轻人对老人的不恭敬,就是说年轻人的责任意识相对于传统人格是分散的,他们只注重向下的层面,即代际向下流动。而笔者在本论文中所要强调的是一种整体责任意识,当地虽然出现了代际向下流动的偏好,但是对家庭本身的强调是不变的,只不过这时候所强调、所在意的家庭相对于传统的大家庭更聚焦于核心家庭,不过在意识上当地村民依然看重一茔共祖的成员,认可他们为自己人。

在对祭祀祖先的仪式看待上,中青年人与老年人有差异,观念上有一些改变,但是整体上还是遵从长辈的安排。笔者在与黄塬村某户人家访谈祭祖的相关风俗时,户主 20 多岁的儿子也很有自己的看法。

这个东西根本没有定。风俗习惯历来就是传统的观念、概念而已,它还是跟人的生活习惯、物质条件(有关),它还会跟社会发展而变化。

那在过去生产力不发达的情况下,你拿啥去搞这些东西,对着吧?人的衣食住行温饱这些大问题不解决,哪有心思去搞这些东西。话说现在只不过是经济发展了,收入都好了,各方面都开始享受了,其实就是一种娱乐。好多风俗习惯它跟咱们生活都贴近,跟咱们的生活一模一样,只不过变个说法而已,任何素材它本身就是来源于生活。你如果对这个人共事的话,你对这个神也共事,只不过你跟神共事的时候你更加尊重对方。(ZYX,ZHW,20130609,XJH)

上述话语反映了年轻人的一些观念。在当地年轻人看来,传统仪式的举办不拘泥于老规范,可以有很多形式上的变通;而且这些变通并不会影响到老的风俗习惯所强调的内容。对于祖先的情感与敬畏没有大的差异,只不过不同时代的人,其表达的方式有了变化。无论是否受过教育,当地村民都很重视祭祖,将其认为是作为家族成员不可回避的义务与责任,特别是受过教育的村民,更是将祭祖活动看作是理应参加的公共事务。由此,祭祖仪式本身就是再生产机制,完成尊宗敬祖观念上的代际传递。

城镇化发展使原有的聚居生活出现分散断裂的趋势,在执行移民政策的过程中,村子里开始有几家外迁入县城的农户,更加让当地村民认为以后搬迁入县城是早晚的趋势,多少让他们有心理准备;但是,即使有居住上远离家乡的心理准备,并不代表就完全与村庄脱离了关系。

多少年之后家门的人那都是东走的东走,西散的西散。你在北京他在天津,反正都是分散开了,他不可能聚集到一个地方生活。(即使)一块去城镇,那有的干这个有的干那个。

盖祠堂那支持,盖起来就敬个神。以后不可能整个村子都冇了,石油一开发完就是有养牲的、种地的人,就像内蒙那种,他是养牲口这些,养羊的养牛的。内蒙就是牧业为主,种地冇收入,田地都成荒滩了。这是我的看法。

坟地有保护的。以后继续回来上坟,不可能不管老先人。清明这一天回来烧纸,他绝对不会忘本,绝对不会忘恩负义。不可能坟都埋到别的地方,它就在这个郊区。我给你说么,大部分人坟地不可能搬迁。因为他搬迁也有地方埋。生活到城镇里以后去世的那部分人那有回家的有火葬的。不接受火葬你就搬回来。

我给你说个例子,就像我们村上LCQ,那会是包头钢铁公司副书记,是我们村人,活了84岁,去世以后就火葬了,回来把那个骨灰和他母亲埋到一搭。他母亲那会儿在这里生活。他本身不愿意火葬,但是跨城拉(尸体)不方便,没有那号送葬车,他就不得过来。火葬以后就能回来。

所以不能忘恩负义,不能忘了本。再过三四十年那咱们就说不上来哟。据我的分析,在十几年以后,他都不可能有这种。年远的老坟也有,也有有人给烧纸的。一般烧纸是四五代五六代这号人,这号有人烧纸。但是以后年代太多过了100年往后谁也认不清了。年代一多,知道老先人在这一块他也找不上具体地点。

外出打工的他清明、十月一、过年回来烧纸,但是在家的你必须去烧。有事回不来他就不烧,或者到石子路画上个圈圈,他在这个地方一烧,即便回不来也要有心意。(ZZC,20130529,XJH)

当地村民认为,不管这人跑多远,生活再怎么变化,但是在某些方面他是肯定不会变的,尤其是敬老先人这一方面。尽管日常生活和相关仪式已发生很多变化,比如作为祭祖仪式权威的户老已经消失了;但是在他们的心目中,祖灵犹存,祖先的英灵一直在冥冥之中福佑着在世子孙。地方历史的记忆与延续中,老一辈人的言传身教起到了很重要的作用,通过这种日常生活的非正式指点以及较为正式的祭祖仪式等,地方文化得以延续或再生产。所以对于本地村民来说,除了地理地图以外还有一张家族或家庭历史地图,后者是一张文化意义地图,上面不再是等高线、山川水流、名胜古迹的标示,而是亲属关系的表征,以及连带着的隐藏在关系脉络之后的各种各样的情感纠葛。这个地图是4D的,多维立体的,有时空有感觉。对旁人来说哪里都差不多的黄土高坡,其每一块土地、每一个具体地点或许都有某一个人特殊的记忆、情感和意义。

第四节 "祭先人":远离背后的血缘回归

传统时期,一旦举办祭祖仪式,所有家庭成员必须到场参加仪式。在外地谋生的人如果离家不是太远,就必须回来;如果实在是由于距离太远而不能参加,他们也时刻记着这一祭祀场合实际上是家庭团聚的机会。在父母的周年祭日和每年春、秋季的祭奠场合,更是如此。①

---

① 参见[美]杨庆堃著,范丽珠等译:《中国社会中的宗教——宗教的现代社会功能与其历史因素之研究》,上海人民出版社2007年版,第51页。

城镇化、现代化、工业化过程中,社会分工越来越细、社会分化越来越明显的现实情况难免对传统乡村生活产生影响,传统的整体生活不再可能继续保持。冯友兰就曾通过区分生产家庭化和生产社会化分析和解释不同生活方式的差异问题。在他看来,在生产家庭化的社会里,一切道德,皆以家为出发点,为集中点。在生产家庭化的社会里,不但一个人的家是一个人的一切,而且一个社会内所有的家,即是一个社会的一切。若没有了家,即没有了生产,没有了社会。在生产社会化的社会中,人对于其社会之关系,是密切的。他的生活的一切都须靠社会。就这一方面说,无论任何社会,其中的人的生活的一切,都须靠社会,离开社会,都不能生存。但在生产家庭化的社会里,人之依靠社会,是间接的。其之所直接依靠以生存者是其家。但在生产社会化的社会里,社会化的生产方法打破了家的范围。人之所直接依靠以生存者,并不是家而是社会。[①] 人口的地域流动对原有的血缘、地缘高度重叠聚族而居的家族有冲击,社会关系的多元化格局在某种程度上淡化了传统的宗族血缘关系;"随着村民见识的增多,文化程度的提高,祖先崇拜的神圣外衣逐渐剥除,而日显世俗化的特性。"尽管如此,生活方式上的变化并不一定立即引起人们观念的变化,二者往往是不同步的。据当地村民介绍,即便是有重要事情不能及时赶回来上坟,也必须找人把纸捎回来让家门人代烧,当问及能否不烧纸时,对方快速并很肯定地回答"不行","一定得回来上坟"。村民直接的话语让笔者感受到对方强烈的血缘认同。

参加某户白事烧灵仪式过程中,笔者在去坟地的路上和过世者的重孙女(19岁,在定边县城打工)谈到对家族的看法,她觉得"我们这边人心特别齐",每次过事情都会强化这种感觉。同是主家亲属的另一个女孩(22岁,在西安财经学院读会计专业的三年级本科生)也说毕业后找工作不想去别的地方,还想回定边。可见这些调动全家族每一成员的仪式确实有很重要的影响,其中的礼仪亦起到很大的教化作用。由此,常听人说起的"陕北人恋家"不是没有缘由的,一方地域总有其地方特色,当地人多少总带有一些共通的性格特征;而陕北人的性格特征就与其家族结构并强烈的家族观念有关。家族的力量在当地社会很突出,历经集体时代政治影响、改革开放市场冲击依然保持当前的社会结构。

80年代后期,祖先崇拜风俗又重新在农村盛行,特别表现为坟墓、祠堂等物质层面相关要素的恢复与重建。"这固然是有其外部原因,但是更重要的是扎根于农民心中的祖先崇拜观念要素、村民聚族而居的居住形态,以及

---

① 参见冯友兰《新事论:中国到自由之路》,北京大学出版社2014年版,第71、74页。

幸存于世且通晓和热心祖先崇拜事物的宗族人物构成的组织要素，还有幸存的宗祠、坟墓、族谱、祖先灵位等物质要素。"①现代器物如新式鼓乐队、礼炮、音响、摄像机等的应用为祖先的祭祀仪式添加了现代化的时代气息。祭祖仪式还可作为团结族人、和睦乡邻的现实手段以及一种休闲、娱乐、社交渠道。在当地社会近些年举行的各种祭祖仪式中，参与者更多的是怀着对祖先的尊敬和感激之情。所以祭祖既有社会功能，又承载着地方村民的情感表达。

血缘关系的明确是一个家族存在的前提。而家谱就是为防止异姓乱宗、紊乱血缘关系的重要工具，所以家谱的建立和撰写不可含糊。通过对以族谱为核心象征的祖先的崇拜，家族内部唤起同族团结的力量，加强了同族群体的凝聚力。血缘的强调、门情的讲究是家族社会不变的主题。当地人认为，家谱是亲情的连带，工作地方再远，一份家谱将家族人连接起来，是一家人的有力证明，因此，家谱记载内容必须有切实依据，不能含糊，这是严谨的事，更是门情的体现。赡养父母的观念基础是儒家所提倡的"孝"，祭祀义务则是基于"父子一体"的观念。所谓"父子一体"，并非仅指父子两代。在父的上面还有祖父，在子的下面还有孙子。"父子一体"事实上表示的是男系血缘关系的所有阶段，即所有的祖先和所有的子孙之间都存在着一体的关系。这种一体的关系需要通过宗教仪式予以确认和强化，于是就有了对祖先的祭祀。②

以家族为主办单位的祭祖仪式方面的变化与以家庭为主办单位的人生礼仪变化趋同，主要也是形式上的变化，但是较之后者，祭祖仪式在内容上的变化更少，信仰观念上虽有淡化但是整体而言还占情感中的主导地位。祭祖强调人伦道德，恢复的是做人的底线，这也是在相对失范的社会背景之下进行的"补救"措施。所谓传统复兴，复兴的不是家族形式，而是通过家族组织等所要表达和强调的精神，即为前文村民所说的大原则。

---

① 朱雄君：《乡风民俗变迁动力的理想类型分析——基于"结构—行动"的视角》，《社会学评论》2013 年第 3 期。

② 参见麻国庆：《永远的家——传统惯性与社会结合》，北京大学出版社 2009 年版，第 109 页。

第五章　社区整合：民间信仰中的村庙祭仪

在汉族农村社会，与祖先崇拜这一信仰体系相对应的另一信仰体系是神祇信仰。上一章已经提到，前一种信仰体系的物化祭祀空间是祠堂；而后者相对应的物化祭祀空间为庙宇。二者与中国汉族社会的血缘、地缘有直接关联。"神庙信仰是社会化与世俗化很深的宗教，源起于古代原始信仰的泛灵崇拜，长期地与社会文化相互结合，吸收了社会已有的文化资源，自成了神灵崇拜的信仰体系。"①

在当地的社会组织结构中，存在着超越家族系统的地域性社区这一更大的社会单元，处理着诸如庙会、公共危机时的宗教仪式或节日时期的集体庆典等公共性事务；每一社区都有着一个或多个地方保护神作为超越经济利益、阶级地位和社会背景的集体象征，对他们的崇拜仪式成为当地社区宗教生活的中心。信奉鬼神的思想在定边民间根深蒂固。嘉庆《定边县志》记载："观定邑祠祀之多，而见邑民事鬼神之道焉。夫定邑五城，皆弹丸之地，而寺庙居十之二三。"另有"人勤稼穑，俗尚鬼神，不事佝嫪，颇习法程""修习战备，高尚气力，以射猎为先，名将多出"等记述。过去，定边人抱有"好出门不如待在家"之见，株守祖业，不思远出。民间多务农牧，少营商业，思想守旧，小富则安。民国初期，县城内寺庙占地接近半数。②

过去，各个村庄都有庙宇，甚至一村数庙，供奉诸神，除此，家家户户都敬灶神、门神、财神等等。"民众每遇婚丧、建造、灾病或干旱等诸事，都要求神拜佛卜问吉凶，抬楼子祈雨、'祭虫''治病''观魂''驱鬼镇邪''安宅禳灾'。平时'晨昏三叩首，早晚一炉香'，虔诚至极。各行各业还分门别类敬

---

① 郑志明：《台湾神庙的信仰文化初论——神庙发展的危机与转机》，载汉学研究中心编：《寺庙与民间文化研讨会论文集》，台湾行政院文化建设委员会 1995 年版，第 19 页。

② 县城北除靠东有少许民宅果园外，寺庙接连。东门、南门外及城东南隅多为寺庙所占。乡村中的寺庙也是星罗棋布，村村都有，甚至一村数庙。城乡佛道混杂，终年香火不断。"文化大革命"时期，城乡庙宇拆毁殆尽。20 世纪 80 年代后，当地城郊及农村又起建庙塑神之风，又有神庙星星点点出现。参见《定边县志》编纂委员会编：《定边县志》，方志出版社 2003 年版，第 952 页。

神：农民敬龙王、虫王、水草大王；木匠、石匠敬鲁班；学生敬孔子、魁星；铁匠敬老君；阴阳敬三清等等。城乡庙会盛行，农历三月初三、四月初八、五月十三、七月十五、十月初一等庙会，成千上万的民众，置办香火，施舍钱粮，敬献神灵。"①具体仪式在阴阳、巫神、神婆、马脚、测字算命看相等神职人员指点下进行。"文革"时期，除县城鼓楼玉皇阁外，城乡一切残存庙宇基本被"红卫兵"及民众拆毁，一些捎带迷信色彩的古建筑、用品、字画等也悉数被毁。当地政府在改革初期对迷信活动打压力度比较大。据县志记载，除对有关庙会可促进物资交流及民间娱乐而不加限制外，对迷信活动历来反对，对触犯刑律者依法制裁②。

80年代以后，中国的民间信仰实践迅速复兴和发展，各个地区相继修复或兴建了原有的地方庙宇或宗祠；Adam Chau在陕北的研究发现，陕西省地方庙宇的数量在2005年前后已超过了10000所。③ 阴阳先生、巫神、算命等神职人员重操旧业，农村修庙、敬神、举办庙会。

笔者在村调查期间，村民也常自嘲说自家举行的过白事等仪式活动为传统迷信，可见集体时代政治运动对当地的影响之深，直接反映在其语言风格上。但是，近些年随着国家对宗教信仰的政策放宽，对"非物质文化"遗产保护力度加大，特别是黄塬村庙被列为保护类庙宇之后，村民对其庙神信仰的认同进一步加强，并因所在村落庙宇获得国家认可而自豪。据定边县史志办工作人员介绍，当地每年有两次庙会，上半年是惯常的庙会，下半年是物资交流大会。由于后者最早起源于庙会，意在借助庙会搞交易活动，所以也将其归类为庙会。

第一节　庙祭的时空转换

一、黄塬村庙的构成

黄塬村庙称为"海中寺"，又名"九天圣母娘娘庙"，现坐落在黄塬塬畔新大路东侧，村民所居村庄的最东南塬畔，面积约达2400平方米。

---

① 《定边县志》编纂委员会编：《定边县志》，方志出版社2003年版，第969—974页。
② 此处说的是1980年1月，当地柳弯塬乡一户村民请巫神治病的事例，当时巫神声称要12属相者到场，因此聚集多人，夜间土窑崩塌，压死15人，巫神被判刑。
③ Chau A. Y. Miraculous Response: Doing Fork religion in Contemporary China. Stanford: Stanford University Press, 2006.

据年长者回忆,清朝末年民国初期,"海中寺"有庙宇数座,并有戏楼、禅房,还有位名叫"何蛮子"的道人在庙内主持日常事务,后来葬于黄塬青草塬畔。民国九年(1920年)遇大地震,戏楼、禅房及大部分庙宇被震毁,唯正殿独存。正殿建筑宏伟,雕梁画栋,飞檐翘角,庙宇一龛曾有五尊彩塑神像,栩栩如生,墙壁绘画艺术精湛。每年四、七月份在此举办的庙会如集市般热闹,上香求签的、说书算卦的、搭台唱戏的、杂耍表演的、商贸交易的,应有尽有,甚是繁荣。这里一度成为当地家族人从事宗教、文化和贸易活动的重要场所。

当下,该村庙依然是本地村民进行宗教活动的重要场所,现有庙宇三座、戏楼一座。庙宇内原有一口铸钟,其上铭文显示"大清顺治年铸造"。根据庙宇遗址推测其建于明末清初,最初的庙址在塬畔旧大路西侧。因战乱频繁,寺庙屡次修建屡遭损毁,据当地村民自撰家族志记载,1972年,村里社员在整地过程中曾挖掘出大量砖瓦碎片,并有一颗完整的彩塑头颅。后来寺庙就重建于现在的庙岗,原因已无从查证。据年长者回忆,他们听说过的最早庙会会长是 ZSX(兴武营人),之后依次是 ZSY(狼吃崾岘人),ZSX(黄塬人,外号豁牙子),ZSZ(黄塬人,外号大栓)等。1946年正殿被军队拆毁,从此庙会中断数年。1950年重建正殿,1960年又被拆毁;1963年再次重建,但因质量问题数年后倒塌。1982年庙址迁到塬畔东侧(现址),又有了几届新任会长等。2004年该庙宇被批准为"国家保护类庙宇",并取得了定边县宗教局颁发的"许可证",庙会又复兴起来。2009年农历三、四月又兴建"海中寺戏楼"。[①]

目前的海中寺由九天圣母娘娘庙、龙王庙、财神庙等三座庙宇和一座戏楼构成,正殿东侧有一口钟磬。过去曾有大圣及灵官庙,现已无从考察,大圣及灵官的神位分别放在财神庙和龙王庙中。相传历代庙内曾有很多禅房,供站庙之人及远方施主住宿。后因大地震全部被毁后没有再进行建修,所以现在已没有禅房。

图5-1 平时的九天圣母娘娘庙(左)、庙会时的九天圣母娘娘庙(右)(徐嘉鸿摄)

---

① 该内容参考了村民左廷栋自己编写的家族志。

　　九天圣母娘娘庙为正殿,坐北向南,砖土木结构,1992 年建庙。2 个建筑师皆为行政村李团庄人,负责筹建的 3 人中 2 位是黄塬村村民,1 位是李团庄村民。该庙由黄塬村、李团庄全体村民出资出力修建而成。庙门对联曰:"九重天下一圣母,万里人间祈子孙",横额为"有求必应"。庙内供奉九天圣母、三肖娘娘等神位,陈列有楼宫、神鞭、"爷爷①袍"、一本卜书。九天圣母为主神,有楼宫;两个神鞭皆为铁制,分别象征九天圣母和三肖娘娘的神威。除此,殿内还有各方人士敬赠的锦旗、金匾、若干布施以及相当数量的香裱。据村民介绍,建此庙有"求儿卜女、消灾免罪、鸿运畅通"之意,但因多年失修而已破旧;笔者 2013 年调查期间,有黄塬村民正在筹划重修正殿、重塑彩色神像之事。

　　龙王庙始建于二十世纪九十年代末期,坐东向西,位列庙院东侧上方,砖木结构。庙门对联为"灵霄殿前奉敕旨兴云布雨,水晶宫里显神通驱逐旱魃"。该庙负责筹建人与九天圣母娘娘庙是同一班子,亦由黄塬庄、李团庄全体村民出资出力修建而成。庙内供奉龙王、药王、虫王等神位。龙王为主神,有楼宫;2 个木制牌位上书"供奉药王药圣药中仙师老爷位""供奉黑水龙王老爷之神位灵座"等字样。殿内有三个神鞭,皆为木制,分别象征黑水龙王、清水龙王、虫王的神威;还有香裱若干。立龙王庙有"祈祷风调雨顺、消灾免罪、五谷丰登"之意。

　　财神庙建庙于 2011 年,坐东向西,位列东侧下方。庙门对联为"祈天界理财诸神广赐金帛,佑人间虔诚信士财源茂盛"。庙内供奉财神和齐天大圣等神位。财神为主神,无楼宫神像,正位挂一红布写有"供奉财神老爷之神位"的字样。殿内有两个神鞭,皆为铁制,分别象征财神和齐天大圣的神威。负责财神庙的筹建人为黄塬村的 10 位村民,也是庙会组织的十个积极分子,其中八个都是左氏族人。当地村民解释说:"时代在变迁,观念在转变,在社会各界人士的强烈要求下,为了祈祷广交财运、发家致富,又建财神庙。"建此庙所需费用主要是由 ZX(黄塬村民,也是最早提议建财神庙的人)及其朋友共 4 人分别捐款 5000 元修建而成,现任庙会会长介绍说财神庙和庙院砖墙共花费 3.5 万元,捐款不足的差额,由政府针对石油开发修路的汇车点补贴以及石油生活区污染费等补齐。

　　黄塬村庙的戏楼在民国九年(1920 年)被大地震震毁后,一直未修建。2009 年农历三至四月初,在本村七位村民的积极努力下,耗资八万多元修建新戏楼;同年农历四月初八正式投入使用,名为"海中寺广场",并由本村

───────────

　　①　爷爷:这里是当地对九天圣母和三肖娘娘等神的称谓。

老人 ZZQ 题写对联:"遐迩黎庶祀神圣祈祷福祉,梨园弟子献艺助兴盛况徙。"村民介绍说建戏楼的宗旨是为活跃农村文化生活。

庙院内原有一口清朝顺治年间铸造的铁磬,一口乾隆年间铸造的铁钟,一鼎嘉庆年间铸造的铁香炉,因文化大革命十年动乱被砸毁。现在正殿东侧的大铜钟于 2011 年农历三月至四月在山西铸成运回,上面有九十八户捐款人名字,由庙会会长主办,L 姓长者承办。

另外,黄塬村庙在历史上相传有榆树塆、庙峁等田地以及羊群作为庙产,有专人看管,但因解放后合作化时期收归公有,现已无庙产。庙宇重修以后,庙院外的广场扩大了,特别是戏楼建起以后,更是方便了当地村民举行大规模的祭拜活动或表演戏剧等。

综上所述,随着社会经济的发展和城镇化进程的不断加快,庙宇及殿内神的变化表现在庙殿的增减、农业神的地位下降、经济神的地位凸显、综合神的地位上升等方面。据庙会期间从甘肃请来的问神人 WBC 介绍,其从 2008 年开始参与黄塬庙会的问神工作,至 2011 年以前,黄塬村庙只有九天圣母娘娘庙及龙王庙等两个庙宇,财神、齐天大圣等原来都是作为九天圣母的副神同处正殿之内。2011 年新建财神庙,财神成为其中的主神。问神人的解释是:"财神和'爷爷'坐不到一个庙堂","神跟人一回事,男神、女神若是姊妹可以放在一起,但是不可长期放在一起"。

神的地位变化与社会变迁过程中其职能的变化有关。正如周大鸣所说,宗教是人们对鬼神、神灵等超自然力量的信仰和崇拜,与人们的日常生活有密切关系。[①] 前工业化社会中,恶劣的自然条件与艰苦的生活环境使人们意识到自身知识水平的有限性,"他们希望得到超自然力量保佑,来抵御严寒、暴风雪、旱涝灾、洪水、遮天蔽日的蝗灾,一夜之间令所有牲畜毙命的瘟疫,以及各种毁灭庄稼的破坏力量带来的各种自然灾害。'天灾'是古老的农业方面的灾祸。在阻止大自然的灾害时,人们经常是无能为力的"。所以在过去社会的宗教中,农业神的地位尤为重要,大自然的变化、万物有灵论的启示,伴随着生老病死的困扰,无一不在启发人的宗教思想的产生。人们因而将面对自然威胁时所抱持的希望转化成了宗教仪式。农业神崇拜和祖先崇拜于是成为中国经典宗教传统的一部分。"在 1911 年的封建帝制时期,从都城、省会到县府,每一个政治行政中心都设有一系列标准的祭坛以

---

① 参见周大鸣:《传统的断裂与复兴——凤凰村信仰与仪式的个案研究》,载郭于华主编:《仪式与社会变迁》,社会科学文献出版社 2000 年版,第 230 页。

祭祀诸位农业神。"①

据村民介绍，当前黄塬村庙中的神各司其职：九天圣母（或九天玄女娘娘）与三肖娘娘为综合神，"啥都管"，楼宫为其文轿子，神鞭为其武轿子。村民遇到疑难杂症或求子等事项一般求助于正殿的两位神。财神分文财神和武财神两类，文财神以福禄寿三星为代表，武财神一般指灵官赵公明和关羽；财神向百姓舍钱两，主管发财。龙王主管一年的雨、风、虫。庙内还供奉齐天大圣、药王、虫王，齐天大圣同正殿二神"全面都管"，不过后者更灵验；所以村民主要向齐天大圣和药王问病，一年四季祭虫王是为庄稼收成免遭虫灾考虑。由于当前生计模式的改变，村民主要收入不再源自农耕，生活上由生存的逻辑转向发展的逻辑，所以农业神的地位较之过去有所下降，经济神的地位日益凸显②；又因经济发展有风险，故而综合神的地位在稳固中有提高。

二、黄塬庙会：一年一度的人心凝聚与洗礼

四月初八是黄塬村海中寺庙会的正日子，庙会③当期周边村庄的村民都来参加，辐射面几乎涵盖整个沙镇。庙会举办七天（初六至十二），旨在"敬神保平安"，所以参加庙会的人首要是祭神、敬香、上布施，"抬爷爷"问神是该会期的重要内容。戏剧、奏乐等民俗活动则起到了地方文化宣传的作用。庙会期间村子里非常热闹，请剧团唱秦腔、眉户剧，表演皮影戏等，还有外来人做生意；所以村民们也认为逛庙会"主要是看红火"。随着社会经济发展的不断推进，村民生活水平不断提高，庙会内容也在不断发生变化。比如过去只有卖茶水、卖饭和贩卖牲口的小摊，现在则有陈列各色商品的货摊，邻近村民搭建起临时食堂，公开或私密性的摇宝耍赌摊项目更加丰富（如玩牌、套圈等游戏）；周边村民逛庙会使用的交通工具也大为改善。当地村民这样描述：

> 以前是骑毛驴，现在都是骑摩托车，开小车、大车。60年代破四旧"平坟拉庙"，那时候没有庙会。70年代有人偷偷敬爷爷，80年代开始搞庙会。（村民插话：1989年重新有庙会。）以前唱眉户剧，演皮影戏，到80、90年代才在庙会上唱秦腔，以前县乡交流大会上才有秦腔。

---

① ［美］杨庆堃著，范丽珠等译：《中国社会中的宗教——宗教的现代社会功能与其历史因素之研究》，上海人民出版社2007年版，第72—73页。
② 关于这一点将在后面一节的案例中加以详述。
③ 很多村民还会赶更为盛大的三月初一甘肃老爷山庙会。

（WBC，20130518，XJH）

以前的庙会除了皮影、迷糊子（眉户），和现在一样，开些馆子。那会小吃少，有那号担的担担。挑扁担卖点小吃，卖个粽子，卖个糖，卖个卡卡（发卡）；再就卖个零针、线、顶针，就这么点。种子、锅碗瓢盆是改革开放以后新近这几年的事。过去那会揭地①打一个铧②，还要走定边（县）买去，后来镇上有了供销社还得骡子驮货到供销社卖，因为不通车。那个时候没有卖衣服的，供销社有卖布的。解放前那个时间也有卖布的，卖的三八布、二五布这号，有白的，有蓝的。没有卖麻油的。那会就自个儿产自个儿吃。种的麻籽，用碾子把它碾碎，才入到锅里，婆娘捏那个油，捏的流下去碾出来。那会社会工业不发达，铁锨、撅头那些农具没有机器造，地方本身有铁匠专门做这些，烧红了打。比如绞羊（毛）剪子，过去都是铁匠一锤一锤打下的，现在都是电光剪子。（ZYX，LMG，20130527，XJH）

具体而言，庙会的变化主要体现在会期和构成上。据当地村民介绍，在传统时期，黄塬庙会的会期并非四月初八而是七月十八，"四月初八娘娘插花"，在四月初八这一天村民只是上庙给娘娘献花，庙会会期正日则定在七月十八。有村民认为"过庙会相当于过生日"，又将四月八认为是九天圣母诞。这里面体现出外来文化的影响以及村民本身的"误解"。七月十八本为王母娘娘诞，六月十五才是九天圣母娘娘诞，很多村民将王母娘娘与九天圣母视作一人。而四月初八本为浴佛节，陕北俗尚佛教，对该节日十分重视，各县均在四月初八到寺庙作佛会，部分地区在长期发展中逐渐将此节世俗化演变为以求子为主，如靖边"四月八日，城乡男女争上城内西山谒子孙娘娘庙，供献花果，求子许愿"③。当地庙会在这一发展过程中也受到影响，《定边县志》记载为："娘娘庙会日：四月初八，也叫佛诞节。是日各处举办娘娘庙会，男妇穿戴整齐前往娘娘庙烧香礼拜。"④

70年代重搞庙会后会期改为四月初八，也有村民认为"鞋袜有样样子，事情没样样子"，会期的改变与农时安排有关："四月八人闲，粮食种上没出来。"

---

① 揭地：在当地是犁地的俗称。
② 铧：指安装在犁上用来破土的铁片。铧是犁地所用木制工具的重要组成部分。
③ 张晓红：《文化区域的分异与整合：陕西历史地理文化研究》，上海书店出版社2004年版，第278页。
④ 《定边县志》编纂委员会编：《定边县志》，方志出版社2003年版，第964页。

解放以前的庙会，那是七月十八，大戏也唱，灯影子戏（皮影戏）也唱，就是那个牛皮娃娃，纸糊子。现在改到四月八了。以前的四月八也上庙，但是不会会，只是人到娘娘庙上插花。文化大革命不让搞了，七几年才又开始搞，一重新开始搞庙会就改成四月八了。因为四月八粮食也冇出来，糟蹋粮食就少么。以前迷信，医学不发达，（诊所）冇设立起来，乡镇上医生、保健员也稀少，人有点病、头疼感冒了那会就光抬爷爷。

庙会上一般就不看病了，以前的庙会、现在的庙会都是还口愿的。一到四月八庙会，人家就顾不上给你看病了。"许愿在前，还愿在后"。许愿那个随便，咱们坐下，心里说我干个啥顺顺利利的，那个事到时间顺顺利利干下来了，那你的口愿就得要给人还。不管什么时候许的口愿，还愿都是在四月初八，那个就是节，赶个节气。除过四月八你来还愿就冇人给你承担，因为没有站庙的人经管这个庙。举个例子，老爷山好像是县城一样，咱这个好像是跟乡镇一样，只是我们一个会的小庙庙。大名山人家就有和尚，如少林寺。咱们看电视大庙有站道的，有人管，有人接你这个钱，有人证明。咱们这个，一过四月八冇人了，你还给谁去呢？

黄堖庙进去看有两个金匾，写的是"有求必应"，我看是红柳沟人送的，根据那个字推测是求儿女的，说明缺儿女的人也在庙上讨呢。向谁许的就要向谁还，咋个许的咋个还。向庙上许，事情实现了你就给庙上还，举多少心你还多少；跟老坟许的，就还给老坟。JSH被车碰了，他老婆许愿说好了就唱三晚灯影子，好了以后他就给人家唱了三晚灯影子。

"文革"以前的庙会唱牛皮影子，唱迷糊子，那会大部分是迷糊子，一种戏剧，连道情还不一样。过去还有摇宝的篷。（ZYX，20130527，XJH）

（家谱上写八二年重建庙宇，但是零四年才开始恢复庙会？）庙盖得早，恢复庙会迟。一直都有庙会，就是文化大革命七几年神被打倒了（那时候）没有庙会。八十年代庙会先是唱灯影子，庙一盖起来就有了。零四年恢复庙会指的是大庙会。那时候布施都少，来一个人怕五块钱都上不了。会长只是来个人管一下，麻烦，戏子上来要吃、要喝、要住，给你安排这家那家。（ZYX，20130609，XJH）

黄塬庙会内容的变化主要表现为器物的丰富，如敬神所用纸火的品种多样，戏剧表演的内容多样、档次提高，物资交流规模变大等等。当地村民在谈及相关变化时，认为现在的庙会和以前基本上一样，没有实质改变，只不过"社会优越性提高，条件好了"，所以庙会的规模提高了，内容也比以前丰富很多。

第二节　仪式变迁与神庙信仰

以笔者参加的 2013 年黄塬庙会（会期从四月初六至四月十二）为例，其内容构成主要涉及庙内的祀神仪式、庙院外海中寺广场上的助兴表演及物资交流等方面。

一、庙内祀神仪式

黄塬村大多数村民选择在四月初八和过年两个时间在庙内祀神，也有部分居住在庙院附近的村民每月初一、十五也会到庙上敬香烧裱。腊月最后一天，俗称大年三十。据《定边县志》记载，这一天家家户户"贴门神、灶神、财神，贴对联、窗花、年画，放鞭炮迎神，焚香裱敬神。吃长面'拉人魂'。晚上在庙宇、家堂敬神敬祖后，饮酒长谈，称'熬年''守岁'。宗族男性长幼欢聚一堂，按辈分排列，依次参拜，称'辞年'。女性在家包饺子，准备第二天（年）早晨的饭菜"。①

> 一个是四月初八，一个是年三十、初一这段时间，有的人对这特别相信，每逢初一、十五还去，一般再有人去。再有的人或者哪点不自在了也去庙上问一问，卜卦，人说"官凭印"，官凭的是印，神凭的是卦，到下来那个卦才算事。（LMG：初一的时候就去了，比较方便，就住在附近。）哎对，对的，尽点义务。（ZYX，LMG，20130527，XJH）

四月初六笔者到庙上观察黄塬庙会筹备情况。村民介绍说在三四天前就已开始有人搭棚，村内黄土路因阴雨天气泥泞难行，但是庙会丝毫不受影响，有些村民甚至开皮卡逛庙会，当日广场上已支起四五个帐篷，有办食堂的、摆货摊的、卖西瓜的等。当晚庙上三个殿都亮着灯，殿门已在近日用红

---

① 《定边县志》编纂委员会编：《定边县志》，方志出版社 2003 年版，第 965 页。

漆刷了一遍。皮影戏从初六开始演出,预演三天,后应村民观看需求,又多演了一天,即从初六演至初九。

庙会由初七开始,这一天广场上的商贩货棚已布置妥当,除了各种日用商品,还有本村村民摆起了纸火摊,卖上香用的黄裱纸、香以及炮竹等。庙殿准备工作已经结束,部分村民开始进庙上香,专业剧团的大戏演出也从这一天开始。

初八是庙会的正日子,周边乡镇村落数千群众从远近纷纷前来赶会。这一天是庙会期间最为热闹的一天,会场熙熙攘攘的人群享受各种商贸、饮食服务,广场南边戏楼台上演着传统剧目,南边唱人戏,北边唱小戏,村民戏称"唱对台戏呢"。当地人将皮影戏称为"小戏",初六当晚皮影戏是在戏楼台子上演出,到初七所请剧团到场开始大戏演出时,演出皮影的班子就挪到了广场对面庙院正殿西侧的空地上继续表演。初八当日接纳香客最多,达到庙会高潮。对于当地村民来说,敬神是庙会期间最为重要的活动,黄塬村民在四月初八当日相互之间打招呼都会先问上一句"到庙上去过行"。村民一般从正殿开始敬神,然后依次到龙王庙和财神庙。先烧黄裱①、焚香、磕头,然后上布施。正殿门口有一张红布铺好的桌子,上面放着几个布施单,专门记录历次庙会的布施情况,负责记录的是黄塬村的两位年轻人,也是庙会组织中的积极分子。正殿两侧的墙上贴有布制的红榜,专门记录捐献100 元以上的户主名字及布施金额,整个庙会期间的统筹协调工作由庙会会长负责。到庙上祭神也有一些禁忌,负责清扫整理会场的村民说,平日里"年轻娃娃不能进""女人不能进,特别是事月②的女人不能进",所以在四月初八这一天女人们多是在殿外上香、烧裱、上布施。初九至十二仍然是接纳香客的日子,但人数已减少。到四月十三基本没有人再上庙进香,只有个别因事未能参加庙会的家户会在会期之后到庙场祭祀,所上布施就放置神位旁边。本村村民若有事不能亲临会场,则会请家人先代捐布施,可见对于本村村民而言,上布施有种非正式的义务性质。在村民看来,上布施就和上人情一样,以户为单位。

根据当地村民介绍,过去的祀神仪式分为"会会"和打清醮两种。"会会"就是搞庙会,打清醮是请道教阴阳师傅念经超度,组织庙会时由专业戏剧人员唱神戏,二者都是为了让神高兴。打清醮时就没"会会",但是每年还是以会为主,基本年年有会,打清醮的情况并不常见,有条件才搞。

① 在当地,庙会上香烧黄纸,称为"裱";上坟时烧白纸和少量黄纸。

② 事月:此处是指女性的经期。

现在则基本没有这一内容了,黄塬村最后一次在庙会上打清醮是在1992年。在当地,打清醮本身又分为超度庙神和超度祖先两种。尽管打清醮所需要的人力、物力、财力都远远高出过事情等其他复杂的仪式活动,但是随着当前村民生活水平的不断提高,黄塬村庙1992年打清醮的管事者认为,以后还是继续会有私人家里请阴阳先生打清醮的情况;不过在村庙上打清醮的情况则很难说,至少对于黄塬村来说,已有20多年没有进行该项仪式了。

　　打清醮那是超度神的,念为了让神高兴;打亡醮那是超度亡灵呢,超度老先人。打亡醮是给死了的父母爷爷奶奶念经,打清醮是给庙上打清醮。有的过白事人家打清醮,有的就不打。要打清醮的话就比较麻烦,要许愿。

　　打清醮过程连亡醮差不多,也有点不相同。打清醮要工程,比亡醮麻烦,一共得24根松椽,三丈六尺红布,当中放一张桌子,有个碗,还要上香。这叫"围城"。实际上和那个"破狱"①不一样。92年是在庙上打了一回清醮,那就是为了敬神,连那个白事一样,也张榜、上灯台,要请阴阳先生打清醮。还要抬爷爷,扣字(摇签)也不简单,"官凭印,神凭卦"。卦倒过去就灵呢,六个卦扣上,他要啥你给他倒啥。什么情况下打清醮那也没下数(限制),都是私人许下的。

　　我们庄LTF他妈死的那年,人家还超度了一回庙神,我给管事的。第二天早起就去了。超度庙神就是为了让神高兴高兴,主要为了保护活的人。死了的那个已经死了,让他在另外一个世界里平安。人死了过奈何桥把迷魂汤一喝,他把前辈子事忘得光光的了。

　　本村庙会打清醮最后一次就是92年。阴阳先生管念经超度,庙上那一圈事都是我管。你看到的毛笔字写的本本叫义字簿,记录念了几天经,花了多少钱。里面有很多名字,基本都是男性,只有一个女人,那种情况怕(估计)是她男人不在了,一般女人不上。管事就跟红白喜事的协调人一样,主要是庙上需要用啥去买,需要干哪些事情用哪些东西,派什么人。

　　私人家里以后还会打清醮,不过庙上就不一定了。还有一个,阴阳师傅有徒弟,徒弟跟着师傅打一次清醮就可以剥职(出徒)自己干了,所以打清醮对于阴阳师傅的徒弟来说最重要了。

---

①　破狱:度亡道场的程序之一,这里指打开十八层地狱,以拯救亡灵。

打清醮一定要清锅,不吃荤,光吃素,只吃清油或甜的。有七天的,有三天的。一般都打三天。一打清醮就不唱神戏了。

搞会的话,初八那天要唱神戏。搞会就是为了唱神戏。前几天的庙会就唱了,可能只有我知道。有的人唱了神戏他也不知道,唱神戏唱的啥?有天官,有八仙,铁拐李啊,刘海(财神)、韩湘子,只上这三四个人。四月八那天晚上唱了一阵《香山寺还愿》,那也是神戏,莲台上站个菩萨爷,旁边有两个金童玉女,底下是皇上。这个就是神戏。天官就是上神最大的神仙,玉皇大帝。(庙会中间一天傍晚,换锁仪式结束以后,有三个人穿着戏服进到三娘娘庙正殿里面唱了一段,是不是也是神戏?)那就是神戏。问神让他唱的。[看着笔者在庙会当天用手机录下的视频说道:]这是天官,第三个是活财神,第二个可能也是财神。天官可有人唱得好编词编得好。皮影戏也唱神戏,只唱一阵阵。(ZYX,20130609,XJH)

庙会期间的祀神仪式除了磕头上香与捐布施等内容以外,还有一个重要的公共仪式活动即"抬爷爷",很多村民逛庙会也是为参加或观看这项仪式。"抬爷爷"是通过抬神的行为祈福禳灾的仪式。"爷爷"是对轿夫所抬神的尊称,黄塬村民平日里所称的"爷爷"一般指的是正殿的九天圣母和三肖娘娘,当然,如果抬的是齐天大圣,也可称为"爷爷"。抬爷爷时抬的并非神像,而是象征神威的铁鞭或楼宫,黄塬村抬爷爷多用铁鞭。该仪式需要1个问神人、2—4个轿夫。问神人负责与神交流和看卦、解卦并通过敲锣控制节奏,敲锣声的起止与抬的过程同步;轿夫负责抬神,一个神由两个轿夫抬,即两人共同抬一个铁鞭。(如图5-2)

图5-2 抬爷爷仪式(徐嘉鸿摄)

关于抬爷爷要了解三步:第一步是筑鞭打楼宫,这是为了招神。鞭是神的兵器,楼宫是神的住宅。神有了,神魂、神威也都有了。第二步是招神,在本地,一般招道教神和佛教神。道教神有九天圣母,即王母娘娘、齐天大圣、龙王;佛教神是三肖娘娘、虫王、财神爷。财神是2011年石油老板提议建的①,为烧香方便。过去招神过程中有僧道两班,本地现在没佛了,念经的主要是阴阳先生,逢庙会打清醮、唱大戏、秦腔、眉户、皮影戏,皮影戏用的是陇东道情。第三步就是抬爷爷(如图5-3),当人求神时,轿夫抬起鞭和楼宫,向问神的人问病、问事、求儿卦女、祈雨等。抬爷爷有一个问神的人拿锣边敲边问,抬鞭的一般2个人,有时两个人,有时很多人,包括抬楼宫。决策在于抬神的人。文革之前年年求雨,人借神力,神借人力。(ZTD,20130203,XJH)

当地水资源缺乏,过去生产、生活用水问题难以保障,所以庙会上常会举行祈雨仪式,也是以抬爷爷的形式进行,抬的是龙王的鞭和楼宫,从庙上出发一直抬到有水的沟渠,灌一瓶水然后继续抬回至庙院即可。现在当地人的吃水、用水问题已经解决,所以祈雨仪式已不常见,当地人生产生活条件的不断改善也反映在村民的祭神仪式当中,以龙王为代表的农业神地位的相对下降是一个明显的变化;当然,地位下降并不是说就不再重视,即便对其直属功能上的需求有所减弱,但是龙王庙的香火依旧很旺,"啥都管,哪个神都可以",村民对龙王的祭拜从过去的单纯求雨到现在的综合祈福方向发展。现在所举行的仪式中所抬的爷爷主要是正殿的九天圣母和三肖娘娘,抬神主要是为了求儿女、问病消灾、为子女保锁、换锁、过关(见第三章)等。

我36岁(1997年)因为好奇心问神抽了一签:三十六岁"脱去蓝衣换红袍",当时正是民办教师迫切转正,又测字"完",结果考了全县第一。(ZTD,20130203,XJH)

抬爷爷仪式上还有叫魂等为个人问病的情况或因其他私人问题而问神抽签的。在村民眼中,庙神爷爷很灵验,特别是一些问神后事情得以顺利进行、所遇问题得到妥善解决的事例,更是加深和强化了村民对庙神的信仰。

---

① 这里有一定误解,见后文的财神落户案例。

唱神戏那就没个啥限定,如果有能力的话,你可以三天三夜全唱神戏,就是表达那么个意思。(父亲插话:不管咋个神戏这一段必须要有。他就是这一个人许下的愿。)在庙上唱之前,要表明他为啥要唱,和生活中的来历一模一样,只不过叫法不一样,给神仙唱,叫唱神戏。(父亲插话:实际 JSH 那种情况在家也能唱,他向庙里许愿是趁庙会呢,把爷爷请过去,咋个也行。)人跟神都是虚幻的想象出来的,根本没有条条框框,咱们现在法治社会,比如我跟你谈话,打电话预约,那你不能说跟神打个电话,"来"。

不是说不应该唱神戏,也不是很随意,这只不过是人的一种表达方式而已。同样事情,你咋个操作让他更形象更具体而已。另外,悼念这个是红火,人有钱了才搞。现在崇尚科学,用科学解释好多事情,人的这个文化越来越落后,一些问题解决不了,有些事情解决不了放到那个地方应验了,人自己心里面就不得不信。信还是不信这个看从哪个角度讲呢。人的价值观不同,世上无奇不有,但是不能说用绝对的话去概括它,不能用任何语言去批判人家,法律上规定人家都有这样的自由。

(父亲插话:人实际上半疑半信,那都是人操作的。变化方面,过去的神戏还唱得漂亮,在我的印象里说,唱的词也多;以前现在都有唱,非唱不可,至于唱得拐(坏)与好,我觉得有文化戏还唱得好。大戏五几年就有了,迷糊子四几年就有,也要唱一段神戏。)(ZHW,ZYX,20130609,XJH)

唱神戏是敬神的重要内容,也是庙会期间必须要进行的事项。正如前文一位村民所表达的:打清醮是通过超度神的方式让神高兴,办庙会是通过唱神戏的方式让神高兴,都为娱神。作为庙会期间不可或缺的段子,唱神戏的变化还是在于不同时代与社会条件之下戏剧种类的差别。庙会期间的戏剧表演基本由庙会组织筹办,所需费用从布施捐款中支出;但是也有村民因为还愿而请戏班子演出的情况,笔者参与观察的庙会,前三天(四月初七至初九)的皮影戏演出就是本村村民 JSH 私人花费两万元请来的,因为之前出了车祸,他的老伴在家里向神许愿,如果丈夫能好,就在庙上唱三天皮影戏;所以其请戏班的主要目的是为还愿。即使是私人请下的戏班演出也必须有唱神戏的部分,唱之前提一下本人的名字即可。

信神是应尽的义务。你去庙上看那个榜,红布上都有人上的礼、布施,谁也不给谁摊派,随心,想上多少上多少,有1000的,还有600的,200的,这就是行自己的义务,冇人强迫。

咱们村都信神、信庙。因为是我们祖传的风俗习惯。厷个青年人比我们信得还要厉害。人家出去可能也都是求平安,遇见啥事保卫人。年三十后响初一早起,我们都去到庙上,有的人在初一早上去烧个头炉香,不会说的烧上一张裱文就走了,会说的人去了说两句:"本庄庙神保佑我全社人等,大的无灾,小的无难,五谷丰登,六畜平安。"这个不用给钱,也有人家放到香台上一些钱,表达人的心情。香台上的钱除过会长冇人去拿。

过去人医学不发达,没有医生,迷信统治社会,认为娃娃感冒发烧,是被小鬼抱了去,他就抬起爷爷,拿上这个鞭子打,用火燎。(LMG:现在咱们讲科学,信那种的就进到神里头祷告,说两句顺情话。)现在的庙会还是这种习惯,改不了,还是为信神才会这个庙会。年年唱大戏年年会,传统改不了。

不是六三年就是六四年,沙塬中学把咱们的庙拆了。一拆冇法信神。破四旧立四新,不让抬爷爷么。神那已经都藏了,该上交的上交。(LMG:冇神冇鬼。这个科学,毛主席的社会。)有病你就到医院看,吃药。也有偷偷信神,有病首先找神仙看的。那不怨毛主席,你咋能怨了毛主席?话只能那么个说,"一朝天子一朝臣"。按我们的土话来说,毛主席那人家也算个真龙天子么,人家说冇神就冇神么,那得相信。过去埋人还要阴阳师傅,一从文化大革命就不用了,光埋下。

(那个时候说没神你们相信了,现在放开了你们又开始信了,到底是相信不相信?)(LMG:那还相信,祖传的有那种习惯。)你听我给你说,老百姓是一群羊,谁来谁赶上。你是个吃草的,谁来你就听谁的。文化大革命说是纯粹不叫信神,整个禁止,红卫兵那一天看着,到年三十儿晚上还有偷着上坟呢,破四旧立四新那么紧张那人家该烧纸的还信着尼。我还发现这么一个事:在那会人冇啥烧,我们老人就拾粪,就在我们原来那个老庙的墙上,有三尺七寸布票,那会人穷,外国评论咱们中国人两个人穿一条裤子。ZZB先拾回去,ZTX(ZZB儿子)把他大说了一顿:这肯定是人家还愿,你不敢给人拿。ZZB把那个送回去,后来我们姑舅大又把那个拿回来,我说你不敢拿这个东西,人家肯定是见了效……三尺来布也得一个钱啊,那会一块八毛钱都穿一条裤子。所以我们老人把那个又送回去。(由此可见)那么紧张还有信神的。那该许愿的还许愿,明着还不了愿就偷着还。年轻人那肯定还要信,我认为现在年轻人比我们那会信得厉害，(布施)还上得多。现在国家在宗教这一方面可能是放松点也叫信，我看现在念书的人还信得比我们厉害。(LMG：庙会上许愿的、上布施的还多，那烧香烧裱可上几百块。对神就随他的心意，不信任一分钱不出，信任的话有多有少。)四月八那天院里那个香啊，路上都烧满了，小伙子年轻人多得很，都赶着去里头，人家说："这些娃娃你光磕头，把香放下，把裱放下，只磕头。"那些娃娃回："看你说的，我们来就是烧香的，你不叫我们烧香磕头。"我说对，对的，你有多少烧多少，"心意上要来烧香的人，不烧一炷香磕上个头走了还能行?!"这里面也会有攀比，竞争强烈得很。

竞争性强这个不会影响信神，因为信神太厉害才竞争性强。200上有500，500上有600，600上有1000。从信神上来说这个好，因为各人敬各人的心，不管爱面子还是啥，反正他上布施也好，这号事情总的来说要来人，不来人搞不成。

现在虽然是法律统治社会，但是大家还是信神。实际上，这东西是过去读过九经四书的人研究下来，也是一种科学。有些解不开，人说头顶有个天，就神(判)断去。但是最尾还是科学解开，科学解释不了的人就说由天(判)断去。

反过来我再给你说一个啊，金木水火土，这要不缺尼。但是哪一个人都缺尼，不是木缺，就是土缺，这就是科学。过去那会儿识字人少就不会读么，100个人里头有1个识字人，最后转(变)的是100个人里头有10个识字人，现在又转成了100个识字的只有10个不识字，最后转的100个人只有1个人不识字。总的来说科学厉害。(ZYX，LMG，20130527，XJH)

抬爷爷仪式本身带有表演的性质，部分村民也坦诚"有点做作的那种感觉"，但是这并不影响他们对爷爷的敬畏，正如村民所讲述的事例，文革时期也未能完全控制住敬神的行为，在村民眼中，"再强制大家都改不了，都习惯了"，以后的年轻人也是一样。一位在宁夏工作多年的黄塬村民介绍说他对神灵深信不疑，以自己出事情生病期间的见鬼经历为佐证，将自己前些年的不顺归结到超验的东西上来，这位村民在自己经历抬爷爷仪式而转祸为安后就更为相信家乡的庙神，认为近些年工作各方面都很顺利，将其归功于庙神的福佑。有些村民还认为信神也是一种科学，自有其合理之处，以此弥合科学因话语权上的压倒性优势与迷信的裂痕。

二、庙外助兴表演与物资交流

庙会期间分两个场地:一是庙院内,一是庙院外的海中寺广场。庙院内只进行神职活动,焚香、磕头、上布施以及抬爷爷等相关仪式活动;庙外广场上主要是戏剧表演及物资交流。定边县流行的戏曲主要有秦腔、眉户、皮影戏3种。秦腔因其演员多,道具又复杂,演出时占场地较大,且以城镇演出为主,故乡间称其为大戏。皮影戏演员少,一般五人即可,道具简单,占场地小,且多在乡间演出,俗称小戏。眉户无专业剧团。秦腔剧团及民间业余小戏班均能演眉户剧。过去只有皮影戏等小戏表演,现在则大戏、小戏都能唱。近几年随着人们生活水平的提高以及精神娱乐的需求增大,剧团除了演唱戏剧名段,还添加了文艺晚会的新内容,以适应不同年龄层次村民观众的口味与喜好。

> 过去的庙会除了戏剧、货铺摆摊、做买卖等内容,还有耍社火的、舞狮、陕北秧歌等。以前的庙会传统内容就是唱戏、迷糊子、宝棚、开馆子、卖小吃、卖布的⋯⋯都是趁着人多做生意,搞这个庙会最重要就是信神的事。(ZYX,20130527,XJH)

黄塬村庙院外广场上的助兴表演主要是外地专业剧团演出与本地皮影戏。前者主要演唱秦腔、眉户等剧种,皮影戏在当地流行年代较早,传入县境已时近百年之久,俗称"皮娃娃",早年多在乡间庙会、集市演出,平时走村串乡,或为祈雨,或为殷实家户还愿唱戏。偶尔也在周边县区等地演出,很受乡民欢迎。旧时皮影戏演出剧目多带封建迷信色彩,还有唱神戏及给小儿过关煞等迷信专场演出,当地老艺人演技高超且腹内戏本①颇丰,可连续百夜不演重戏。民国25年(1936)定边解放后,皮影戏受到人民政府的重视,多数皮影戏班新刻制剧中人物,演出小段新戏②,宣传破除迷信、讲究卫生、戒烟禁赌、改造二流子等等,成为民众健康的文化活动和文艺队伍中的一支力量。"文化大革命"开始后,皮影戏停止演出。十余年间,老艺人相继去世。70年代末,一些皮影戏班先后恢复活动,均由新艺人组班执掌。90年代,沙镇周边一带皮影戏很活跃,演员达七八十人,当地乡民管理的私人

---

① 主要演出的剧目有:《九连珠》《照城珠》《徐成换子》《昭君和番》《紫霞宫》《三月会》《玉山聚将》《牧羊圈》《蛟龙驹》《狸猫换太子》《三打白骨精》《蝴蝶杯》等等。
② 当时边区流行的新剧有《兄妹开荒》《大家欢喜》《夫妻识字》等。

皮影戏箱就有十二三副。皮影戏大都利用冬季农闲时间演出，收费低廉，五、六十年代每台收费 5 元—10 元，七、八十年代 10 元—20 元，九十年代则 20—30 元。观众少则几十人，多则上百人。温暖季节晚上无风时，露天场地观众多达数百人。[①]

皮影戏表演请的是邻村鼓乐队中从事多年皮影表演的艺人。笔者参加的黄塬庙会期间，皮影戏演出从初六到初八三天每晚一场（20:00—22:00），皮影戏班子成员有六人，皆为周边村落村民，年龄分别是 51、48、44、70、61、80 岁。其中一位成员介绍说，他的家在黄塬村附近，有 5 公里，天气好的话自己就骑摩托车来回；但因演出期间下雨所以住在班主所在的冯团庄（黄塬村的邻庄）。皮影戏班三天的总收入为 2400 元，每人三百元，剩余 600 元作为道具修理等公共费用。皮影戏三场演出剧本是《白狗圈》《冬宫扫雪》《阴阳碗》等古戏，最后一天的庙会还加了一场皮影戏，唱的是《乾坤镜》。几出戏剧基本皆为宣扬孝道，言说好人有好报。前三天的演出因为是私人还愿请来的，所以费用由私人承担；最后一天的加演则由庙会组织承担。在演出过程中，皮影艺人还会时不时加进一些地方上的人物语言，引起观众阵阵发笑；其审时度势的演出及精湛的演技深得村民喜欢。所以虽然近些年有了大戏的加入丰富了庙会的表演内容，但是操作方便且成本低的地方皮影戏始终深受欢迎，村里有很多皮影戏的忠实戏迷。

秦腔剧团于初七到达会场，并于当晚开始在戏楼演出，皮影戏班初六在戏楼演出，在大戏班抵达后将戏台改至戏楼对面九天圣母正殿西侧帐篷内。老年人更喜欢看皮影戏，年轻人敬神后主要逛庙会，看戏剧的较少；所以庙会前期观看皮影小戏的人更多些。庙会大戏演出剧目有《徐扬盯本》《探窑》《劈山救母》《刘备会荆州》《斩李广》《窦娥冤》《三娘教子》等。不管是皮影戏还是秦腔剧团的唱词，都有教人向善的教化作用。

剧团最后两日晚上安排的演出是文艺晚会，这是应村民娱乐需求而增添的新内容。庙会第一场晚会到场三四百人，相较之戏曲表演时观众只有二十多人的情况可谓场面宏大，全村村民特别是年轻人基本上全部到场看晚会，一些中老年人搬着凳子前来看节目，周边村民也有开车来凑热闹的。晚会内容涉及歌舞、哑剧、小品等，整体内容比较健康。

剧团第九场晚会节目单

开场舞

---

① 《定边县志》编纂委员会编：《定边县志》，方志出版社 2003 年版，第 823—825 页。

歌曲:《愚公移山》《负心人》《大花轿》

小品:认钱不认爹

女声独唱:《献给阿妈》《伤不起》

板胡独奏:《送货下乡》

男声独唱:(无名)

女声独唱:《圆梦》《青藏高原》

藏族舞:《吉祥鸟》

哑剧小品:《盖章》

眉户剧:《张亮卖布》

男声独唱:《精忠报国》《蓝色的故乡》《敖包相会》

哑剧小品:《候车室的故事》

多数节目具有教化意义,如《认钱不认爹》是宣扬孝道,讲三个儿子对待生病到西安领养老保险金回来的老爹的不同态度,不孝大儿子金山天天摇宝但媳妇"对着呢"①;二儿子银山耳根子软,听媳妇教唆不敢孝顺老父;三儿宝山家境不好,三儿子长期在外打工,但是三儿媳、三儿子都真心养老。最后以老父签字与大儿、二儿断绝父子关系,并将自己的 10 万元养老退休金交于三儿媳而告终。节目演出过程中台下不断响起阵阵掌声,尤其是三儿媳出场时,下面有年轻人开玩笑说"这是个好媳妇,鼓掌",笑声中讲"道理"不失为一种很好的教育方法。有村民认为晚会整体一般,但是很喜欢这个小品。哑剧小品《盖章》则是讽刺当前的社会风气。有些办事部门的工作人员贪财贪色而不顾及受苦人②,一位村民看到该节目感叹:"这就是说现在的腐败呢。"《候车室的故事》也是借社会缩影讽刺当前社会现实,侧面进行情理说教;不过隐喻得过头了就不容易看懂,让观众只是觉得搞笑而已。一位妇女说"没看懂,就是觉得哈哈笑笑就完了,不知道这个小品到底是要说什么事情"。

庙会的最后内容,也是剧团的最后一场演出,是一半折子戏一半晚会,另外又请皮影班子唱了一场。折子戏唱的是《秦香莲》部分唱段,晚会同前一晚一样是歌舞、哑剧、小品等,其中三个小品分别是《亲家吵架》《傻子上课》《医生打针》,第一个小品讲的是婆媳关系,第二个讲非正常群体,第三个

---

① 对着:方言,形容人很不错,在这里意思是说虽然金山对待老人不孝顺,但是媳妇孝敬老人,很不错。

② 剧中指拾破烂的人,该演员演得惟妙惟肖,台下甚至有观众往台上扔矿泉水瓶表达回应。

是医患关系。都是比较有现实意义的主题。皮影戏先唱神戏再正式演出《乾坤镜》。最后一晚两边对台戏观众都比较多,会长介绍说第一场晚会演出当晚庙上有一千人,笔者认为这个数字有点高估,应该在五六百人左右;第二场晚会到场村民估计有二百人左右。

3. 物资交流

物资交流等商业活动在庙院外的海中寺广场进行。主要是以下几个种类:(1)卖香裱。该摊位有 5—6 家,皆为本村村民置办,主要是在四月八前后两日摆摊,供香客敬神之用。(2)办食堂。庙会期间卖饭的有 4—5 家,最大的帐篷摊位为本村人置办,丰营饺子、羊肉等,最受村民欢迎,该摊位也是庙会组织招待客人的主要地点。其他小摊位主营麻辣烫、面条、凉皮、羊肝穰皮等小吃。(3)摇宝摊①。过去称为宝棚,由郭罗会组织。据县志记载,新中国成立以前的漫长岁月中,定边赌博盛行,不仅民间滥赌,官场中也在狂赌。有长期以赌为业者,有开设官赌者,有因赌倾家荡产、家破人亡者,有债台高筑铤而走险而盗抢钱财者,有麦收、秋收大忙季节赌场不散者,也有不管妻儿老小饥寒灾病焦苦弃家不顾者。新中国成立后,党和政府严禁赌博,经过 10 年治理,县内赌博基本禁绝;但"文化大革命"后期,又有抬头之势;到 80 年代,赌博歪风泛起,由过去的单双(摇碗子)、掀花花(天牌)、闷和(纸牌)、扣明宝等发展到游戏机、台球、象棋、飘三叶(猜黑红牌)、诈金花、捉老麻子、打麻将等等。少数人以赌为业,大赌特赌,赌资高达数千元上万元,个别有达 10 万至数十万者。专业赌徒"组织严密",行踪不定,有手机、小汽车等现代通讯工具和交通工具。公安机关每年坚持查禁赌博,严厉惩罚,赌博歪风有所下降。

> 以前的庙会有郭罗会,在庙会上摆宝棚。现在没有了,文化大革命把那郭罗会也打倒了。以前你问个店,掌柜的,你们有处住吗? 人看你不是郭罗会,就不让你站而且要打你。有暗号,你就问"掌柜的在家不在家",出来个女人,实际上男人在家,女人说"掌柜的不在家,家有一朵花,你是梁山哪一家",你就回"我是梁山第二家",对方就说"请进请进",让吃一根烟,"请大哥子在云头绕一绕"。都有专门的暗语。这东西娃娃说不了,都是老人传说。(ZYX,20130527,XJH)

笔者调查的庙会期间有一家摆摊耍赌,也只是在四月八前后人流量最

---

① 参见《定边县志》编纂委员会编:《定边县志》,方志出版社 2003 年版,第 972、974 页。

大的时候摆了两天。据村民介绍,"以前耍赌的一般不在会场,都是一个跟一个扎堆摇宝"。现在虽有摊位但也不敢过于张扬,庙场上的摇宝摊位玩的数目较小,喜欢摇宝的村民多数还是选择在家里进行支赌耍赌。(4)货摊。主要是卖衣服鞋袜、杂货小商品(如五金之类)、水果、坚果、菜、种子、苗圃等。

> 摊位1:卖小零食、水酒等百货,这一家住沙镇,刚开始学做生意,庙会摆摊三天赚了400元左右。旁边摆摊的是卖凉皮和卖服装的帐篷摊位。
>
> 摊位2:卖水果、饮料、菜等。这一家摊位是会场上最大的,干了12年了,三个亲戚合伙干,一个来自甘肃天水,沙镇上有亲戚,合伙在镇上开了门市,卖菜和水果。这一家货摊既有固定场所又有流动摊位,哪里有集市去哪里卖。本次庙会毛利润一万元,纯利润两三千元。主家说,流动的赚得多些,因为可以骗人,并开玩笑说"专门宰熟人呢""反正把钱挣了就行"。流动摊位一年可赚14—15万元,固定摊位每年赚7—8万元。最远时跑到内蒙包头前旗县。本次未交摊位费,布施上了100元。
>
> 摊位3:耍赌摊,上了1000元布施,参耍者有50—60人。
>
> 摊位4:卖凉皮,在冯团庄(黄塬村邻村)有固定摊位,2013年是第一次到黄塬庙会上,摆摊七天。
>
> 摊位5:卖百货(烟酒、饮料、小吃等),主家是本行政村村民,年年赶庙会,2013年是第三年摆摊。最远摆摊到西墕塬乡。主家原是木匠,且为庙宇修建的重要参与者,现在主要是做砖工。主家介绍说2012年庙会有2000—3000人,其四月八一天卖了8000元;今年只有1000人,四月八当天连本赚了3000元。
>
> 摊位6:羊肉馆,主家是本行政村村民,2013年赚3000—4000元,2012年赚了8000元。(XJH,20130521)

2013年黄塬村四月八庙会现场有20多家摆摊,其中搭帐篷以固定摊位者有10家。据当地村民以及摆摊者介绍,逛庙会的人一定会上布施,数额不等随捐者心意;本村村民一般每户捐100元,摆摊的人一般每家捐100元;会长说往年的庙会对外村人摆摊还会收30、50、100元不等的底盘费,2012年收了700多元;今年没有收底盘费,"收了惹人"。庙会期间的会场清扫工作由会长组织个别村民每日清晨义务负责;庙会结束后则雇人收拾。庙会后的庙场空无一人,恢复平日的冷清,与过年及庙会期间的狂欢热闹场

面形成对比。(如图 5-2)

三、财神落户:一个关于伦理源于日常的案例

以下选取财神落户黄塬村的案例来呈现城镇化推进过程带给当地敬神方面的变化。

> 有村民说,2010 年村庙里"新树"了一座财神,(原有的神像有九天圣母、三肖娘娘、齐天大圣、药王、龙王。)这是在石油老板的建议和投资以及村庄能行人的配合下树起来的。据村民讲,其缘起于一位刘姓的石油老板想要拜神,但是庙里没有供人求财的神,所以才有了现在的新神。而 ZYX 则说财神也一直就有,并非如之前听说的 2010 年才进村。(XJH,20130305)

上面选自笔者的田野日记。后经调查访谈的进一步深入,笔者搞清楚了关于财神变化的真实文本:财神以前一直是作为副神在九天圣母旁边放着的,到 2011 年由黄塬村村民 ZX 等人出资为他建了一座财神庙,财神成为财神庙的主神。ZX 以及外来老板等四个人每人捐 5000 元,共捐款 2 万元用来建财神庙,不够的钱款从上一次庙会所得布施中扣除。所以,并非之前被误导的"财神进村",而是"财神升级,新建财神庙",不过这背后仍是一种功利化的显著表现,即现象不同,逻辑是一样的。

自 2000 年石油开发带动了村民致富以来,村庄生活各方面都有明显的变化,有些村民在衣食住行用上的条件水平甚至要赶超县城,农民的生财之道越来越依赖市场,伴随市场进入而来的理性功利与世俗似乎已深入人心。借由外来势力与本土势力联合而不断升级的财神便是明证。

但是,功利化的趋势并不代表当地人的生活已经完全脱魅而走向全方位的世俗,"如果说传统中国人努力对家庭、对其他社会团体尽忠诚之义和达到团结的目的,超越了既有知识和世俗利益的限制,从超自然力量的观念中获得了力量;那么农民在经济方面的奋斗中则赋予了宗教更重要的地位。"[1]由前文章节可知,神圣超脱的精神就孕育并渗透入当地人的日常生活之中,是为"圣凡一体"。对于他们而言,神圣本就隐含于世俗之中;笔者调查期间深感当地人内心始终饱含对超验的敬畏态度,仪式活动中这种敬畏

---

[1] [美]杨庆堃著,范丽珠等译:《中国社会中的宗教——宗教的现代社会功能与其历史因素之研究》,上海人民出版社 2007 年版,第 72 页。

感尤为显化,世俗化的表象不足以成为证明当地人没有超越性的例证。而且最关键的问题是,财神这一经济神地位的上升恰恰证明了伦理来源于日常生活。社会经济的发展逐步影响和改变了当地人生活的逻辑,从求生存转向求发展;从宗教的角度考察,农业神地位的下降和经济神地位的上升与现实社会生活的变迁紧密相连,这是社会影响宗教的直接例证。

黄塬村财神的故事还有后续发展,与黄塬相邻的冯团庄的庙会会期是在农历五月,四月八黄塬庙会期间某村民提起冯团庄最近在盖庙,并且从外边不知哪里塑了个财神的泥塑像,想要把财神放到黄塬村的财神庙里。黄塬村有财神庙,但没有泥塑财神,庙内只是一块红布上书"供奉财神老爷之神位"。黄塬庙会会长回应如何看待此事时,言及听说有这么个事情,但是要把他们的财神搬过来不可能,"如果要搬他们自己问爷爷去,我不管"。认为这件事不能这么办,意思是搞不好会触犯庙神、出什么事情。巧的是没过多久冯团庄庙会会长的妻子出了车祸死了,虽然没听到有人说这和财神庙有什么关系,但是个别村民透露出来了类似的意思,村民的议论难免让人不产生这些事情之间确实有某种关联性的感觉。有村民认为,黄塬村盖财神庙是财神"想"在这里落户了。

> 听说冯团庄在盖一个财神庙,好像是想敬财神。他盖他自己的,他们要在我们地界上盖财神庙那就不允许。我们当时好像是抬爷爷,抬起我们娘娘问说是有个财神爷,就跟人一样,想在咱们黄塬的这个庙山落户居住。他们问卦,咱们都说不清那些事情。有人提议有个财神爷或者啥神神想在这,要给人家立位。立位,咱老百姓说的话,就是落户,想入这个庙。咱们就给人家盖。当时盖这个财神庙没有让捐钱,花费的是庙上的钱。原来我们盖第一处庙时,是家家户户捐钱,还捐点吃的米、面、油,椽,这木头都是捐的。后来会起庙会有人来上布施,就再不用捐钱了。
>
> 现在这三座庙谁人也不属,那庙是属于人家神仙的。就像咱们人住,这是儿(子)的地方,这是老人的地方,各是各的地方。原来有一点公共地,以后靠近边边,还有私人的地已经分到户上,人家也情愿让盖。那他不敢(拒绝)。神仙那是众人家的。谁来都可以敬。哪里来的人都可以烧香点裱。道理是一样的。庙设了神宫以后他不能说这庙是我的,不能说这点地是我的;也不属于四个捐款的,就算他捐上五千、五十万,还是属于神公的。出钱是为敬他那份心意,地方永远属于人家神仙的,永远属于大家的。咱们村没有单家独户想盖庙的。(妻子插话:没有那号人。)(LMF,20130606,XJH)

由上,黄塬村只是为老神盖了新庙,即财神落户;而冯团庄的情况才是真正的新财神入村。尽管有村民说过"天下人敬天下神",所有的人都可以来拜本村庙里的神;但是若把别村的神放到本村的财神庙里就不行,为什么到具体事情上就有差别了?从村民对外村财神不入本村财神庙的"排斥"态度来看,财神似乎也有了边界;但是事实又不尽然。拿当地村民的话来说,建个庙意思就是神在这"落了户了",跟人一样;外面的神想在这落户那得看本地神的意思,不经同意就想搬进来是要"触神怒呢"。这种观念类似于白族的本主信仰。每个村都有一个本主,相当于村里的父母官,虽不及玉皇等大神级别,但因切实得知村民疾苦而广受当地人爱戴,管理范围有限,但是在管理辖区之内则无所不管。所以,这里呈现出的边界并非神的边界,这种表面上的神的排斥性源于村民心目中以及实然状态下的村社边界。现实中的行政划分也影响着村民们的信仰世界,在外人看来荒诞不羁的想象也有其蓝本,历史记忆在村民心灵深处总会找到释放的方式和具体途径。所以,宗教来源于社会现实又不断形塑着社会现实。

四、基督徒逛庙会:两种信仰的冲突与融合

黄塬村有两户信基督教。笔者在与其中一户谈及耶稣信仰的事情时,对方介绍说妻子从90年代开始信耶稣,当时因为生病接触了陕南教会到当地传教的人,不久病愈便有此信仰。三个孩子中儿子无此信仰,两个已出嫁的女儿受母亲影响也信耶稣。不同于去教堂做礼拜的信徒,他们一般每周有一次聚会,四五个人,在家里唱歌并讲课等等。虽然和其他村民一样逛庙会,但是不敬神、不磕头、不烧香,平时只做祷告。对方自称什么神也不信,并认为村庙里供的九天圣母等"爷爷""都是鬼,不是神"。而他本人之所以不信(庙)神源于其上中学时的一次经历:

> 我说这咋见鬼了,起得过早,瞌睡得实在不行,结果一惊醒看到哗哗哗冒蓝火。我那会是小娃娃,迷信传的有鬼有神,这(恐)怕是神鬼。后来中学上化学课,老师讲那个红磷反应,结果一下子明白了,哪的神鬼?这明显是磷的反应么,磷和空气一接触,冒火,哪来的鬼!原来小时候不敢见坟,从那以后,一点不害怕了。
>
> (为什么还信耶稣?)那东西有些神奇,我们红柳沟有个白血娃娃,那年害了白血病,到西安、北京检查都有看好,最后县长、县委书记带头捐款,记得我那两个娃娃都给捐过款,那时候人都穷,小小娃娃有捐五

块的、两块的,结果有看好;后来人家信那个祷告好了。从那搭开始,我婆姨一有病就祷告。

抬爷爷(我们也)去,那(是)耶稣给这些也分了一点(神气),多少还有那么一点。爷爷他不是一种神,咱们是为了敬仰那些信仰,从实质上来说那是些人,是鬼。老先人那个太愚昧了,过去皇帝为了统治百姓,想尽一切手段。老先人在世的时候,你把他虐待得穿不好吃不好,经济上虐待,生活上虐待,死了弄那么多的纸火,花那么多的钱纪念,那个已经成了一堆白骨了,那你为啥不把钱背上一捆,把人民币放上烧,咋用那些钱?! 所以啥事都不顶,只不过你就追远。

(那你追远么?)追呢,那肯定。世俗①么,咱们破不了的事,咱们半个人的力量,正儿八经这个世俗破不了。(ZHK,20130525,XJH)

化学课上老师关于磷的解释让他弄清了自己一直耿耿于怀的鬼火的来龙去脉,从此不再相信鬼神之说;称自己"一点不信"庙里的神,对耶稣则是半信半疑;并以治好邻乡村民连大医院都治不好的病为例证,认为耶稣是级别最高的神,庙里的"爷爷"之所以灵验也是因为耶稣神分了一点神力给他们。尽管保持与村里大多数村民不一样的信仰和看法,但是在基本的风俗习惯上还是要遵循主流模式,正如这位村民所说,"世俗"是破不了的事情;在日常生活中,他更重要的身份是村落中的一分子。

提到和村里基督徒的闲聊,有些村民很不以为然,非常看不惯也听不惯其言行,包括对方所信的耶稣及相关的信仰行为如有病不看也不吃药,而是祷告;参加村里的过事情但是过白事追远时不去给逝者点纸等,村民尤其以不满甚至愤怒的情绪看待其后一种行为:"连给老先人点纸都不点!"社会事件使社会结构具象化,家族内部仪式活动中的矛盾冲突凸显出当地人最为看重的价值内容。村民对村内基督徒不给老先人点纸行为的负面强调反映出当地村民对祖先的看重,对家族、血脉的普遍重视;不给祖先烧纸被视为非常严重的不敬行为。

咱们村有信耶稣的,听说连(和)咱们不一样,因为咱们这属于道教、佛教,耶稣教这是人家传出来的,原来咱们这根本不知道耶稣教。实际有个别人信,大部分的人都不信这个耶稣。信耶稣教那必然少。听说有人信,但谁也不愿意问那个事,你愿意信啥信啥。我还见信耶稣

---

① 注意:对方在这里所说的"世俗"表达的是"风俗习惯"之意。

的人他也来庙烧香呢。

　　听说耶稣教家里娶媳妇子或出嫁女子不过事,也不吹请鼓乐队。

　　(咱们村别人家过事他会不会参加上礼?)那他参加。按道理说,信那一教的人彻底连大汉族这道教失联系了。因为不是一个教,啥都不一样,但是他们要来。咱们都是道教,回族的话人家是伊斯兰教。遇到这种信耶稣教的人也觉得很奇怪,咱们原来老先人一直到现在都信的是道教,为啥你要信耶稣呢?咱们大汉族人几乎都是信道教多,咱们中国遗留的是佛教、道教。再一个是伊斯兰教,是人家回族的。现在回族跟汉族结婚的可多呢,宁夏和咱们现在那就互相在一搭靠着。(LMF,20130606,XJH)

　　当地人认为现实生活中有些事情科学解释不了,所以即使学过科学知识,对于庙里的神依然是半信半疑。有村民以二十年前另一个乡镇张崾岘一带发生的轰动全镇的事例,向笔者说明他们的庙神信仰并非空穴来风。正因为一些事情无法用科学解释,所以当地村民心中始终留存一份对未知事物的敬畏。

　　有一对夫妻种地间歇,妻子到一棵树下小便,后来得了邪病,经常说些胡话,"你在我头上尿了一泡尿""你看我把你车抽起来"。你看车旁边啥人都没有,但是车在哐哐哐动。"我拿枪打你,你能打着我呢?我在烟囱嘴嘴这呢"。天天就这么说,这边啥人也没有,她就这么说。当时很惊动的,公安局都来人了,放枪打根本打不着,你说这咋解释,也看不见人,她把你车抽起来,你说这用科学现象能解释清楚吗?就是说那个鬼附到那个婆娘身上,借助她的身体,后来也不知道怎么了慢慢(那个魂)就没了。(ZTL,20130525,XJH)

　　综上,我们看到基督教信仰与村庙信仰以及家神信仰的冲突,但是对于黄塬村来说,这种冲突算不上什么大事,因为主导信仰依然是老一辈人传下来的敬祖祭庙神;所以他们将村内仅有的两户基督徒区别开来或忽略其异质信仰,有时甚至忘记自己村里还有两户基督徒。只有在公共仪式活动中他们有异于他人的行为时才会记起这种差异,并以基督教有另一套规矩为理由对其异常行为进行解释。由于生活中大部分习俗习惯还是相同的,所以日常生活中,这两户人家与村里多数人还是一样,也有村民认为他们并不是真正意义上的基督徒。比如过年时的磕头礼俗等让他们将基督徒还是视为家族内部成员。在这样的生产生活密切联系且必须相互帮忙的生存环境中,失去了多数人的认同就失去了继续在这片土地上生活的理由和支撑。所以就整体而言,黄塬村的基督徒是被其地方性规范所吸纳的,村民们对其采取大包容小排斥的态度。

> 人家是基督教,敬的是耶稣神,跟咱们不是一教。那肯定不正常。咱们要是都成那号基督教,那就"正常",但是只有他两三家。就是说83户人若有30户人信基督教都不算正常,除非都信了。你听我给你说,(就算)大多数都信了我们还可以排斥他;因为我们是老根本。就算八十几户人有60户人都信基督教,因为我们这20多户是老传统下来,所以还能排斥他。因为他们是新闹下的。这就看谁资格老。
>
> 他们这些人也逛庙会,(但是)不敬神不上礼。没有人家的义务,人家也不进去磕头,也不烧香,也不点裱。就串一串(门)。
>
> (你们觉得这个耶稣是不是神?)耶稣实际上这是一种反动组织,就连我给你说的郭罗会一样。(LMG 插话:好像是从日本传过来的。)(ZYX,LMG,20130527,XJH)

村民以庙神信仰为根本,并在各种仪式活动中不断强化这种信仰;基督教的出现以及基督徒因循教规未将事情处理好的若干事例等,让村民看到这种异质信仰的危险,也从反面强化了村民对庙神信仰的认同。

另外,当地宗教信仰"发达"的原因与其整体医疗水平无法满足村民需求亦有关系。黄塬村村医以关中一带的医疗现状作对比,认为其一个行政村的卫生所赶得上沙镇卫生院,全镇30个行政村中真正合格的医务人员很少,镇上主要抓的就是黄塬村和冯团庄两个大村,其他村的诊所基本是虚置的。在这样的医疗现状之下,村民在精神上就更依赖于传统"巫术"来疗心,所以即便是生活上随着石油开发带来很多变化,但是整体来说还是遵循老一辈人传下来的规矩。村医认为"抬爷爷问病是精神,是对人的心理治疗",他个人不信也不反对,作为持有一定科学理念的乡村医生,他的态度是将医学和精神结合起来,认为"迷信"有时也会起到积极作用,精神好了更有利于治疗;但是又不能信得太过,比如村医的邻居因为信耶稣,在其7岁的孩子得了肺炎后不进行治疗而只是祷告,最终导致孩子死亡。村医认为此例就是信仰过度的明证和教训,如果主家及时将病者送医院打青霉素治疗,孩子也不至于死掉。

村医认为其邻居因为信耶稣而不相信医学是不明智的,而因为信基督不给老先人点纸则更是不孝的表现。整体而言,村医以及村里大多数村民对庙神信仰与以现代医学为代表的科学采取并融的态度。既相信现代医学,也不排斥传统的"精神"治疗。

第三节　仪式权威弱化,受众信仰遗留

神职人员与受众是考察仪式变迁的重要变量。黄塬村庙祭神仪式的权威主要指问神人、轿夫以及庙会会长。问神人主要负责主持庙会期间祀神的仪式,轿夫为抬神仪式中问神人的重要助手;会长一方面要协助问神人完成仪式活动,另一方面还要统筹协调整个庙会期间的日常事务。协助庙会会长处理相关事宜的还有八个以青年为主的积极分子,这些人共同构成黄塬村非正式的庙会组织。

笔者所参加的黄塬庙会上,抬爷爷的问神人是甘肃环县人士,已做了二十多年的问神者,曾在甘肃老爷山庙上专职问神。其艺乃三代祖传,爷爷和父亲都是阴阳师傅,他本人只学了问卦一项。问神人的个人经历因社会变迁有相应调整,除了多了一项仪式活动中的特殊角色以外,他们与其他村民是一样的。当地的问神人基本都是阴阳师傅,有些还兼管红白事等。

> 我80年代当了9年村主任,这之前边打工边问神。2003年不干村干部,工资太低,一年800元,乡领导包村下来吃喝都花光了;自己性格刚直,就不干了。后来老爷山有人事,环县安排我调到老爷山,在山上问神四五年,每月500元;现在1000多元。2008年不干老爷山,到乡下各山各庙乱串,在庙会上、在农家抬爷爷。近几年道教兴盛,庙会、农户家里等(都用得上),我们这些人忙碌些,30岁以后还干红白事总管。(WBC,20130518,XJH)

黄塬村庙会上的抬神轿夫皆为本村人,过去的轿夫必须经过经验丰富的老者指导才能上场,现在似乎没有严格限制了,四月初八当日抬爷爷的轿夫中有从未抬过的青年人也参与进来,还有现场拉进来的。就如游戏一般,由于没有经验,所以抬爷爷的表演过程惹得众人大笑。

庙会组织工作在过去基本由民间信仰领袖即几位会长负责,现在虽然表面上依然由民间信仰领袖负责,实际上亦有村落领袖的参与。比如村民委员会主任为庙会组织积极分子中的成员之一,2009年新建的戏楼就是在其大力支持之下建起来的;村会计是抬神中最有经验的轿夫,且其父亲为原庙会会长;村支书虽然不便于参与民间信仰等相关宗教事务,但是对于庙会

等公共活动比较支持。比如，黄塬庙会中本村村民所捐布施一般每户为100到200元，村支书和村民委员会主任及会计三位村干部统一捐献680元。据村民介绍，去年的庙会布施三位村落领袖也是统一捐献了500元。也就是说，当前的庙会组织基本由村落领袖与民间信仰领袖共同担纲。庙会会长的权威相对以前有所削弱，从"统教"型到服务型；当前的庙会敬神等对受众不再且不能强制，只能看大家自愿；会长对相关事务的统摄力以及对村民的约束力有所下降。

> 现在的庙会和以前的庙会比，要说好的话呢，人跟社会走，那现在社会好；庙会的这个会，比过去大得多，人比过去来得多。有一个不好处：过去会长统教，今儿庙上要抬爷爷，全社一个人都不短，你把牛套上（准备种地）也是个卸；现在就不是了，要谁抬爷爷，你去就去，不去也没有那一声令了。过去那会儿你不去的话，人家会长可以亲自来把你的牛套卸了，以前是必须要去。不去的话，你就不害怕头疼？！以前信神是个强制的。现在是法治社会。
>
> 庙会啥作用？娱乐么。"人生虽小，天地安活。"人本身就是自在半仙，安，就是藏的意思。把人过好了。再一个，"会长能行，显示神灵"。我们村看着还可以，会长能行，神就灵。你庄里会长这个人能行了，是神看的病不是神看的病，你把人好接待。神仙应的一口气，说你好你就好，倒就倒。主要是娱乐活动，活跃。以前的庙会和现在的庙会一样。它还是把人娱乐，让人说好。（ZYX，20130527，XJH）

庙会组织者会期主要负责表演人员的吃住、部分客人的接待、会场的秩序维持、布施捐款的明细等。庙会期间戏剧演员的吃住问题由会长安排，会长还要安排接待到庙上进香上供者中有重大贡献的人，比如捐献大量布施的人员以及乡镇政府官员等。

图 5-3　黄塬庙会布施（徐嘉鸿摄）

2013 年四月初八黄堨庙会布施收入及开支

收入:2013 年四月初七至十二,六天庙会布施收入为 5 万多元(不及 5.5 万)。

开支:

(1) 吴忠市剧团十一场演出 3.5 万,每场 3500 元,共十场送一场,从初七晚开始每天两场,一共是九场大戏两场晚会。

(2) 四月十二日晚请冯进文鼓乐队唱了一场皮影戏花费 800 元。(庙会期间唱了四晚皮影戏,前三日是村民个人还愿,花费由私人承担;第四日又加演一天皮影戏的演出费用则是由庙会组织承担。)

(3) 庙会期间的招待费为 4000 多元,主要是招待乡镇村领导干部如派出所等政府工作人员,这些人主要来考察秩序,上了布施也不便留名字。还会招待一些与村庄有利益关系的外来老板等。

(4) 2012 年庙会差额 2000 多元,因 2012 年是两个四月八,举办了两次庙会,头一次赚了,第二次赔了;此次庙会布施所得部分可补上一次的差额。

余额:8000 多元。会长说这一部分收入计划用于盖正殿,将原有正殿拆了重建,并为九天圣母娘娘塑像,估计要花费 10 多万元,到时候主要由黄堨村的人集体捐款来完成。(XJH,20130521)

庙产、庙会的收入与开支,庙的修缮管理等是组织管理中的重要内容。随着社会经济的发展,村民的布施数额也逐步增大,90 年代的布施基本为每户 10 元左右,盖正殿时还需要家家户户捐油、面、木椽等实物;到现在布施数额基本都在 100 元以上,条件好的捐献数额达 500—1000 元(如图 5 - 4),甚至更多。1992 年建庙的捐款记录以及布施钱款的变化反映了当地的经济发展变化。布施数额的提高为庙会活动提供了更有保障的经济基础。会长介绍说,庙产归属非私人所有,庙产是"属于大家的",包括黄堨村的左姓、李姓等,李团庄的姜姓、赵姓等以及乔团庄的几家左姓等。当前庙址所占地中部分属于黄堨村几户村民的,但是这种庙院占用并不牵涉产权问题,这种占用被等同于捐献庙产,属于义务性内容。

露佈

为继承中华民族传统文化,弘扬道风,活跃农村市场经济和文化娱乐生活。经过黄堨海中寺协会商定,定于二零一零年五月十九日(农历四月初六)至二零一零年五月二十五日(农历四月十二)在沙镇黄塬村举办一年一度的海中寺庙会,会期七天,在物资交流大会期间,有各种农副产品及百货上市,并邀请庆阳县秦腔艺术团、马戏团、陕北说书等前来助兴,希望广大周边毗邻父老乡亲商贾、艺人及各界人士大驾光临。

黄塬海中寺协会
二〇一〇年五月二十五日

过去的庙会组织比较正式,从庙会前的筹划准备、庙会中的祀神和物资交流以及会后的清场,以及日常的管理等都有专人负责,会长统筹安排一切事务,基本能将所有村民调动起来;现在这种管理力度和对村民的约束力有所下降。当然,这与仪式权威自身的变化有关;过去庙会会长由祭祀圈内三个大姓中的家族权威担任,现在则只有黄塬村内的一位左姓老者担任,因能力、品行等与过去的会长有差距,故不能完全服众,甚至有村民否定其会长之职。庙会组织中的固有矛盾冲突也显现出村庄内部的派系之争。有村民认为,近两年的黄塬庙会没有之前搞得好了,这与潜在的"争权"影响村民积极性以及村庄人心的凝聚有关系。曾有热心的积极分子希望将黄塬庙会做大,一度搞得比较热闹;管理上也有很大改善,如庙会举办前期会在乡镇及各个村口张贴"露佈(布)"(如上);近两年则因种种主客观原因又趋向非正式化。

由上,宗教权威对庙会有着举足轻重的作用,尽管在当前社会经济条件不断改善的背景之下,相关仪式活动添加了新的内容,置办规模与规格上也有很大提高;但是宗教权威对祀神仪式的指导以及对庙会活动的组织基本上遵循传统模式,特别是前者,基本没有大的变化。

祀神仪式中受众的变化主要表现在代际差异上,特别是一些受教育的年轻人,其看法越来越具有自主性。比如ZHW(大学毕业),在他看来,家乡人的敬神行为都是为了尽孝心,为了履行前人的承诺,敬神的人不一定懂得里面的道道,但不懂不影响敬的行为,就像不懂高铁的安全原理不影响坐高铁一样。这是从另一个角度对敬神行为进行了解读。这里我们感受到的是,无论老年人还是中青年人,变化的是话语表述和解释方式,但是行为的合理性没有变化,对于传统的持守依然是主流,具有自主性看法的年轻人依然有认同,这本身就是证明。

庙会还是一样,就是人尽孝心,你心里面有很多解不开的谜,神仙帮了你,你去答谢,感恩社会。这个都是建立在生产力发展生活条件好的基础上,(表妹插话:城里有钱建红十字会,农村有钱就建庙会。)对,这个东西跟咱们社会上的慈善机构、红十字协会是一模一样。要没经济的话也有庙会,只不过是简化了,甚至会没有。

搞这个庙会,现在有多少人知道这个神从啥时候来的,庙从啥时候建的,神到底从哪里来的。他爹他妈是谁,人很好说;但是神谁也不知道。我在这生活了这么多年,我也只知道人一直相信这个神秘的事情、神圣的事情,但从来没有谁知道这个神多何①来的、从哪来的。所以这是个很模糊的概念。(表妹:很古老、很古老、很古老。)以前交通不发达信息不发达,区域封闭,在一定地域条件内,他们弄出这么一个心中的偶像。现在你说这个地球村,展望一下,包括每一个四月八,有多少庙会?谁能给我讲清楚这些神之间是咋样一个逻辑关系?他们之间怎么一个隶属关系?谁大谁小,谁能知道?世上有很多东西都是很模糊的。比如咱们相信现在的高科技,但有些咱们也不清楚,高铁安全系数到底是多少咱不知道,为啥还要去坐?万一高铁出事咋办?经常电视上报道对吧。所以人活在世上很多事情,你想把事情问得明白很难。有一句话叫"难得糊涂一世"。任何东西都是辩证的,敬神就是说以前他们有承诺而已。(ZHW,20130609,XJH)

在过去,参加庙会的主要是庙神信仰所辐射的村社村民及其姻亲、干亲,还有周边村民;现在的庙会活动中还有新的群体参与进来,主要是石油队的工作人员、乡镇干部和基督徒。石油队参与是在西部开发石油进村的背景之下进入的外客,这部分群体是全新的;乡镇干部参与庙会并不公开,一是察看公共活动秩序,一是基于民间信仰领袖或村落领袖的私人朋友关系而捧场;基督徒其实也是本村村民,但因其身份有变化所以也将其看作新的参与者;当然,基督徒只逛庙会,不敬神也不捐献布施。

当地社会交往圈的扩大丰富了黄塬庙会中敬神、逛庙会的群体规模,尽管香客或游客看法各异,但是都视上香敬神为必要活动,特别是对于黄塬村村民来说,更将其当作义务。

人说"古做行孝传子裔,人留子孙孝当先"。古人做下的传给子孙,一辈传一辈,一直朝下传。(ZYX,20130527,XJH)

---

① 多何:方言,"什么时候"的意思。

（去敬神去庙上敬香的时候反而人还齐一些）连我们二娃子（都）说，人都是敬这个心。谁都害怕头疼脑热，谁都害怕家里面不顺妥。前几年毛主席那会有无名"英雄"（偷着拜），现在更厉害，都跑得快呢，年初一早起，过十二点都跑到庙上上香去。一夜炮不断，响到十二点，一过十二点，三个五个就去了。我还跟ZX说了，这不行，年三十天黑了还短个人看，不看（万一）喂的火大了就把（庙）房烧了。安全第一。年三十（我）两个儿子都去。开会到不齐，敬神（挺积极）。（ZYX，20130609，XJH）

另外，除了传统的庙会及娱神活动，对年轻人具有吸引力的过红火节目还有年节期间县城的大型活动。改革开放以后，城镇业余文体活动主要集中在节日庆祝上，其中元宵节最为热闹。每逢元宵佳节，县上许多较大的单位及乡镇的社火队都会到县城汇演，热闹非凡。据村民委员会主任介绍，正月十五期间村庄没有什么特别的文化活动，黄塬村80多户村民中有20户（主要是年轻人）会结伴到县里过红火，在县文化广场看剧团文艺晚会、花灯展、窗花展、放孔明灯、游九曲、吃小吃、逛商场，也有对年年类似的活动不感兴趣的就找县城的亲戚朋友喝酒聊天。年节期间，乡镇上偶尔也会有诸如马戏团表演等类似活动，很多村民会搭伙乘车同去玩耍。从言谈和他们节日去向的选择来看，县乡文化活动对村里的年轻人有较大影响。但是，这并不意味着传统文化活动就被新式文化内容取代了，村中一位老者说："老年人过光景，年轻人过红火。"同一主体在不同年龄阶段会有不同偏好，对于村里的大多数人来讲，最主要的公共活动仍是以当地村民为参与主体的黄塬庙会。

第四节 "敬爷爷"：狂欢背后的道德坚守

庙会是当地一年一度的盛大文化生活。当地村民通过参加庙会及其他祭神仪式活动，不仅解决了精神困惑，也实现了商业贸易、休闲娱乐、人际交往以及社区整合等实用功能。对执着于务实求存这一价值标准的乡里民众而言，他们不仅希望从"诸神救劫"的说教中获得精神支撑，借以消解由于社会压力而引起的心灵焦灼；而且希望这种精神慰藉能够落实到社会行为领域，以解决人生的实际需要为归宿。[①] 对于公共文化娱乐活动相对缺失的偏

---

① 参见程歗：《晚清乡土意识》，中国人民大学出版社1990年版，第254页。

远山区，庙会及祀神等仪式活动为村民提供了一次狂欢的盛会。"来自原始宗教的庙会及娱神活动中的狂欢精神在进入文明社会之后，经历了世俗化或曰从'娱神'到'娱人'的变化，在这一变化中，庙会狂欢的调节器作用十分明显。"①在群众性氛围中，村民一反平日循规蹈矩、按部就班辛苦劳作的单调生活节奏，释放传统规范束缚下被压抑的心理，从而起到社会控制中的安全阀作用。

现代社会开放程度较高，村民有了多种调节和释放生活压力的渠道，但是庙会及精神活动依旧是当前黄塬村民主要的公共文化娱乐活动，这种祭祀活动中高度狂欢的热烈气氛造成集体情绪的高涨，有利于强化群体的凝聚和认同。尽管具有多元化特点的受众参与仪式的程度、范围、态度不尽相同，比如地方的乡村干部等就常以私人身份参与其中。但是，所有人都可以不受限制地参加庙会及祀神娱神的活动，此时此地，不分职业、性别、阶层、民族、地域：庙会期间等级亲属关系的限制被冲破，狂欢节式的氛围使每个人都拥有充分表现自我的权利。因此，无论是对于个人还是对于村落整体来说，富有个性的创造性行为都是导致庙会文化地方性色彩得以显现的活跃因素。②

狂欢是庙会期间的主要活动氛围，但却并非庙会的核心内容，狂欢是被限制在一定范围之内的，以神庙为中心地点的祭仪，是村落家庭群体通过敬拜社区神，以整肃与公认本村内部与外部的生活秩序、商场公众道德规范和加强地域的联合，以其特有方式影响或规定村落生活秩序和处理各种公与私的矛盾。比如黄塬庙会上戏剧表演中演员所唱剧本内容，都具有引人向善的教化意义，突出孝道，惩恶扬善；为了迎合观众喜好而新增的文艺晚会节目内容也以积极、健康、向上为主调。

我们在当地的田野工作中感受到，无论现代化、城镇化、市场化如何推进，村民在生活中还是要给超验留一个位置，只是对于中国的老百姓而言，这个超验并非超出日常生活的纯粹超验，而是更多地与家庭、家族、村庄社区生活紧密相连，且在对庙神的崇拜上没有排斥性，谁都可以来敬神，包括不属于当地的路人；在村民看来，香客越多，说明庙神越灵验；所以黄塬村庙会才会引周边村民甚至他镇、他县乡民都赶来拜祭。正如一位到黄塬村逛庙会的阴阳师傅所说，"天下人敬天下神"，道出了中国老百姓心中共同的信

---

① 赵世瑜：《狂欢与日常：明清以来的庙会与民间社会》，生活·读书·新知三联书店2004年版，第135页。

② 参见刘铁梁《村落庙会的传统及其调整——范庄"龙牌会"与其他几个村落庙会的比较》，载郭于华主编：《仪式与社会变迁》，社会科学文献出版社2000年版，第258页。

仰观念与敬畏。

综上,当地石油经济快速发展、城镇化加快推进的过程,显现出村庄社区庙会祀神仪式的种种变化,但这种变化又是有边界的,村民庙会狂欢背后更有对某种信仰道德的强调与坚守,私人诉求认同并遵循公共秩序的同时更彰显出主体的生命价值,生成并不断再塑造着当地的公共人格,逐步形成了当地以"有公心的个人"为主导的社区秩序。

第六章 结 论

在"导论"中,我们曾纯粹从逻辑的角度提出了四个命题假设:一是"现代在变迁中逐步战胜传统",二是"传统在变迁中逐步战胜现代",三是"传统与现代在变迁中并行不悖",四是"传统与现代在变迁中互为主体性"。而在上述诸章在对民间信仰与仪式的描述与分析中,我们对"命题一"与"命题二"进行了否证,因为我们没有看到在变迁之中传统与现代存在着绝对的胜负之分,而且也无法预测未来二者之间存在着谁战胜谁的问题。因此,这两个命题是不成立的,它们只是一种类似逻辑游戏,而不是社会文化变迁的实际形态。当然,我们也不将其看作是"伪命题",只是认为它仅仅是从某种特殊视角得到的表面认识。对于"命题三",依据我们的田野材料分析,它也只能是一个对于早期接触状态的粗略说明,并未解释当二者深度接触以后所出现的形态特征、变迁机制以及逻辑结构等内容。因此,这一命题也被"否证"。于是,只有"命题四"是一个既具有明晰度又具有深刻度的并且把握了变迁的本质特征的"真命题"。在本章中,我们围绕这一命题展开几个方面归纳结论。前文已述,本研究所涉及的是"传统-现代""外来-本土""城镇-乡村""宗教-社会"这数对矛盾之间所存在的巨大张力关系,我们对民间信仰变迁的形态特征的观察、运行机制的分析以及结构逻辑的归纳,都是建立在对这种张力关系的度量之上。

第一节 形神的错位:变迁的"组合"形态

我们首先对变迁的形态特征进行观察。

"形态学"(morphology)这个词来源于希腊语 morphe,原本只是特指研究生物体外部形状、内部构造及其变化的科学。可见,"形态学"这一概念不仅指外部特征,更重要的是将内部特征及生物形式的本质。故而,当这个词被借用到人文社会科学各个领域时,往往具有"内容"与"形式"的双重词义内涵。例如民俗学家普洛普在《故事形态学》①一书中提出"故事形态学"的概念，他说"形态学"这一概念"借自歌德，歌德将其运用于植物学和骨学，其中包含着较为广泛的本体论内涵"。② 有评论家指出普洛普的"形态学"的概念更倾向于强调"组合"的意蕴，他甚至用"组合"的概念来代替"形态学"的概念。③ 所谓"组合"，是指两个或两个以上的事物或事件之间的一种相互关系。人类学家莫斯在研究爱斯基摩人时提出"社会形态学"的概念，指的就是爱斯基摩人的社会各个要素之间的"组合"关系，而且这种关系不仅是空间的，也是时间的："让爱斯基摩人在这种关系下成为一种特别值得研究的领域的，在于他们的形态学在一年中的各个不同时期里是不一样的。"④本研究将"形态"一词借来，同样强调的是"组合"关系的语义内涵，即指民间信仰与城镇化之间所显示的"传统-现代""外来-本土""宗教-社会"间的"组合"关系的形态。

我进村以后就立即可以看到或听到的情况是：当地人特别是当地的政治精英与文化精英认为城镇化所带来的黄塬村的社会变迁与民间信仰变迁之间具有直接的因果性联系，而外部力量所起到的作用是决定性的。从历史进程看，黄塬村经历了三次重大变迁中的转折：

一是20世纪三四十年代陕甘宁边区时期的雏形农业集体组织及全国解放后以"人民公社"为载体的社会主义集体经济，连带相配套的政治意识形态，使当地宗教信仰活动受到批判与打压。此阶段，不仅民间仪式活动被严格禁止，即使人们头脑中的神灵信仰也被看作是"迷信"而要受到批判。

二是1980年分田到户以后，以市场为导向的经济改革推行，国家权力逐步从基层社会收缩，地方民间宗教活动全面复兴，由隐秘走向公开。市场化对于民间宗教信仰的影响，虽然并非起到绝对的决定作用，但却起到很重要的作用，其所表现为市场的渗透对宗教功利化、资本化的影响。

三是2000年以后石油进村带来的当地生计模式的全方位改变，使民间宗教仪式规模空前提高，仪式的功利性增强。在经济制度变迁、村落经济结

---

① ［俄］弗拉基米尔·雅可夫列维奇·普洛普著，贾放译：《故事形态学》，中华书局2006年版。
② ［俄］谢尔盖·尤里耶维奇·涅赫留多夫：《普洛普与〈故事形态学〉》，载［俄］弗拉基米尔·雅可夫列维奇·普洛普著，贾放译：《故事形态学》，中华书局2006年版，中译本代序第4页。
③ ［俄］谢尔盖·尤里耶维奇·涅赫留多夫：《普洛普与〈故事形态学〉》，载［俄］弗拉基米尔·雅可夫列维奇·普洛普著，贾放译：《故事形态学》，中华书局2006年版，中译本代序第2页。
④ ［法］马塞尔·莫斯著，佘碧平译：《社会学与人类学》，上海译文出版社2003年版，第323页。

构调整的影响之下,农业地位逐渐下降,黄塬村落宗教中的农业崇拜相对弱化,对财神、综合神的崇拜不断加强,部分宗教仪式(特别表现为家庭层面的人生礼仪)的功能与意义注入了与市场经济相关的新内容。改革开放以来,村干部间接在集体宗教仪式组织中发挥的作用越来越重要,他们对村落集体宗教仪式活动的参与和间接的经费支持成为其树立权威的重要方式;同时,伴随市场化而来的观念转变,个人利益逐步凸显,村干部对一些原本由个体村民承担的宗教义务的责任担当被认为"理所当然"。一些仪式权威的职能和角色从传统的文化、道德权威走向职业化,成为以追求经济利益为首要目标的社会群体;过去集多种角色和技能于一身的能行人、对村落公共事务和村民日常生活具有重要影响的权威人物开始向仅以管事为业的普通人转变,这些都对当地宗教仪式活动的变化有重要影响。

由此可见,国家政策走向的变动也直接影响着黄塬村落民间宗教信仰的变迁:从集体经济时期的反对、否定宗教活动,到改革开放后设立民族宗教事务管理局并以"非物质文化遗产"的政策形式保护相关的民间宗教活动;从对于民间宗教属于"迷信"的性质判断转向属于"民俗"的性质判断;从打压到承认,从拒斥到尊重,政策环境的改变使人们对民间宗教信仰的认识起起落落,无法有一致性的判断。然而,进一步地观察就会发现,这种社会变迁与民间宗教信仰的变迁产生的直接的因果关联的认识只是表层的,而且它只在特殊的时代出现,它并不是变迁的常态,因为它不具备持续性特征。只要特殊时代过去,特殊的政策不再被执行,这种情况就会结束。这种情况使我们需要追问如下的问题:这种表面的"起"与"伏"深层的原因到底是什么?

费孝通先生在分析乡土社会的变迁方式时提出了"名实分离"的观点:传统乡土社会"在长老权力下,传统的形式是不准反对的,但是只要表面上承认这形式,内容却可以经注释而改变",此即为名实分离。"名实之间的距离跟着社会变迁速率而增加",其结果便是"位与权,名与实,言与行,话与事,理论与现实,全趋向于分离了"①。名实分离可算是中国人源远流长的处世智慧,"名不正则言不顺",为了行"言顺"之实,而虚张"正名"之形,管它名实是否相符,先做成了再说。挟天子以令诸侯,天子实在只是个工具而已。总之,费老的意思是说,乡土社会的变迁,往往是保留了传统的形式,而被偷偷替换掉了实质内涵,之所以如此,乃是因为掌握长老权力的老顽固们依然在捍卫着"名"的正统性与合法性,为了适应新的变化,只好说一套做一

---

① 费孝通:《乡土中国》,北京出版社 2004 年版,第 110—116 页。

套了。

变"实"而存"名"式的名实分离有一个前提,那就是"名"依然具有正当性,若失去了正当性,"名"的变与不变也就无关紧要了。因此,名实分离的变迁方式或许可以用来解释历史上的社会变迁,因为中国自身的主流文化传统一直保持着正统地位。但是,在以西方文化为内核的现代性进入之后,这种正统性显然就不那么强有力了。我在黄塬村观察到的情况是:不仅是传统的"名",而且现代性之"名"同样具有正当性,"名"显现出一种多元化。与此同时,"实"也因为社会的变化而出现了许多新的内容。当前的社会生活变迁较之以往更为广泛而深刻,"实"变而"名"不变的"名实分离"的情况虽然依然存在,但是"形式"(名)与"内容"(实)的不一致的情况出现了更为复杂的情况。特别是考虑到许多传统的宗教观念之"名"被贴上"封建迷信"的标签,村民们对此还有所忌讳,当前的一些民间宗教之"名"也不再被村民们使用。因此,由于"名"已经多元化,"实"的内容也已经更新,而且过去之"名"也有的已经被污名化,我们不再用"名实分离"来概括当下变迁形态。

我们在本研究中用"形神错位"来说明与描述当前的民间宗教变迁中的内容与形式不一致的状态。同"名与实"一样,"形与神"也是中国传统哲学里面的一对基本范畴。纠缠于"名"常导致形式主义的保守,抓住了"神"却能打开一片"万变不离其宗"的广阔空间。形神兼备虽好却不易得,所以变形而保神反倒是更现实的策略。具体到黄塬村民间宗教的变迁上面,"形神错位"的意思就是:民间宗教变迁多表现为宗教仪式的外在形式改变,而其内在的宗教诉求和宗教精神则变化不大,二者发生了变迁程度上的错位、不同步。

我们可以从民间宗教的六个要素来说明这种形神错位的形态学特征。

从时间要素上来讲,家庭内部的人生礼仪举办时间择吉时,过去集中于过年,现在则出现分散的趋势,开始遵循个人的意愿;家族层面的祭祖仪式主要是在清明、十月初一、过年三个时间点进行,在打工经济社会流动规模频率加剧的背景之下出现了更多的补祭时间;社区层面的祀神仪式时间固定于每年的四月初八。

从空间要素上来讲,家庭内部的人生礼仪过去是在村落内部的家院进行,现在则出现在县城酒店举办仪式的情况,虽然还不普遍,但是随着进入县城安家落户或工作的村民逐步增多,这种发展趋势已不可避免。家族层面的祭祖仪式主要是在祠堂、坟院、家院举行,在外打工的村民如果不能及时赶回家乡祭祖,就会在外地街道上借画圈以象征性地表达心意。社区内部的祀神仪式固定在庙院内部进行。

从仪式程式上来讲,家庭层面的宗教变化较大,家族与社区层面的宗教基本不变。家庭层面的宗教主要是指红白喜事、满月礼等过渡性的人生礼仪,这些仪式紧随社会变迁而做适应性调整,对传统烦琐的仪式内容进行简化,同时添加一些应景性的新内容和仪式,其中红事表现最为明显,婚庆公司主持的新婚典礼已经成为红事中不可缺少的组成部分。家族与社区层面的宗教在仪式方面的变化主要是在经济发展与村民生活水平提高前提下的规格之变。

从信仰观念上来讲,三层面的信仰观念整体而言基本不变。略有代际差异,但并不明显。家庭内部的人生礼仪基于父母儿女对自身人生任务的规定性认识,将婚丧嫁娶等作为对家庭的责任与义务,同时借以表达对家庭成员的情感与期待。社会变迁过程中,半工半耕为基础的代际分工为家庭再生产提供了坚实的物质基础,“恩往下流动”(代际传递)的趋势渐趋明显。家族层面的祭祖仪式主要基于对祖先的敬畏与情感交流,以行孝心,彰显孝道。社区层面的祀神仪式同样基于对神明的敬畏和祈祷福佑之心。

从仪式权威上来讲,三层面仪式的人员基本都是固定的。家庭层面的人生礼仪的权威者变化较大,在传统红白喜事总管的基础上又添加了婚庆公司提供的主持新婚典礼的司仪,且出现职业化倾向;仪式权威的角色定位从义务性转为服务性。家族以及社区层面的祭祖和祀神仪式中权威者则始终是主导者的角色,仪式怎么办、具体细节规范、注意事项等都由他们说了算;而在人生礼仪中,则相当程度上要遵循办事主家的意愿,形式不再严格。

从参与人员上来讲,参与人员的范围及分工在三个层面的仪式中也有不同的表现。其中家庭层面的人生礼仪中的参与人员最为多元,由过去只限于村落家族范围之内变为现在更多的人际交往圈子的参与,突破了以往的血缘、地缘关系网络,这一状况在打工经济特别是石油进村后更为明显;酒席准备等仪式中原有的职能分工的职业化、专业化趋势愈加明显,参与人员的分工由此出现变化。家族层面的祭祖仪式中参与人员的构成没有变化,以家族为边界;参与人员在观念上因代际而有差异,但是整体上还是遵从长辈安排。社区层面的祀神仪式中参与人员也有多元化的趋向,除了村落内部及周边村落的村民以外,出现了石油队等新的参与群体;而与祀神仪式相对应的在庙院外部举行的庙会的参与人员就更加多元了。以上六个方面的“形神错位”可以用“关键词”的形式概括成如下表格:

表6-1　城镇化背景下民间信仰诸要素变迁表

要素	家庭	家族	社区
时间	集中→分散	固定→灵活	固定节日
空间	村落→村落内外	村落内部	村社内部
程式	新内容	传统程式	传统程式
信仰(观念)	人生任务	祖先崇拜	庙神信仰
仪式权威	义务→服务	主导	主导
受众	本家本村→多元	家族成员	村社为主

　　由此,我们可以看到,在形式多变的背后,各个层面的民间信仰精神保持不变。以家庭为主导的"过事情"在形式上随社会变迁最大,但是在人生仪礼中所要表达的对家的责任与情感始终是最为重要的内容;以家族为主导的"祭先人"虽然在流动性愈加强烈的社会中有一些形式上的适应性调整,但是祭祖仪式中所强调的血缘关系以及对祖先的崇敬始终在族人心中占据重要位置;以社区为主导的"敬爷爷"随社会开放程度的提高而有了更为丰富的内容与形式,但是以狂欢娱乐为主题的祀神仪式与庙会背后更为凸显的依然是对人伦道德的坚守和对主体生命价值的彰显。也就是说,黄塬村民间宗教信仰与仪式的内核表现为人生礼仪中强调的家庭责任与情感、祭祖仪式中表达的血亲关系与祖先崇敬以及祀神仪式中凸显的人伦道德与主体生命价值,这些都是传统文化价值观的现代延伸。

　　但是,如上所述,我们只是用"形神错位"来概括民间宗教信仰现代变迁中的内容和形式是不一致的形态学特征,而并非仅仅指形式变化而内容不变。就主要观点而言,我们强调变迁中"形神错位"的如下三个重要特点:

　　第一,以外在形式变化为主,宗教内在精神变化不大,基本保持着传统的宗教诉求。

　　第二,不同层面的宗教生活其变化形式也有重要差别:家庭层面的宗教变迁最为明显,家族整合中的宗教变迁程度次之,社区整合中的宗教变迁最小。

　　第三,个体性力量与集体性力量是影响仪式变迁的程度差别的两种存在张力关系的力量,其中,以个体意识占主导的仪式受社会变迁的影响较大,而以集体意识为主导的仪式则更稳定。

第二节　双线的螺旋：变迁的"耦合"机制

由"传统-现代""外来-本土""城镇-乡村""宗教-社会"数对矛盾所显示的城镇化背景下的民间宗教信仰变迁，是通过两种力量的相互较量与博弈而显示其运行机制的，即个体化力量与集体化力量。个体主义被看作是现代性赋予的基本内核。现代化、城镇化带来了影响个体性觉醒的力量，与传统的、乡村的、本土的所显示的集体特性力量形成了巨大的张力关系。现代性总是鼓舞着个人以更加私人化的、自由化的方式组织生活，依据个人偏好选择行动方式。在这种观念下，群体性、社会性的力量构成个体行动的约束集，并被个体行动者视为负面因素，是对自由意志和个体偏好的威胁。"集体主义-个体主义"长期被作为概括中西文化差别，同时也是现代与传统差别的基本范畴。

在包括民间宗教变迁在内的乡村文化变迁的研究中，重视"个体化力量"是一种代表性的研究倾向，我们以阎云翔的研究作为典型例证来说明。阎云翔将"个体化"（individualization）概念引入中国的乡村社会研究之中。他以东北下岬村民族志田野资料向读者展示了中国农民道德体验的现代色彩及个体化崛起的变迁趋势。他认为：个人的中心位置已经强化，在集体进程下个人实践的新合法性已经孕育出对自我利益的公开表达。[①] 个体崛起的证据俯拾即是，比如生活理想中对于个人权利和自由的强调，社会实践中更多的个人选择，以及个体从涵盖一切的家庭、亲属关系和社群等社会藩篱中脱嵌等等。他将个体化命题从私人生活领域扩展至社会层面进行考察，认为社会转型的本质不在于同样发生重大变化的家庭规模或家庭结构，而在于个体的崛起。个体的崛起在很大程度上改变了社会关系的结构，导致了中国社会的个体化；中国社会正在经历从集体导向价值观转向个体导向价值观的道德转变。由于国家对社会自组织和自治社会的敌意，日渐崛起的个体已显示出强调权利而忽视义务和他人个体权利的趋势，具有"无公德个人"的风险。但是，个体化命题无法解释的悖论则又在于：一方面是个体性日益增长的需求、施加于个体的选择与自由，另一方面却是这些个体对社会制度复杂而无可避免的依赖。[②]

---

① 参见［美］阎云翔：《中国社会的个体化》，上海译文出版社 2012 年版，第 4 页。

② 参见［美］阎云翔：《导论：自相矛盾的个体形象，纷争不已的个体化进程》，载［挪］贺美德、鲁娜编著，许烨芳等译：《"自我"中国：现代中国社会中个体的崛起》，上海译文出版社 2011 年版，第 2 页。

我所研究的黄塬村的田野材料与阎云翔的结论是不一致的，并且我不认为这是因为陕北的黄塬村不同于东北的下岬村这一地域性差异所造成的。我希望用"双线"的相互作用的叙事来替代"单向"的决定作用的叙事。所谓"双线"并非平行的双线，而是交互的螺旋。如图所示：

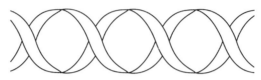

图 6-1　个体意识与集体意识双线螺旋图

在上图中，个体意识与集体意识形成了双线的螺旋。二者时而分离，时而联系；时而对撞，时而调和。每当发生矛盾冲突，以为会有激烈碰撞而致两败俱伤或者一方被另一方吞食时，两条线却又奇迹般地融合交织而后又进入到各自安好的新一阶段的发展过程当中。这种螺旋显示了变迁的"耦合"机制。

"耦合"一词，其概念内含的核心是"相互作用"。《现代汉语词典》对其定义是："耦合是很多学科（尤其是工科）科学当中的一个综合概念，可以简单地理解为'相互作用'，物理学上指两个或两个以上的体系或两种运动形式间通过相互作用而彼此影响以至联合起来的现象。"[1]一些社会科学的研究人员常常以"耦合"关系形容两个主体之间相互作用影响的紧密性和动态过程，而且往往被用于强调这个词的"打破边界"的涵义："系统学原理认为，当两个系统打破自身的边界进行物质、能量、信息的交流，增加'负熵流'并促使自身向有序的方向演化时，便是一个'耦合'过程。"[2]当然，一个词典的词义很难说明其全部含义，各个学科关于耦合都有各自的理解；反过来说，一种运动形式与另一种运动形式相互作用时，也很难用一个词来准确描述。我们将"耦合"一词借来，用以表达我们对于民间信仰与社会关系的运行机制的说明，并认同金观涛先生的如下观点："宗教文化之变迁不能独立于政治、经济结构。……应该去剖析政治、经济和文化互动的长链。……任何社会都是政治、经济和文化三个子系统的耦合体。不同的社会结构中政治、经济和文化三个子系统耦合（互相调节和维系）的方式是不一样的。"[3]

---

① 中国社会科学院语言研究所词典编辑室编：《现代汉语词典》，商务印书馆 1996 年版，第942 页。

② 何东霞：《文化与制度耦合：一个文献综述》，《学术研究》2006 年第 10 期。

③ 金观涛：《探索现代社会的起源》，社会科学文献出版社 2010 年版，第47—48 页。

黄堧村不同层面民间信仰变迁的程度差别,实际上是个体性力量与集体性力量围绕传统和现代展开的角力过程,集体性与个体性的这种张力关系,主要体现在组织者及参与人员按照什么样的规则来操办和参加仪式活动。以集体意识为主导意味着仪式的举办不以个人意志为转移,而是一套地方社会的运作机制;而以个体意识占主导则体现为个人的经济实力、情感偏好、认知方式等决定仪式的内容与组织方式。

家庭层面的宗教生活历来是由个人主导的。无论从组织方式、仪式内容还是宗教诉求上看,家族和社区的直接介入都是非常少的,故而从某种意义上可以视为一种私人领域,而家族层面和社区层面的宗教生活则具有公共领域的特征①。传统的乡土社会中,私人领域与公共领域共享同样的地方性共识,因此,以家庭为单位完成的人生礼仪中个体性力量是以服膺集体性力量的方式施加影响的。现代性的进入赋予了个体性力量自主行动的正当性,家庭生活,包括以家庭为单位组织的宗教生活,真正具有了私人领域的要素,集体性力量直接干涉私人生活已经失去了正当性,其人格化代表——"能行人"也不得不收敛自己的影响力,更多地服务于个人偏好。此外,家庭更多地受制于个人的生存理性,家庭成员进入市场经济的汪洋大海,就不得不按照其游戏规则改变自己的观念和行为逻辑,在生存理性的主导下,个人在传统规矩和现代规则之间的每一次权衡和取舍,实际上都在强化后者的影响,并扩大着家庭的灵活性。无论是追求便捷而变通的市场化婚礼,还是为适应外出务工周期而调整的家祭时间,都是这种权衡和取舍的结果。最后,家庭是一个比较小的宗教生活单位,任何有关宗教信仰仪式调整的决策和实施,都只是家庭成员之间的谈判,其交易成本要比家族和社区层面的类似谈判低得多,这也为个体性力量发挥作用提供了客观上的便利。

如果说人生礼仪中突出的是一种强调私人性内容的个体意识,那么家族与社区层面的仪式活动则凸显出一种集体意识,秩序的维持与稳定以及个体、家庭、家族对社区的认同都与这种集体意识密不可分。村落宗教仪式传达出当地村民的敬畏感,一种对未知事物的敬畏,对生命伦理的敬畏,对超出个人的集体情感、集体力量的敬畏。仪式权威对宗教仪式的主导与决定性的功能源于其自身所代表的集体意识在起作用,集体性的一面越强烈,

---

① 私人领域和公共领域这对范畴具有非常强的政治学色彩,这与其西方文化中关于个体与社会、个体与国家的对立关系预设有关。笔者在这里主要从社会学意义上使用这对概念,公共领域是以社群为单位的公共生活空间,它与私人领域并非对立和冲突。

仪式活动越稳定。庙会、红白喜事、祭祖等具体事件,因为是集体仪式活动,所以仪式操办主要还是由仪式权威即"能行人"来完成,同时村庄行政权威予以支持,甚至部分行政要人也是仪式权威。这里面是一种行政权威与民间宗教仪式权威的融合,村社力量不容忽视。如果没有代表集体力量的村社权力机构的"放任""支持",则这些活动就有可能被视为"迷信""异类"而被禁止。另一方面,当地的民间宗教信仰也起到了润滑家族边界的作用,因为信仰的同一而淡化了姓氏差异。最外圈又加上村庄共同体而在形式上完成进一步的整合。

整体而言,黄塬村的民间宗教领域仪式活动中确实出现了私人化发展趋势愈加明显的现象,但是,该村的民间信仰实践中却充满了家族规则以及村落公共规则对私人发展的规约。在黄塬村,集体意识对个体意识的规约体现在很多方面,比如仪式中的人情不是单纯按照感情而是主要看关系,尽管人情礼金出现了开口礼的情况,但是整体而言,大部分仍旧按照亲疏远近的关系来送收人情,村民们在此规则体系之下有着长远而稳定的预期关系。宗教仪式本身也是教育与引导村民特别是年轻人内化当地规矩的一种方式。庙会及祀神仪式强化了信仰圈的认同,祭祖仪式是对家族成员关于不乱宗法的训化,即使最具有个体性面向的人生礼仪也必须有族人的参与才能进行,人生礼仪中也会穿插安排祭祀祖先的仪式,无论是老成员还是新成员(新媳妇、新生儿),特别是对于后者,亲身参与仪式都是其能否被所在家族、所在村落认同与接收的第一步。

具体来讲,黄塬村当地民间宗教信仰嵌入于其社会结构之中;所以,民间宗教信仰实践中的集体意识与家族中的公共规则、社区的公共规则密切相关,即家族层面的集体意识嵌入于家族规则,社区层面的集体意识嵌入于家族规则和村社规则,并通过当地多层面的仪式活动得以不断表征和再造。象征层面是以公的精神为主导同时又包容私人需求;社会组织层面以公共组织以及公认的能行人为权威,同时对私人内容表示理解与尊重,形成了个体意识与集体意识并存的局面。这种局面并不是由于集体意识还不能压制个体意识,或个体意识还不能冲破集体意识,需要随着时间的推移来逐渐完成二者替代的过程;而是个体意识与集体意识二者之间相互协调与包容地耦合在一起。这形成了当地的常识性正义和普遍性认同。

总而言之,个体性力量与集体性力量的交互作用是影响仪式变迁的程度差别的两种存在张力关系的力量。在黄塬村,以个体意识占主导的仪式受社会变迁的影响较大,而以集体意识为主导的仪式则更稳定。越是个体意识为主的仪式,其变迁越容易受到外因的影响,即波动性越大;越是集体意识为主的仪式,其变迁越来自自身的内部转换,即稳定性越大。也就是说,集体意识越强,应对外因的变化越从容。个体与集体之间的这种既分离又联系、既对撞又调和的张力关系(特别表现为宗教生活个体化的被限制)即为当地民间信仰变迁的一种耦合的内在运行机制。个体意识的发展推动了民间宗教的变迁,同时集体意识形成的地方规约又限定了变迁的边界。

第三节　时空的交汇:变迁的"叠合"结构

探索城镇化背景下的民间宗教信仰变迁问题,其实就是探索"传统-现代""外来-本土""城镇-乡村""宗教-社会"等各种不同时间与空间中的文化要素的结构规律问题。

我进入黄塬村不久,对于当地人对神圣事物的态度就有如下几个经验性观察:第一个观察是,黄塬村村民往往将民间信仰中的不同的"神"混杂在一起,并不区分神的不同性质。比如,黄塬村庙最重要的主神为九天圣母,九天圣母是道教中的神,诞辰日为六月十五;但是,黄塬村祭祀九天圣母的黄土庙会的会期定在农历四月初八,而这是佛教释迦牟尼佛的诞辰日。并且当地人认为九天圣母就是王母娘娘,而王母娘娘的诞辰日为七月十八。这里出现了将不同宗教信仰的不同时间、不同空间、不同位次的三个神灵并置与重叠在一起的奇特现象。第二个观察是,社会生活的变化并没有使原有的神灵消亡,而是进行某种新的重新解释,以适应新的社会生活的需要。例如,伴随石油经济的发展,村民们将财神由原来在诸神谱系中的副神上升至主导神的地位,很多不了解传统诸神谱系的年轻村民直接地认为财神就是一个主神。第三个观察是,新的时代要素出现时,传统仪式并没有排斥或被完全改造至消亡,而是进行适当调整并经由仪式权威给予合理的解释,于是,仪式的举办形式和内容随着时代变迁而呈现不同的样态面貌。例如,家庭、家族、社区层面的仪式内容也随着时代变化不断进行适应性调整,家庭主导的人生仪式的规模与办事规格随现代化推进而扩大与提高,传统葬礼中加入村干部参与的追悼会,传统婚礼中加入新婚典礼;仪式活动的时空设置随社会变迁而调整,不再局限于农闲、年节和村落;仪式权威出现职业化趋势,参与人员更加多元;等等。而当现代国家及其他外部力量通过城镇化和现代技术对乡村进行控制与渗透时,村落民间宗教也同样通过运用新式技术增强了对本土民间信仰的解释力度。再如重建更为宏大的祠堂、再立更为完备的家谱、修缮更为华丽的庙宇、新建以前没有的戏楼。这些观察表明,村落传统并非被动地接受现代化的"改造",而是与时俱进。外来并没有并吞本土,城镇并没有吞食乡村。各种新旧的东西杂然相糅,时空并汇,共存并置,各自呈现适应性变化与发展。

这就是萨林斯的"现代性的本土化"论题,他在《何为人类学启蒙?》一文对此作了论述,他的观点鲜明而深刻。萨林斯指出,西方人广泛接受传统与变迁对立、习俗与理性对立的观念,但非西方民族为了创造自己的现代性文化而展开的斗争,摧毁了 20 世纪著名的传统与发展对立的观念。我们所研究的,都是变迁了的东西和正在变迁的东西。任何传统都是"新传统",任何文化都是一个"大杂烩"。文化的交流是无时无刻的,无始无终的。本土文化具有他们的图式,这是他们的基础。"东方就是东方,而西方就是西方。"二者的图式有所不同。文化的图式的性质和形式,构成实践经验和理智的实体,不同的文化在实践中只是在实现着他们的文化图式。土著人总是从他们自己的考虑出发来接受与改造所接触到的西方文化,他们运用技术并将它们塑建成为对他们有用的东西。他们"以熟悉的逻辑把外国的东西包容促进作用来,使其发生同化,这使外来的形式或力量发生背景性的变迁,从而也改变了他们的价值"。最终外来的力量"以一种不同的文化世界的图式而释放出来"。即使土著人被移民到城市,甚至是跨国移,土著人扩展到大城市建立"外国家园",他们依然与自己的家乡之间建立起了结构性互补,它们之间的相互依赖成为文化价值与社会再生产手段的资源。符号象征上是集中在家乡,其成员由此可以导出它们自己的认同和命运,乡村秩序本身扩展到城市,同时移民之间也依据他们在家乡的关系过渡性地联系在一起。"跨越了传统与现代之间的历史性界限,跨越了中心与边陲之间的发展距离,跨越了城里人与部落人之间的结构性对立。"故而,萨林斯认为土著文化不再消失。非洲人之所以永远不会屈从于西方的发展模式,一个简单的道理就是:不存在有任何价值的模式。①

萨林斯的论述逻辑符合黄塬村的实际状况。我们借用朱炳祥教授的"文化叠合"概念来更为切近地概括黄塬村的民间宗教在城镇化背景下的变迁图像与逻辑结构。这个观点被表述为:"当一个地区的文化由于长时期的发展变异的积累出现新文化现象的时候,旧文化现象的许多主要部分并不是以消亡和破产为基本特征,而是经过选择、转换与重新解释以后,依然

---

① [美]马歇尔·萨林斯:《何为人类学启蒙?》,载马歇尔·萨林斯著,王铭铭、胡宗泽译:《甜蜜的悲哀》附录,生活·读书·新知三联书店 2000 年版,第 122—141 页。

被一层一层地重叠和整合在新文化结构之中。这种新旧并存,并不是由于在力量的消长方面,新的暂时还不能消灭旧的,需要在时间的发展中来逐渐完成新旧替代的过程,而是从一开始就实现了新旧文化形态之间的相互理解、协调、包容、让步。也就是说,原先的文化并没有消亡,而依然是一种有生命的东西。"①黄塄村民间信仰的变迁符合文化叠合论的基本观点,即它是社会外部力量与村落内部本土力量的合力作用之下所发生的变迁,村落民间信仰的变迁并非原有信仰内容的消亡,而是传统要素与新要素的层叠式变迁。

　　文化叠合论为民间信仰变迁的逻辑结构给出了抽象层面上比较完整的论述,在此基础上,笔者基于黄塄村的田野调查还有如下一重思考:在社会剧烈变迁的背景之下,当地不变的是对祖先的信仰与情感,对子孙绵延的责任与期待,即使是接受外界新事物、新思想观念更多的年轻村民也已将这种认同内化于心。在形式紧随社会经济发展变化的同时,当地村民内心深处的宗教信仰与情感之内核依然坚固;在看似世俗功利的背后饱含着对家的责任与情感,对更好地过日子的期待与坚守。这是中国民间信仰最根本的特性。祖祖辈辈而来、子子孙孙而去的香火绵延赋予了个体有限生命的无限意义,是缺乏救赎性宗教传统的中国人的生命超越路径,即贺雪峰所说的"本体性价值"②。这种本体性价值的实现方式是非常世俗化的,它同救赎性宗教有着根本区别,也就是韦伯所说的"入世"与"出世"的区别③。出世的救赎性宗教预设了个体与世俗社会之间的天然张力,世俗是个体实现生命超越这一神圣性的否定性力量,因此它要求个体摆脱世俗社会的束缚。中国农民的宗教精神中不存在这种神圣与世俗之间的张力,相反,香火绵延的超越性寄托于生儿育女传宗接代、为儿子建房娶妻等世俗化事务,世俗化越成功越能获得超越性,这就是"文化叠合"中的"圣俗合一"。也正因为本体性意义以这种方式获得,一般意义上的宗教生活,如求神拜佛,就只能屈居于功能性的地位。求神拜佛是为了保佑一家平安、兴旺发达,其宗教诉求是服从于香火绵延的本体性价值的,因而天然具有功利性世俗化色彩。因此,只要香火绵延这个本体性价值的"神"还在,那些功能性宗教的"形"变就并不意味着民间宗教信仰的根本性变化。

---

① 朱炳祥:《社会人类学》,武汉大学出版社 2009 年第 2 版,第 222 页。
② 参见贺雪峰:《农民价值观的类型及相互关系——对当前中国农村严重伦理危机的讨论》,《开放时代》2008 年第 3 期。
③ 参见[德]马克斯·韦伯著,康乐、简惠美译:《宗教社会学:宗教与世界》,广西师范大学出版社 2011 年版。

第四节　中国民间信仰的基本精神

有学者曾经指出,经历过数不清的"破除迷信"的风风雨雨,经过一个相当长时间的蛰伏状态,到了 20 世纪 80 年代,中国的民间信仰似乎又从冬眠中苏醒过来。各种各样的民间信仰和活动再次兴盛起来,迅速向 20 世纪 50 年代以前的状况恢复。[①] 这个问题正是本研究所关注的。在讨论了民间信仰在城镇化背景下的变迁形态、变迁机制、变迁结构以后,我们要进一步追问的问题就是:为什么在现代化、城镇化如此巨大的、几乎席卷一切的浪潮之下,民间信仰这些传统的意识形态依然能够存在,并显示出自己的形态与结构? 到底是什么样的原因使它不被现代风暴涤荡出局而只是出现适应性变迁? 是什么样的力量使它仍然可以继续扎根于这片土地与时俱进? 这些都涉及中国民间信仰的基本精神这个根本性问题,正是这种基本精神支撑着中国民间信仰过去存在着、变迁着;现在也存在着、变迁着;将来依然继续存在着、变迁着。

在第一章的"文献综述"中我们已经述及,中国民间信仰是一个"神-祖先-鬼"的三元结构。武雅士说:"不论讨论的起点是家庭和寺庙建筑、指代祭祀行为的术语、适合不同种灵性存在的供品形式或者人们对于自己行为的说法,它们所得出的结论都是相同的,即'鬼'与神祇同祖先相比照;祖先和'鬼'、神又形成对比。比如说,神以生食(或整头牲口)献祭,'鬼'和祖先则用熟食;'鬼'被供奉在家庭和庙宇之外,神和祖先则被供奉在其中;祖先被敬献偶数数量的香,而给'鬼'、神的香则是奇数。或者,在另一套对立关系当中,神祇被供奉给金纸,鬼和祖先则为银纸;供奉'鬼'叫'祭',而纪念神祇与祖先则为'拜'。"[②]我们将这一段论述具象化为一个三角关系图:

在这种"三元"格局中,三种类型互相分别"两两结合,与另外一个对立"。[③] 即可组合为三组对立,对立关系是"异类"关系("≠"表示异类关系):

---

① 葛兆光:《认识中国民间信仰的真实图景》,《寻根》1996 年第 5 期。
② 〔美〕武雅士等著,彭泽安等译:《中国社会中的宗教与仪式》,江苏人民出版社 2014 年版,第 7—8 页。
③ 〔美〕王斯福:《台湾的家庭和公共祭拜》,载〔美〕武雅士等著,彭泽安等译:《中国社会中的宗教与仪式》,江苏人民出版社 2014 年版,第 111 页。

图6-2 中国民间信仰"三元"格局图

$$神 \neq 祖先、鬼$$
$$祖先 \neq 神、鬼$$
$$鬼 \neq 神、祖先$$

从上面的三种关系得出的结论是:神≠祖先≠鬼。这里显示的是:每一项与另外两项对立。但同时,每一项又都可以与另外两项结合。如果我们将这种"对立"关系看作一种"异类"关系,那么,"结合"关系就是一种"同类"关系("＝"表示同类关系):

$$神 ＝祖先、鬼$$
$$祖先＝神、鬼$$
$$鬼 ＝神、祖先$$

从上面的三种关系得出的结论是:神＝祖先＝鬼。

于此,我们看到,这种循环性的"组合"与"对立"显示的是:每一项都可以与另外两项结合,同时每一项又可以与另外两项对立。"结合"中包含着"对立","对立"中又包含着"结合"。它实质上也就取消了三个类别的"性质"的绝对区分。"一个特别的灵物究竟被看作鬼还是祖先,取决于特定人的观点,一个人的祖先可能是另一个人的鬼。"[1]既然"鬼"和"祖先"只是不同个人和不同群体的不同看法而已,并不是社区所有人员的共识,而"神"与"祖先"又是同一类事物,那么,我们无论从逻辑上还是从实践上,都可以将三类事物看作同一性质的事物。这种思维方式,与西方的"二元对立"思维有很大的不同,它给我们一个巨大的启示:在习惯性的思维中,我们总是将"神"与"祖先"解释为"好"的事物、"善"的事物,将"鬼"解释为"坏"的事物、"恶"的事物,这种看法是有问题的。

---

① [美]武雅士:《神、鬼和祖先》,载[美]武雅士等著,彭泽安等译:《中国社会中的宗教与仪式》,江苏人民出版社2014年版,第151页。

在诸多民间传说中，对于"鬼"的描述并不是一个绝对的"恶"事物，它有时似乎在作恶，但是也多半是出自"鬼域"之生计向人间摇尾乞食而已，只是在没有满足要求时的恶作剧而已。在各种各样的、千奇百怪的"鬼故事"中，极少听到"鬼"在主观意图上与人为敌、置人死地的情节。"鬼故事"中当然也有人被鬼弄死的那些情节，但它们总是有着各种各样的具体的原因：有的是因为人被惊吓而致死，这是"鬼"的恶作剧行为的结果，而不是"鬼"的主观愿望；有的是属于鬼在人间受了冤屈而到了阴间的复仇行为，许多影视剧中对此都有描述与显现；如此等等。这使我们产生如下的判断与推测：即使不将"鬼"归入"善"类，但它也不是绝对的与人为敌的恶类，它可能是一个"非善非恶""亦善亦恶"的事物。我在黄塬村所收集的田野材料支撑了上述看法。第一，当地人一般提及"鬼"的时候，总是将"鬼神"作为同一类而进行言说，比如"敬鬼神""祭拜鬼神"；等等。如果"鬼"是恶类，那么当地人将它与"神"并列言说并且用"敬"与"拜"这些词就不好解释。第二，家人去世后变成"鬼"，如果"鬼"是绝对的"恶"事物，当地人无论是从认识上还是从情感上，都是无法接受的。而且在丧葬仪式中的"穿神点主"仪式之后，家族祖先由"鬼"而成"神"，一个绝对的恶类不可能转化为具有"大善"品质的神。第三，《定边县志》将绝对恶的那种"鬼"称为"厉鬼"，民间上坟时，除了向自己的祖先的坟墓献祭品，也向周围抛掷一些食物，安抚那些厉鬼。这就是说，在当地人的意识当中，"鬼"应该有很多类，绝对的恶鬼只是很少的一类，一般的鬼无所谓善恶。

总之，"鬼"是"非善非恶""亦善亦恶"的类别，是依据对中国民间信仰的"三元"格局的逻辑分析、依据大量的日常生活中流传的"鬼故事"的分析以及依据我在黄塬村村民对于"鬼"的态度的分析得出来的一种看法。

如果这一看法能够成立，那么我们可以说，在"神、鬼和祖先"的三元格局所显示的中国民间信仰的基本精神是"善"，即中国民间信仰的三种"超自然存在物"是围绕着"善"这个中心进行设置与运作的。首先，"祖先"是"善"，这是一个基本的定位。传统中国社会是一个以亲属关系为中心的家国同构体，"祖先"在民间信仰中占据中心地位，而"祖先"对于子孙来说，总是发挥着庇护与赐福的功能，这是一种"善"。其次，"神"因为其神性特征，也因为其所具备的超自然的能力，因而可以看作是超越祖先的"大善"。在殷商时代的殷王死后"宾于帝侧"，即作为上帝的宾客而出现并被安排在上帝的旁边就座。到了周代，就有祖先"以德配天"的说法，即要求王室祖先的"德"能够与天命相配。这些说法从一个特殊的视角说明了"神"总是居于"祖先"之上。今天中国民间信仰中的"神-祖先"关系与3000多年以前的这种关系具有同一性：神的位置较之人（祖先）的位置为上，神的品德也较之人（祖先）的品德为高。黄塬村的"敬爷爷"仪式中的"爷爷"神是社区的保护神，相对于"祖先"只保佑一族一家一户而言，它所行"善"的范围更大，德行更高。因此可以将其看作是一种"大善"。再次，"鬼"并非绝对的"恶"，而是居于善与恶之间，在总体上可以将其看作是"亦善亦恶"和"非善非恶"的事物。这样中国民间信仰的"神—祖先—鬼"的"三元"格局就形成了围绕着"善"的轴心摆动。如下图所示：

图 6-3 中国民间"三元"信仰的意义钟摆式示意图

在中国民间信仰的三种超自然物显示"善"的钟摆图中，"祖先"居于中位，是一个轴心。居于左边的是"神"，是一种"大善"，这是对于祖先的"善"的主题进行了加强。居于右边的是"鬼"，对"祖先"的"善"的主题进行了削弱；但是这种削弱的摆动到了一定的幅度就会终止，其端处也就是停留在"亦善亦恶"或"非善非恶"的位置上。"钟摆图"的左边与右边的距离是相等的，摆动的幅度两边也是相同的，达到一种均衡。钟摆的左右摆动是一种重复，而"'重复'事实上是思想的构筑，它去除每次出现的特点，保留它与同类别其他次出现的共同点，是一种抽象"①。摆动中通过这种强化与弱化的"变奏"，抽象出中国民间信仰"善"的功能模式。

进一步说，中国民间信仰"善"的基本精神，与中国文化整体的基本精神是统一的，或者也可以说，中国民间信仰的基本精神是中国文化的基本精神所派生、所决定的。"在中国传统文化中，有一些思想观念或固有传统，长期受到人们的尊崇，成为生活行动的最高指导原则，在历史上起了推动社会发展的作用，成为历史发展的内在思想源泉，这就是中国文化的基本精神。"②中国文化的基本精神就是"天人合一"，这一思想传统自先秦即已产生，后来一直在发展着，当代一些哲学家也同样对这一思想非常重视并不断进行新

---

① ［法］热拉尔·热奈特著，王文融译：《叙事话语》，中国社会科学出版社 1990 年版，第 73 页。
② 张岱年、方克立主编：《中国文化概论》，北京师范大学出版社 1994 年版，第 375 页。

的阐释:

> 天人合一思想远在先秦时期就已经产生;但作为一个明确的命题,"天人合一"则是由北宋著名哲学家张载最先提出来的。西周时期,天是有意志的人格神,是自然和社会的最高主宰,天人关系实际上就是神人关系。……春秋时期,郑国大夫子产说:"夫礼,天之经也,地之义也,民之行也。天地之经,而民实则之。"(《左传》昭公二十五年)他认为"礼"是天经地义即自然界的必然法则,人民必须按照天经地义的"礼"行事。这是把天地与人事联系起来,反映出了天与人可以相通、可以按照同样的法则运作的思想。……《易传·文言》提出了著名的"与天地合其德"的精湛的天人合一思想。它说:"夫大人者,与天地合其德,与日月合其明,与四时合其序,与鬼神合其吉凶。"……两宋时期,张载在中国文化史上第一个明确提出了"天人合一"的命题。他在其名著《西铭》中说:"乾称父,坤称母,予兹藐焉,乃混然中处。天地之塞,吾其体;天地之帅,吾其性。民,吾同胞;物,吾与也。"张载认为,人和自然都遵循统一的规律。……天人合一问题,就其理论实质而言,是关于人与自然的统一问题,或者说是自然界和精神的统一问题。应当承认,中国传统文化中的"天人合一"思想,内容十分复杂。……中国古代思想家关于天人合一的思想,其最基本的涵义,就是充分肯定"自然界和精神的统一",关注人类行为与自然界的协调问题。[①]

所谓"天人合一"的基本精神,可以解释为人与自然、人与鬼神、人与社会、人与自我的统一关系,甚至是同一关系、和谐相处关系,这种和谐就是一种"善"。如果我们将中国民间信仰与如此悠远深厚的中国传统文化整体关联起来,并将其作为一个部分;那么,我们对于中国民间信仰在新的时代进程中,在现代化与城镇化的背景之下,如何能够做到在张力与冲突中,能够与时俱进,与现代因素"组合"在一起,交错双线螺旋式地"耦合"式变迁与发展,形成一种特殊的新旧传统"叠合"结构,就不难于理解了。

这里所涉及的是民间传统与精英传统的地位问题。我们现在总是按照美国人类学家雷德菲尔德的看法,将上层精英知识分子创造的知识传统称

---

① 张岱年、方克立主编:《中国文化概论》,北京师范大学出版社 1994 年版,第 377—380 页。

为"大传统",将下层民间广大民众所创造的传统称为"小传统"①,小传统当然是模仿大传统的。但是我们也可以有与雷德菲尔德不同的看法,因为民间传统是一个较之帝国精英传统更为悠远的体系,甚至可以将这种民间传统看作真正的"大传统",而只有少数人掌握的那种精英传统是真正的"小传统"。② 如果这个看法能够成立,那么,到底是民间传统是帝国的隐喻,还是帝国是民间传统的隐喻就是一个可以重新思考的问题了。正因为王斯福将精英传统放在首位,他才顺理成章地认为中国民间传统的延续到了清末就结束了。这是一个非常表面的看法。

我们对于陕北黄堥村的研究则证明了中国民间信仰在不断地与时俱进向前延伸。这与中国文化具有"连续性"特征相关,在中国原始文化向着文明时代转变的过程中,没有出现断裂,而是具有"连续性"的发展。③ 王斯福是运用西方"二元对立"思维方式得出的关于中国民间宗教信仰与帝国政治之关系,其中当然有着可以反思的余地。同样,武雅士的研究也持与王斯福相同的观点。他认为神的等级同样对应的是帝国官僚等级秩序,中国民间信仰的"原型"是帝国的政治体系。被神祇所庇的人群与神祇的关系隐喻着现实社会的政治、司法部门对所辖区域的控制,神祇是帝国官员因而拥有权力。而近年来国内关于中国民间宗教"世俗化"的变迁的主要研究倾向,从根本上说,在"现代-传统""城镇-乡村""社会-宗教"的诸种关系中,仍然是以"现代""城镇""社会(国家)"作为优势的一方、主导的一方,而将"传统""乡村""宗教"作为劣势一方、被主导的一方这一前提来设置各种研究理念的。本研究则希望通过黄堥村民间宗教信仰变迁的探讨,回应王斯福和武雅士以"隐喻"的方式来说明民间宗教与帝国权力政治关系的看法以及对于近年来"世俗化"研究的主流倾向。

第五节 "冲和的宗教":对话杨庆堃

在"导论"中我们已经说到,这项研究最初的灵感来源于杨庆堃先生的《中国社会中的宗教》。在杨先生的著作出版半个世纪以后,作为后辈学人,笔

---

① [美]罗伯特·雷德菲尔德著,王莹译:《农民社会与文化》,中国社会科学出版社 2013 年版,第 95 页。

② 朱炳祥:《他者的表述》,中国社会科学出版社 2018 年版,第 44—50 页。

③ 关于西方文化"突破性"特征与中国文化"连续性"特征,参阅[美]张光直《考古学专题六讲》(文物出版社 1986 年版)和《美术、神话与祭祀》(辽宁教育出版社 1988 年版)等著作。

者希望观察与思考杨先生所研究过的民间宗教信仰在当下中国社会快速现代化进程中会出现怎样的变迁，以此作为对杨先生那部经典著作的承继与回应。

杨庆堃先生对于中国民间宗教研究的主要观点，我们在"文献综述"中已经详细介绍，此处不再赘述。这部开创性的著作也受到一些批评，其中一个主要的批评者是加拿大汉学家欧大年教授。他认为，杨氏理论的一个奠基性概念"分散性宗教"其实是一个由西方文化出发、按照西方式的学术规范所提出的。杨氏将西方的宗教看作是"制度性的宗教"（institutional religion），由此出发创造出了与此相对应的"分散性宗教"（diffused religion）的概念。而英文中的"diffused"一词带有明显的"低等的""劣等的"贬义。李亦园将杨庆堃的"diffused religion"概念译为"普化的宗教"，或许也是为了避免"diffused"一词隐含的贬义。① "将中国宗教视为劣等的宗教，正是欧大年所不能容忍的，因此近年来他对中国宗教的研究中一直在各种民间有组织的活动中寻找其中的内在逻辑和理性。"②欧大年教授在一次学术会议上明确地说他"不能同意他使用'分散式'一词"；并且在 2005 年给《中国社会的宗教》一书中文版的序言中指出："问题在于他的'分散性宗教'的提法，'分散性'意味着缺少组织结构。实际上，寺院和民间社区的祭祀仪式都是与家庭和乡村生活的秩序为基础的组织、结构相关的，根据家庭和寺院的传统，他们精心地安排各种计划，组织各种活动。因此，这种融入当地社会结构中的民间宗教是被深深地制度化的，并且不断地延续着。他们不是个别的、分散的现象，而是制度化的。因此我们不能以西方基督教模式的宗教理解来判断中国人的信仰活动。我们对中国宗教的研究，应当以中国的历史和社会的分类为基础，而不应该受来自其他什么地方门户之见的限制。"③欧大年教授对杨氏的批评逻辑简略地说来就是：第一，"分散性宗教"的概念是在西方"二元论"思维方式之下，以西方文化作为标准与高点对中国民间宗教的性质的判

---

① 李亦园认为普化的宗教的特质就是其教义、仪式与组织都与其他世俗的社会生活与制度混而为一，并不像制度化宗教那样是有其完全独立的宗教组织与教义、仪式，在传统中国普化宗教的影响下，实际上并无绝对的无信仰者存在。传统中国宗教信仰的第一项特色表现在"普化的宗教"的形态，例如祖宗崇拜、神明崇拜、岁时祭仪、生命礼俗、占卜风水、符号法术等，所以西方人的"一个宗教"就无法描述中国人的宗教，"普化的宗教"是一种包容兼纳性质的信仰型态。参阅李亦园：《中国人信什么教》，载李亦园：《宗教与神话》，广西师范大学出版社 2004 年版，第 116 页。

② 金耀基、范丽珠：《序言：研究中国宗教的社会学范式——杨庆堃眼中的中国社会宗教》，载〔美〕杨庆堃著，范丽珠等译：《中国社会中的宗教：宗教的现代社会功能与其历史因素之研究》，上海人民出版社 2007 年版，第 13 页。

③ 〔美〕杨庆堃著，范丽珠等译：《中国社会中的宗教：宗教的现代社会功能与其历史因素之研究》欧大年序言，上海人民出版社 2007 年版，第 16 页。

定,是一种歧视性判定。因此,必须找到一种新的概念。第二,对中国民间宗教的性质判断是不准确的,因为中国民间宗教本身也是制度性的宗教。

现在我们分析一下杨庆堃与欧大年的观点差异。而批评杨氏的欧大年的观点也同样有三个要点:他认为,第一,杨氏所谓制度性的宗教和分散性的宗教概念是按照西方式的学术规范来分类的。这种分类规范是西方中心主义的分类规范,在这种规范下,将西方宗教说成是"制度性的宗教",将中国宗教说成是"分散性的宗教"带有歧视中国宗教的意味。应当以中国的历史和社会的分类为基础重新寻找这种分类标准。第二,"分散性宗教"的提法,意味着缺少组织结构;而实际上,中国民间宗教是被深深地制度化的,它们不是个别的、分散的现象。也就是说,中国民间宗教也与西方一样,同样是"制度化的宗教"。颇有趣味的是,接受了西方文化的中国人用了西方人的目光以及西方文化的分类标准,在西方的"二元论"的思维模式中,在"西方-非西方"对立的思维模式中,中国宗教被看作是分散性的宗教;而接受了中国本土文化的西方人用了中国本土的目光以及中国文化的分类标准,认为中国民间宗教浸透、弥散到全部的社会生活中,与中国的政治体制、亲属关系、社区组织结构一起运作,故而当然可以看作一种制度化的宗教。

承接着欧大年的观点,我们从黄塬村的田野材料出发,也认为中国民间宗教是"制度化的宗教",不过,我们希望将观点继续向前推进一步:我们认为仅仅用"制度化的宗教"来给中国民间宗教定性,似乎还没有概括出中国民间宗教信仰的本质特征,或者说是还没有找到一种本土性的概念作为对于中国民间宗教本质内涵的定义。

本研究依据本土哲学概念提出一个"冲和的宗教"的概念,将中国民间宗教的性质(本质特征)定义为"冲和"而非"分散"。《老子》第 42 章:"道生一,一生二,二生三,三生万物。万物负阴而抱阳,冲气以为和。"《说文解字》释"冲":"冲,涌摇也";释"和":"和,相应也。"《庄子·田子方》:"至阴肃肃,至阳赫赫。……两者交通成和,而物生焉。"《荀子·天论》:"万物各得其和以生。"魏晋时代王弼《老子注》:"万物万形其归一也,何由致一? 由于无也。由无乃一——可谓无已,谓之一。岂得无言乎? 有言,有一非二。如何有一有二? 遂生乎! 三从无之有。数尽乎斯。过此以往,非道之流。故万物之生,吾知其主。虽有万形冲气,一焉。"当代一些学者对于"冲和"也有着诸多解释。蒋锡昌先生《老子校诂》说:"涌摇为和。……'万物负阴而抱阳,冲气以为和',即万物生育之理,乃所以释上文生生之义者也。"[1]任继愈先生在《老

① 蒋锡昌:《老子校诂》,成都古籍书店 1988 年版,第 280—281 页。

子新译》中将这一段翻译为："万物内涵着阴阳两种对立的势力，它们（阴阳）在看不见的气中得到统一。"①

依据古今学者的解释，"冲和"这一概念显示了事物的"生成"与"变迁"问题，即"生生之义"。按照老子的理念，万物是从"道"生出来的，"道"之所以能生万物，是因为阴阳变化。根据词义，"冲"为"涌摇"，"和"为"相应"。一"冲"一"和"，即是一种"生"的动力机制，也是一种"变"的动力机制。"气"在"冲"的动力（动态）之下，达到了"和"作为一种理想的效果（稳定的、相对静态的结构）。"冲"的动力机制可以有多种力量、多种因素参与，"气"是一种能量，在"阴"与"阳"之间流动、变化、互生。而"和"则是各种力量、各种因素所达到的一种协调、合作与均衡。阴阳二气，涌摇成和。《易传》："一阴一阳之谓道。"阴阳二者"交冲""对撞""激荡"而萌生万物。"和"有调和之义。《左传》："夫和实生物，同则不继。""和"之所以能够生物，就是因为阴阳调和，相辅相成。"和"承认差异的存在，承认多元性，这种差异与多元配合起来，才能产生新的事物。"冲和"之"冲"为手段，"和"为目的；"冲"为变迁的动力机制，"和"为变迁后的结构形态。

将"冲和"运用于中国民间宗教，既是对民间宗教"性质"的定位，又是对其"变迁机制"的揭示，还是对变迁后所达到的结构特征的描述。就此而言，皆与黄塬村所显示的中国民间宗教信仰在现代化、城镇化的变迁中的形态特征、变迁机制以及逻辑结构高度吻合。我们将"冲和的宗教"这一概念用来说明中国民间宗教信仰及其变迁的本质特征，就在于我们已经看到中国民间宗教在现代化的进程中，它必定会在"传统-现代""外来-本土""城镇-乡村""个体-集体""时间-空间""经济基础-上层建筑""宗教-社会"这数对矛盾之间所存在的巨大张力关系中变化着、存在着。它与现代的、外来的、城镇的方面形成一种"主体间性"的关系，二者相互包容、相互适应、相互融合，并不会形成某种新旧替代、谁战胜谁的问题。美国哲学家罗蒂说："当代西方哲学逐渐在使自己摆脱了若干观念，……现成的老框框（如'合理性'与'非理性'的对立，'科学的'与'神秘的'对立），这些老框框阻碍了我们对非西方文化的理解。"②在民间宗教信仰研究领域当中，同样有着许多"现成的老框框"，这些老框框有相当一部分正是如杨庆堃先生一样，以一种西方的"二元对立"的思维模式来看待事物。而"冲和"的概念是中国式的思维方

---

① 任继愈译著：《老子新译》（修订本），上海古籍出版社1985年第二版，第152—153页。

② ［美］理查德·罗蒂著，李幼蒸译：《哲学和自然之镜》，商务印书馆2003年版，中译本序言第11页。

式,它摆脱了"西方-非西方"的对立,"科学-神秘"的对立。以"冲和"的观点来看待中国民间宗教信仰的本质特征及其现代变迁,我们就不会得出那种绝对化的新旧替代的简单化看法,也不会得出中国民间宗教信仰在现代化的冲击面前必然消亡的绝对化结论。我们对于民间宗教信仰在现代化、城镇化背景下的命运问题,也可以达到一个较为深入的理解。

主要参考文献

一、著作类(包括译著和中文著作)

[1] [德]马克斯·韦伯著,康乐、简惠美译:《宗教社会学:宗教与世界》,广西师范大学出版社,2011 年。

[2] [德]马克斯·韦伯著,康乐、简惠美译:《中国的宗教:儒教与道教》,广西师范大学出版社,2010 年。

[3] [俄]弗拉基米尔·雅可夫列维奇·普罗普著,贾放译:《故事形态学》,中华书局,2006 年。

[4] [法]H·孟德拉斯:《农民的终结》,社会科学文献出版社,2010 年。

[5] [法]爱弥尔·涂尔干著,渠东、汲喆译:《宗教生活的基本形式》,上海人民出版社,2006 年。

[6] [法]克劳德·列维-斯特劳斯著,王志明译:《忧郁的热带》,生活·读书·新知三联书店,2000 年。

[7] [法]马塞尔·莫斯著,佘碧平译:《社会学与人类学》,上海译文出版社,2003 年。

[8] [法]皮埃尔·布迪厄,[美]华康德著,李猛等译:《实践与反思》,中央编译出版社,1998 年。

[9] [汉]郑玄注,[唐]孔颖达正义:《礼记正义》,上海古籍出版社,2008 年。

[10] [美]露丝·本尼迪克特:《文化模式》,华夏出版社,1987 年。

[11] [美]彼得·贝格尔:《神圣的帷幕:宗教社会学理论之要素》,上海人民出版社,1991 年。

[12] [美]杜赞奇著,王福明译:《文化、权力与国家——1900—1942 年的华北农村》,江苏人民出版社,1996 年。

[13] [美]黄宗智:《长江三角洲与乡村发展》,中华书局,1992 年。

[14] [美]黄宗智:《华北的小农经济与社会变迁》,中华书局,2000 年。

[15] [美]克利福德·格尔茨著,韩莉译:《文化的解释》,译林出版社,2008 年。

[16] [美]克利福德·格尔茨著,林经纬译:《追寻事实——两个国家、四个十年、一位人类学家》,北京大学出版社,2011 年。

[17] [美]克利福德·格尔兹著,纳日碧力戈等译:《文化的解释》,上海人民出版社,1999 年。

[18] [美]克利福德·吉尔兹著,王海龙、张家译:《地方性知识——阐释人类学论文集》,中央编译出版社,2004 年。

[19] [美]马歇尔·萨林斯著,蓝达居等译:《历史之岛》,上海人民出版社,2003 年。

[20] [美]马歇尔·萨林斯著,王铭铭、胡宗泽译:《甜蜜的悲哀》,生活·读书·新知三联

书店,2000 年。

[21] [美]乔治·E·马尔库斯、米开尔·M.J·费彻尔著,王铭铭、蓝达居译:《作为文化批评的人类学》,生活·读书·新知三联书店,1998 年。

[22] [美]乔治·瑞泽尔著,杨淑娇译:《当代社会学理论及其古典根源》,北京大学出版社,2005 年。

[23] [美]施坚雅著,史建云、徐秀丽译:《中国农村的市场和社会结构》,中国社会科学出版社,1998 年。

[24] [美]托马斯·卢克曼著,覃方明译:《无形的宗教——现代社会中的宗教问题》,中国人民大学出版社,2003 年。

[25] [美]维克多·特纳著,黄剑波、柳博资译:《仪式过程:结构与反结构》,中国人民大学出版社,2006 年。

[26] [日]渡边欣雄:《汉族的民俗宗教——社会人类学的研究》,天津人民出版社,1998 年。

[27] [英]安东尼·吉登斯著,赵旭东、方文译:《现代性与自我认同一现代晚期的自我与社会》,三联书店,1998 年。

[28] [英]菲奥纳·鲍伊著,金泽、何其敏译:《宗教人类学导论》,中国人民大学出版社,2004 年。

[29] [英]拉德克利夫-布朗著,潘蛟等译:《原始社会的结构与功能》,中央民族大学出版社,1999 年。

[30] [英]雷蒙德·弗思著,费孝通译:《人文类型》,华夏出版社,2002 年版。

[31] [英]马林诺夫斯基著,李安宅编译:《巫术科学宗教与神话》,商务印书馆,1936 年(上海文艺出版社 1987 年影印本)。

[32] [英]马林诺夫斯基著,费孝通译:《文化论》,华夏出版社,2001 年。

[33] [英]莫里斯·弗里德曼著,刘晓春译:《中国东南的宗族组织》,上海人民出版社,2000 年。

[34] [英]王斯福著,赵旭东译:《帝国的隐喻:中国民间宗教》,江苏人民出版社,2008 年。

[35] [荷]高延著,芮传明译:《中国的宗教系统及其古代形式、变迁、历史及现状(一至六卷)》,花城出版社,2018 年。

[36] 陈志明:《中国社会与宗教》(影印本),台湾学生书局,1993 年。

[37] 程歗:《晚清乡土意识》,中国人民大学出版社,1990 年。

[38] 崔应令:《柔性的风格:女性参与建构社会的实践逻辑——双龙村性别关系的百年变迁》,中国社会科学出版社,2011 年。

[39] 范丽珠:《宗教社会学:宗教与中国》,北京时事出版社,2010 年。

[40] 费孝通:《江村经济》,世纪出版集团 上海人民出版社,2007 年。

[41] 费孝通:《乡土中国》,北京出版社,2004 年。

[42] 费孝通:《乡土中国》,上海人民出版社,2007 年。

[43] 冯友兰:《新事论:中国到自由之路》,北京大学出版社,2014 年。

[44] 甘满堂:《村庙与社区公共生活》,社会科学文献出版社,2007 年。

[45] 郭于华:《死的困扰与生的执着:中国民间丧葬仪礼与传统生死观》,中国人民大学出版社,1992 年。

[46] 郭于华主编:《仪式与社会变迁》,社会科学文献出版社,2000 年。

[47] [挪]贺美德、鲁娜编著,许烨芳等译:《"自我"中国:现代中国社会中个体的崛起》,上海译文出版社,2011 年。

[48] 贺雪峰:《村治的逻辑——农民行动单位的视角》,中国社会科学出版社,2009 年。

[49] 贺雪峰:《乡村社会关键词》,山东人民出版社,2010 年。

[50] 贺雪峰:《新乡土中国(修订版)》,北京大学出版社,2013 年。

[51] 金观涛、刘青峰:《中国现代思想的起源》,法律出版社,2011 年。

[52] 金观涛:《探索现代社会的起源》,社会科学文献出版社,2010 年。

[53] 金泽:《宗教人类学学说史纲要》,中国社会科学出版社,2009 年。

[54] 景军著,吴飞译:《神堂记忆:一个中国乡村的历史、权力与道德》,福建教育出版社,
2013 年。

[55] 瞿海源、章英华编:《台湾社会文化变迁》,(台北)"中央"研究院民族学研究所,
1986 年。

[56] 李亦园:《文化与修养》,广西师范大学出版社,2004 年。

[57] 李亦园:《宗教与神话》,广西师范大学出版社,2004 年。

[58] 梁漱溟:《中国文化要义》,学林出版社,1987 年。

[59] 林耀华:《金翼:中国家族制度的社会学研究》,生活·读书·新知三联书店,
2000 年。

[60] 刘泽华、张荣明等著:《公私观念与中国社会》,中国人民大学出版社,2003 年。

[61] 麻国庆:《家与中国社会结构》,文物出版社,1999 年。

[62] 麻国庆:《永远的家:传统惯性与社会结合》,北京大学出版社,2009 年。

[63] 钱杭、谢维扬:《传统与转型:江西泰和农村宗族形态———一项社会人类学的研究》,
上海社会科学院出版社,1995 年。

[64] 秦晖、金雁:《田园诗与狂想曲——关中模式与前近代社会的再认识》,语文出版社,
2010 年。

[65] 汪晖、陈燕谷主编:《文化与公共性》,生活·读书·新知三联书店,2005 年。

[66] 汪晖:《去政治化的政治:短 20 世纪的终结与 90 年代》,生活·读书·新知三联书
店,2008 年。

[67] 王铭铭、王斯福主编:《乡土社会的秩序、公正与权威》,中国政法大学出版社,
1997 年。

[68] 王铭铭:《20 世纪西方人类学主要著作指南》,世界图书出版公司,2008 年。

[69] 王铭铭:《经验与心态》,广西师范大学出版社,2007 年。

[70] 王铭铭:《社会人类学与中国研究》,生活·读书·新知三联书店,1997 年。

[71] 王铭铭:《走在乡土上:历史人类学札记》,中国人民大学出版社,2003 年。

[72] 乌丙安:《中国民俗学概论》,长春出版社,2014 年。

[73] 吴飞:《浮生取义:对华北某县自杀现象的文化解读》,中国人民大学出版社,
2009 年。

[74] 吴飞:《自杀作为中国问题》,生活·读书·新知三联书店,2007 年。

[75] 吴毅:《小镇喧嚣:一个乡镇政治运作的演绎与阐释》,生活·读书·新知三联书店,
2007 年。

[76] 萧楼:《夏村社会:中国"江南"农村的日常生活和社会结构》,生活·读书·新知三
联书店,2010 年。

[77] 熊培云:《一个村庄里的中国》,新星出版社,2012 年。

[78] 阎云翔著,陆洋等译:《中国社会的个体化》,上海译文出版社,2012 年。

[79] 杨伯峻译注:《论语译注》,中华书局,1980 年。

[80] 杨华:《隐藏的世界:农村妇女的人生归属与生命意义》,中国政法大学出版社,

2012 年。

［81］［美］杨庆堃著,范丽珠等译:《中国社会中的宗教——宗教的现代社会功能与其历史因素之研究》,上海人民出版社,2007 年。

［82］张乐天:《告别理想:人民公社制度研究》,上海人民出版社,2005 年。

［83］张晓红:《文化区域的分异与整合:陕西历史地理文化研究》,上海书店出版社,2004 年。

［84］赵世瑜:《狂欢与日常:明清以来的庙会与民间社会》,生活·读书·新知三联书店,2004 年。

［85］郑杭生主编:《社会学概论新修(第三版)》,中国人民大学出版社,2003 年。

［86］郑振满、陈春声:《民间信仰与社会空间》,福建人民出版社,2003 年。

［87］汉学研究中心编:《寺庙与民间文化研讨会论文集》,台湾行政院文化建设委员会,1995 年。

［88］中国社会科学院语言研究所词典编辑室:《现代汉语词典》,商务印书馆,1996 年。

［89］钟敬文:《民俗学概论》,上海文艺出版社,1998 年。

［90］周晓红:《传统与变迁:江浙农民的社会心理及其近代以来的嬗变》,生活·读书·新知三联书店,1998 年。

［91］朱炳祥:《村民自治与宗族关系研究》,武汉大学出版社,2007 年。

［92］朱炳祥:《地域社会的构成》,中国社会科学出版社,2018 年。

［93］朱炳祥:《蟒蛇共蝴蝶:周城神话研究》,中国社会科学出版社,2021 年。

［94］朱炳祥:《社会人类学》,武汉大学出版社,2004 年。

［95］朱炳祥:《社会人类学》,武汉大学出版社,2009 年。

［96］朱炳祥:《他者的表述》,中国社会科学出版社,2018 年。

［97］朱炳祥:《太始有道:田野散记》,中国社会科学出版社,2022 年。

［98］朱炳祥:《自我的解释》,中国社会科学出版社,2018 年。

［99］邱永辉主编:《中国宗教报告(2014)》,社会科学文献出版社,2015 年。

［100］金泽、邱永辉主编:《中国宗教报告(2013)》,社会科学文献出版社,2013 年。

［101］桂华:《礼与生命价值——家庭生活中的道德、宗教与法律》,商务印书馆,2014 年。

［102］曹中建主编:《中国宗教研究年鉴(2007—2008)》,宗教文化出版社,2010 年。

［103］冯玉军主编:《中国宗教法治研究报告(2016)》,中国人民大学出版社,2018 年。

［104］周向阳:《清代民间宗教治理研究》,中国社会科学出版社,2017 年。

［105］侯杰、王小蕾:《民间信仰史话》,社会科学文献出版社,2012 年。

［106］马西沙、韩秉方:《中国民间宗教史(上、下)》,中国社会科学出版社,2017 年。

［107］卓新平:《中国宗教学 40 年:1978—2018》,中国社会科学出版社,2019 年。

二、中文期刊类

［1］《习近平在文化传承发展座谈会上强调担负起新的文化使命　努力建设中华民族现代文明》,《人民日报》,2023 年 6 月 3 日。

［2］金泽:《如何理解宗教治理在我国治理体系现代化建设中的地位和作用》,《世界宗教研究》,2019 年第 4 期。

［3］赵树冈:《民间信仰与日常生活——李亦园的宗教人类学研究》,《世界宗教研究》,2019 年第 3 期。

［4］高梦琪:《探索宗教与社会秩序的关系,推进宗教与社会的良性互动——第六届宗教社会学论坛综述》,《世界宗教研究》,2019 年第 3 期。

［5］肖滨、丁羽:《国家治理宗教的三种模式及其反思》,《世界宗教研究》,2019 年第 2 期。

［6］何虎生、胡竞方:《论新时代中国特色社会主义宗教理论》,《世界宗教研究》,2019 年第 1 期。

［7］曹南来:《中国宗教实践中的主体性与地方性》,《北京大学学报(哲学社会科学版)》,2010 年第 6 期。

［8］陈彬:《杨庆堃的宗教社会学理论述评》,《宗教学研究》,2009 年第 2 期。

［9］陈彬:《宗教权威视角下的宗教组织变迁——对湘北某基督教堂的个案研究》,《宗教学研究》,2010 年第 1 期。

［10］陈伟涛:《论杨庆堃先生的分散性宗教》,《宗教学研究》,2011 年第 1 期。

［11］陈卫平:《台湾学者对近 20 年来大陆宗教学研究的评述》,《东南师范大学学报(哲学社会科学版)》,2005 年第 1 期。

［12］崔应令、何菊,《民族宗教的自主性发展》,《中南民族大学学报》,2011 年第 4 期。

［13］范丽珠、陈纳:《在跨文化的诠释中确立典范——杨庆堃关于中国弥漫性宗教概念的意义》,《世界宗教文化》,2010 年第 3 期。

［14］范丽珠:《"善"作为中国的宗教伦理》,《甘肃理论学刊》,2007 年 11 月第 6 期。

［15］范丽珠:《西方宗教理论下中国宗教研究的困境》,《南京大学学报》(哲学·人文科学·社会科学),2009 年第 2 期。

［16］范丽珠:《现代社会的"宗教性"阐释——深圳民间宗教研究发微》,《社会》,2004 年第 2 期。

［17］范丽珠:《现代宗教是理性选择的吗? 质疑宗教的理性选择研究范式》,《社会》,2008 年第 6 期。

［18］范正义:《民间信仰研究的理论反思》,《东南学术》,2007 年第 2 期。

［19］范正义:《社会转型与民间信仰变迁——泉州个案研究》,《世界宗教研究》,2010 年第 1 期。

［20］费孝通:《继往开来,发展中国人类学》,《广西民族学院学报(哲学社会科学版)》,1995 年第 4 期,第 3 页。

［21］符平:《中国民间信仰研究的主体范式与社会学的超越》,《浙江社会科学》,2007 年第 6 期。

［22］高金锋,《婚丧仪礼变迁与家庭功能构建》,兰州大学硕士论文,2007 年。

［23］高师宁:《关于世俗化问题》,《世界宗教文化》,1995 年第 4 期。

［24］高师宁:《世俗化与宗教的未来》,《中国人民大学学报》,2002 年第 5 期。

［25］高师宁:《试论现代化与新兴宗教》,《世界宗教研究》,1999 年第 4 期。

［26］高师宁:《一支突起的异军——再议宗教社会学及其在中国的进展》,《世界宗教文化》,2010 年第 1 期。

［27］高师宁:《宗教社会学研究在中国大陆的发展》,《上海大学学报(社会科学版)》,2007 年第 3 期。

［28］高师宁:《宗教社会学在中国》,《中国人民大学学报》,2004 年第 5 期。

［29］葛兆光:《认识民间信仰的真实图景》,《寻根》,1996 年第 5 期。

［30］郭于华:《民间社会与仪式国家》,《读书》,1999 年第 9 期。

［31］郭于华:《心灵的集体化:陕北骥村农业合作化的女性记忆》,《中国社会科学》,2003 年第 4 期。

［32］何东霞:《文化与制度耦合:一个文献综述》,《学术研究》,2006 年第 10 期。

〔33〕 贺雪峰：《公私观念与中国农民的双层认同》，《天津社会科学》，2006 年第 1 期。

〔34〕 贺雪峰：《农民价值观的类型及相互关系——对当前中国农村严重伦理危机的讨论》，《开放时代》，2008 年第 3 期。

〔35〕 胡安宁：《民间宗教的社会学人类学研究：回顾与前瞻》，《中国农业大学学报（社会科学版）》，2012 年第 1 期。

〔36〕 胡文会：《宗教学理论与宗教现状研究：近年来宗教人类学研究现状综述》，中国宗教研究年鉴（2007—2008），2010 年 1 月。

〔37〕 黄剑波：《何处是田野——人类学田野工作的若干反思》，《广西民族研究》，2007 年第 3 期。

〔38〕 吉国秀：《婚姻支付的变迁：一个姻亲关系的视角》，《民间文化论坛》，2006 年第 1 期。

〔39〕 汲喆：《迈向一种关于现代性的宗教社会学：爱尔维优·雷杰〈宗教存于记忆〉述评》，《社会学研究》，2005 年第 1 期。

〔40〕 汲喆：《如何超越经典世俗化理论？——评宗教社会学的三种后世俗化论述》，《社会学研究》，2008 年第 4 期。

〔41〕 金耀基、范丽珠：《研究中国宗教的社会学范式杨庆堃眼中的中国社会宗教》，《社会》，2007 年第 1 期。

〔42〕 李翠玲：《社会转型与民族宗教变迁（1978—2013）：以云南石林县月湖村为例》，武汉大学博士后出站报告，2013 年。

〔43〕 李峰：《20 世纪 60 年代后西方宗教社会学理论研究取向》，《求索》，2005 年第 9 期。

〔44〕 李峰：《寻找中国信仰及其表达形式》，《社会科学报》，2013-01-17。

〔45〕 李峰：《宗教伦理、宗教组织及世俗化因素——刍议宗教伦理研究中的社会学分析路径》，《学术交流》，2005 年第 10 期。

〔46〕 李峰：《宗教社会学研究的新视角——宗教组织研究》，《宗教学研究》，2005 年第 1 期。

〔47〕 李培林：《理性选择理论面临的挑战及其出路》，《社会学研究》，2001 年第 6 期。

〔48〕 李向平、陈建明：《宗教问题与社会变迁的双重探索——宗教社会学在当代中国的发展轨迹》，《世界宗教文化》，2010 年第 1 期。

〔49〕 李向平、李峰：《如何建构当代中国的社会信仰——华东师范大学哲学系博士生导师李向平教授访谈》，《社会科学家》，2010 年第 4 期。

〔50〕 李向平：《"本色化"与社会化——近代上海"海派基督教"的社会化历程》，《上海大学学报（社会科学版）》，2004 年第 3 期。

〔51〕 李向平：《社会缺席，宗教安在？——当代中国宗教社会学的基本理论问题》，《当代中国：发展·安全·价值——第二届上海市社会科学界学术年会文集（上）》，2004 年 6 月。

〔52〕 林国平：《关于中国民间信仰研究的几个问题》，《民俗研究》，2007 年第 1 期。

〔53〕 林国平：《民间宗教的复兴与当代中国社会——以福建为研究中心》，《世界宗教研究》，2009 年第 4 期。

〔54〕 林巧薇：《杨凤岗博士谈宗教社会学的范式转型》，《宗教学研究》，2003 年第 3 期。

〔55〕 林同奇：《格尔茨的"深度描绘"与文化观》，《中国社会科学》，1989 年第 2 期。

〔56〕 刘殿利编译：《宗教社会学的演变——主题与变奏》，《世界宗教文化》，2010 年第 1 期。

〔57〕 刘涛：《民间信仰的圈层体系与村庄社会功能整合——基于豫中沟村的田野调查》，

《周口师范学院学报》,2011年第4期。

[58] 刘志军:《传统信仰与基督宗教的冲突与融会:张店镇个案研究》,《宗教学研究》,2007年第3期。

[59] 吕微、高丙中等:《定位于现代社会日常生活的民俗学——"国际比较视野下的民俗学前景"笔谈》,《民俗研究》,2013年第4期。

[60] 马良文:《中国民间宗教刍议》,《世界宗教研究》,1994年第1期。

[61] 闵丽:《宗教学理论与宗教现状研究:国内宗教学理论研究的现状及其存在的问题》,《中国宗教研究年鉴(2007—2008)》,2010年1月。

[62] 秦伟:《北洛河上游土壤侵蚀特征及其对植被重建的响应》,北京林业大学博士学位论文,2009年。

[63] 尚九玉:《中西宗教精神之比较研究》,《北京师范大学学报(社会科学版)》,1997年第3期。

[64] 斯蒂芬·沃讷:《宗教社会学范式及理论的新进展》,《中国人民大学学报》,2006年第6期。

[65] 孙江:《在中国发现宗教——日本关于中国民间信仰结社的研究》,《文史哲》,2010年第4期。

[66] 孙庆忠:《论杨庆堃先生的中国宗教观》,《中山大学学报(社会科学版)》,2001年第4期。

[67] 田薇:《试论社会秩序与人心秩序的宗教性支持》,《中国人民大学学报》,2006年第4期。

[68] 王德福:《做人之道:熟人社会中的自我实现》,华中科技大学博士学位论文,2013年。

[69] 王红艳:《拉不断的信奉:黑土村村落宗教变迁研究》,武汉大学博士学位论文,2013年。

[70] 王健:《近年来民间信仰问题研究的回顾与思考:社会史角度的考察》,《史学月刊》,2005年第1期。

[71] 王铭铭:《中国民间宗教——国外人类学研究综述》,《世界宗教研究》,1996年第2期。

[72] 王庆德:《中国民间宗教史研究百年回顾》,《文史哲》,2001年第1期。

[73] 魏德东:《宗教社会学的范式转换及其影响》,《中国人民大学学报》,2010年第3期。

[74] 吴真:《民间信仰研究三十年》,《民俗研究》,2008年第4期。

[75] 夏昌奇:《当代中国超常信仰的经验研究——兼论中国宗教的内容与格局》,《社会学研究》,2011年第5期。

[76] 谢立宏:《人类学视域下的"猫鬼神"信仰研究——以甘肃省孙村为例》,《兰州大学学报(社会科学版)》,2012年第2期。

[77] 徐嘉鸿、贾林州:《从"村社理性"到"村社制度"——理解村庄治理逻辑变迁的一个分析框架》,《西北农林科技大学学报(社会科学版)》,2014年第2期。

[78] 徐嘉鸿:《延续香火:农村生男偏好的重要原因》,《中国社会科学报》,2013-08-23。

[79] 徐嘉鸿:《祖业亦或私产:论农民的土地产权认知》,《广东社会科学》,2014年第3期。

[80] 徐嘉鸿:《论田野工作中的主体互动》,《广西民族大学学报(哲学社会科学版)》,2016年第4期。

[81] 徐嘉鸿:《黄土高坡托起的圣仪:陕北左村祭仪变迁研究》,《广西民族大学学报(哲学社会科学版)》,2015年第3期。

［82］ 徐敏：《乡村民间宗教的研究综述》，《农村经济与科技》，2009 年第 4 期。

［83］ 杨凤岗：《当代中国的宗教复兴与宗教短缺》，《文化纵横》，2012 年第 1 期。

［84］ 杨凤岗：《中国宗教的三色市场》，《中国人民大学学报》，2006 年第 6 期。

［85］ 杨静：《现代社会的宗教组织及其特征——宗教社会学关于宗教组织的研究》，《上海大学学报（社会科学版）》，2004 年第 2 期。

［86］ 杨林霞：《"质疑"的质疑——宗教研究新范式新辩》，《前沿》，2011 年第 5 期。

［87］ 杨美惠作，何宏光译：《"温州模式"中的礼仪经济》，《学海》，2009 年第 3 期。

［88］ 袁松：《民间信仰的情感之维与村庄公共生活的整合——以桂北村落为考察对象》，《湖北民族学院学报（哲学社会科学版）》，2009 年第 4 期。

［89］ 张强：《"全球社会"视域中的宗教变迁——宗教社会学研究中的"大问题"》，《世界宗教文化》，2010 年第 6 期。

［90］ 张强：《宗教社会学视野中的全球宗教变迁》，《中国社会科学报》，2012‐12‐24。

［91］ 赵世瑜：《祖先记忆、家园象征与族群历史：山西洪洞大槐树传说解析》，《历史研究》，2006 年第 1 期。

［92］ 赵晓峰：《改革开放后的农村民间宗教研究：回顾与前瞻》，《学习与实践》，2009 年第 1 期。

［93］ 赵晓峰：《国家政权建设视野中土家族地区农村民间信仰传统的变迁——以鄂西五峰土家族自治县为例》，《北方民族大学学报（哲学社会科学版）》，2013 年第 3 期。

［94］ 郑志明：《关于"民间信仰""民间宗教"与"新兴宗教"之我见》，《文史哲》，2006 年第 1 期。

［95］ 周利敏：《"社会镶嵌"：变迁社会中宗教行为分析的新视角》，《宗教学研究》，2010 年第 3 期。

［96］ 周树华：《神圣与凡俗：二分法建构的宗教生活——涂尔干〈宗教生活的基本形式〉的宗教起源研究》，《宗教学研究》，2008 年第 2 期。

［97］ 朱雄君：《乡风民俗变迁动力的理想类型分析——基于"结构—行动"的视角》，《社会学评论》，2013 年第 3 期。

［98］ 朱炳祥：《反思与重构：论"主体民族志"》，《民族研究》，2011 年第 3 期。

［99］ 朱炳祥：《惠及凶神恶煞：一种民间宗教态度——"大理周城白族村田野调查系列"之一》，《中南民族大学学报（人文社会科学版）》，2008 年第 5 期。

［100］ 朱炳祥：《民族宗教文化的现代化——以三个少数民族村庄神龛变迁为例》，《民族研究》，2002 年第 3 期。

［101］ 朱炳祥：《社会文化转型中的村庄变迁：兼论村庄的本性及其意义》，《社会学评论》，2013 年第 2 期。

［102］ 朱炳祥：《一个文化变迁的斜向结构：周城"蟒蛇共蝴蝶"文化现象的田野调查及分析》，《湖北民族学院学报（哲学社会科学版）》，2001 年第 1 期。

［103］ 卓新平：《当代中国社会变迁与宗教重构》，《当代中国民族宗教问题研究》（第 3 集），2008 年 6 月。

三、方志与电子类文献

［1］ ［民国］杨虎城，邵力子修：宋伯鲁，吴廷锡纂：《中國地方志集成·省志辑·陕西（5—9）》《续修陕西省通志稿》卷一九六《风俗》，凤凰出版社，2011 年。

［2］ 丁锡奎修：《中国地方志集成·陕西府县志辑（37）》《光绪靖边县志稿》卷一《风

俗》),凤凰出版社,2007 年。

［3］［清］卢坤:中国方志丛书·华北地方《陕西省秦疆治略》,成文出版社,民国 59 年
（1970 年）。

［4］［清］雍正敕修:《陕西通志》卷四五《风俗》,台湾华文书局影印本,1969 年。

［5］常建华:《中华文化通志·宗族志》,上海人民出版社,1998 年。

［6］定边采油厂《年鉴》编纂委员会:《定边采油厂年鉴（2010）》,定边采油厂,2012 年。

［7］定边县西部三边编辑部:陕西省地方杂志《西部三边》,西部三边编辑部,2012 年第
1 期。

［8］定边县西部三边编辑部:陕西省地方杂志《西部三边》,西部三边编辑部,2012 年第
4 期。

［9］定边县学庄乡志编纂委员会:陕西省地方志丛书《学庄乡志》,四川师范大学电子出
版社,2012 年。

［10］《定边县志》编纂委员会编:《定边县志》,方志出版社,2003 年。

［11］中共定边县委史志办公室编:《定边县志》,陕西人民出版社,2020 年。

［12］中共定边县委史志办公室:《春秋·三边史志杂识》(季刊),西安建明印务 2011 年
第 5、7、8 期。

［13］中共定边县委史志办公室:《春秋·三边史志杂识》(季刊),西安建明印务 2012 年
第 9—13 期。

［14］中共定边县委史志办公室:《春秋·三边史志杂识》(季刊),西安建明印务 2013 年
第 14 期。

［15］左廷栋:《左氏家志》,未刊稿,2012 年。

［16］左文玉主编,左怀斌、左怀喜、左志虎、左廷栋等参编:《左氏家谱》,未刊稿,2012 年。

四、外文文献

［1］Berger, Peter. *The Dececularization of the World—Resurgent Religion and World
Politics* (edt.). Washington DC: The Ethics and Public Policy Center and Wm. B.
Emerdmans Publishing Co, 2006.

［2］Chau A. Y. *Miraculous Response: Doing Fork Religion in Contemporary China.*
Stanford: Stanford University Press, 2006.

［3］ *Clifford Geertz: The Religion of Java*, Chicago: University of Chicago
Press, 1976.

［4］Geertz C. *The Interpretation of Cultures*, NewYork: Basic Books, 1973.

［5］Yang, C.K. *Religion in Chinese Society: A Study of Contemporary Functions of
Religion and Some of Their Historical Factors. Berkeley*: University of California
Press, 1961.

图书在版编目(CIP)数据

黄土高坡托起的圣仪:城镇化背景下陕北黄塬村民间信仰变迁研究/徐嘉鸿著.—上海:上海三联书店,2025.1
ISBN 978-7-5426-8542-1

Ⅰ.①黄… Ⅱ.①徐… Ⅲ.①信仰-民族文化-研究-陕西 Ⅳ.①B933

中国国家版本馆 CIP 数据核字(2024)第 111630 号

黄土高坡托起的圣仪:
城镇化背景下陕北黄塬村民间信仰变迁研究

著　　者 / 徐嘉鸿

责任编辑 / 郑秀艳
装帧设计 / 一本好书
监　　制 / 姚　军
责任校对 / 王凌霄

出版发行 / 上海三联书店
　　　　　(200041)中国上海市静安区威海路 755 号 30 楼
邮　　箱 / sdxsanlian@sina.com
联系电话 / 编辑部:021-22895517
　　　　　发行部:021-22895559
印　　刷 / 上海颛辉印刷厂有限公司

版　　次 / 2025 年 1 月第 1 版
印　　次 / 2025 年 1 月第 1 次印刷
开　　本 / 710mm×1000mm 1/16
字　　数 / 220 千字
印　　张 / 13.5
书　　号 / ISBN 978-7-5426-8542-1/B·908
定　　价 / 78.00 元

敬启读者,如发现本书有印装质量问题,请与印刷厂联系 021-56152633